ANDREA DEE
BRUDER BÄR

Widmung:

Für Franz Graf, der mich mit meinem ersten Bären bekanntmachte, und für Rudolfine Prewolsek, die ihm ein neues Gesicht gab.

Danksagung:

Mein Dank gilt allen, die dazu beigetragen haben, daß dieses unter nicht ganz einfachen Umständen entstandene Buch fertiggestellt werden konnte. Viele von ihnen kommen auf den folgenden Seiten zu Wort. Besonders bedanken möchte ich mich darüber hinaus bei Dr. Dolores Ozimic und Dragan Nastic für ihre Freundschaft und Unterstützung.

ANDREA DEE

BRUDER BÄR

MYTHOS UND WIRKLICHKEIT

IBERA & MOLDEN VERLAG

Die Deutsche Bibliothek – CIP-Einheitsaufnahme
Dee, Andrea:
Bruder Bär / Andrea Dee. – Wien : Ibera-Verl, 1996
ISBN 3-900436-19-3

Layout und Schutzumschlag: Brigitte Strobele
Lektorat: Genia Gazda
Foto Schutzumschlag vorne: WWF- E. Coppola / Braunbär
Foto Schutzumschlag Rückseite: WWF- M. Branchi
Satz und Herstellung: Ibera Verlag, Wien
ISBN- 3-900436-19-3

INHALT

VORWORT

von Dr. Helmut Pechlaner
Direktor des Tiergartens Schönbrunn

Die Braunbären sind wieder da und haben das Bild des alpinen Lebens bunter gemacht. Sie sind ruhig und bescheiden gekommen, so als hätten sie gewußt, daß nicht jeder Heimkehrer wie ein verlorener Sohn behandelt wird.
Aber Braunbären sind zu groß und zu sehr dem Menschen ähnlich, als daß sie nicht doch bald einmal aufgefallen wären.
Seit diesem Zeitpunkt wird in unserem Land über Braunbären philosophiert, polemisiert, aber kaum vernünftig publiziert. Seien wir doch ehrlich: Wer von uns hat bis vor kurzem über die Biologie des Braunbären Bescheid gewußt, wer hat den Braunbären in Österreich eine Lebenschance eingeräumt?
Im Unterbewußtsein war der Braunbär längst zur gefährlichen Bestie, zum Fabelwesen geworden, das Gott sei Dank unsere Vorfahren in Österreich ausgelöscht haben. Bären sollten in Kanada ihre Lachse fangen, im Zirkus ihre Kunststücke machen oder im Tiergarten mit ihren drolligen Jungen spielen.
Jetzt aber sind die Braunbären auch in unserem Alltagsleben gegenwärtig, und es sollte nicht nur ein notwendiges Übel sein, sich mit dieser Tierart zu beschäftigen. Dieses hochentwickelte Säugetier, das nicht nur kräftig und schnell, sondern auch bequem und scheu ist, muß wohl

umfassend studiert werden. Bewundernswert sind Anpassungsfähigkeit und Individualität der Braunbären, die auf Lernfähigkeit, ja Intelligenz schließen lassen.
Die Bären sind wieder unsere Nachbarn geworden, darüber sollten wir uns freuen – aber wir müssen uns auf dieses Zusammensein auch vorbereiten.
Es geht längst nicht mehr um die reichlich dumme Frage, ob wir den Braunbären brauchen. Abgesehen davon, daß auch wir Menschen nicht befugt sind, anderen Tierarten das Existenzrecht abzusprechen, so ändern wir ohnedies alle paar Jahrzehnte die Meinung darüber, was wir brauchen oder nicht. Im Leben hat jedenfalls Vielfalt immer Vorrang gegenüber Einfalt.
Die Autorin dieses Buches, Andrea Dee, ist zum einen Teil dem Lebendigen eng verbunden, zum anderen eine engagierte, gewissenhafte Journalistin, die dieses Thema eingehend studiert hat, bevor sie ihre Gedanken schriftlich niederlegte. Wer heute über Bären mitreden will, der muß dieses Buch gelesen haben. Und wir reden doch alle so gerne, so viel und so klug über diese imposanten Zotteltiere, die Braunbären.

DER BÄR RÜHRT UNS AN ...

... auch wenn wir ihm heute kaum begegnen. In den kurzen Momenten, wo wir ihm im Zoo oder im Zirkus gegenüberstehen, ist eine Annäherung ja kaum möglich. Trotzdem läßt der Bär keinen kalt – im Gegenteil, fast scheint es, als beschäftige der Bär, je kleiner die Rolle ist, die er im „wirklichen" Leben spielt, umso mehr unsere Phantasie und unsere Emotion.
Drastisch hat sich das in jüngster Zeit gezeigt, als die Umtriebe von „Problembären" in den österreichischen Wäldern monatelang die öffentliche Diskussion beherrschten.
Als Zwitterwesen zwischen Kuscheltier und Bestie ist der Bär ein Produkt unserer Vorstellungskraft – wie er dazu wurde und was er darüber hinaus ist, dem wird auf den folgenden Seiten versucht nachzugehen.
Von den beeindruckenden Eigenschaften des Bären wird die Rede sein, von seiner Bärenkraft, von seinem Bärenhunger, von der innigen Beziehung zwischen der Bärin und ihren Jungen.
Von der Glorie des Bären als „Wilder Bruder" unserer Vorfahren, als Sternbild oder Märchenfigur wird ebenso berichtet wie von der Grausamkeit, mit der er als Scharfrichter, Spaßmacher und Rohstofflieferant ausgebeutet wurde – und wird. Nicht von ungefähr hat die UNO schon vor Jahren eine „Bear-Specialist"-Group zusammengestellt, weil menschlicher Eigennutz auch dem fleischfressenden Vegetarier Bär zunehmend gefährlich wird.

Doch auch vom Bären als Individuum wird erzählt, von Voytek, dem Bärensoldaten, der bei der Völkerschlacht von Monte Cassino mitten im Kampfgetümmel seinen Mann stand, ebenso wie von Dimitri, dem ausgebeuteten und verstoßenen Tanzbären, für den leider jede Hilfe zu spät kam. Denn nicht nur der „Bär an sich" soll hier zum Thema werden, auch das individuelle Tier, die Bärenpersönlichkeit, soll entsprechende Würdigung erfahren.
Viel ist heute von Natur- und Artenschutz die Rede, und immer wieder scheint es, als werde das Interesse am konkreten, schutzbedürftigen Einzeltier von einer abstrakten, höheren „Idee vom Tier" verdrängt.
„Ich verstehe mich als Schützer von DNS!" erklärte jüngst ein Biologe in geselliger Runde, um sich vom sentimentalen Tierschutz zu distanzieren und sich als wissenschaftlich-sachlicher Artenschützer darzustellen. Kompetent und zeitgemäß klingt dieser Satz, aber faßt er nicht jene antiquierte Überheblichkeit in moderne Worte, die den Menschen als Gottes Stellvertreter auf Erden und als legitimen Herrscher über seine Schöpfung postuliert?
Das Individuum hat in einer solchen „hochwissenschaftlichen" Konzeption keinen Platz – gerade das aber könnte ihr grundlegender Fehler sein. Schließlich tritt uns DNS, dieses – glaubt man der herrschenden Genetik-Euphorie – Kürzel für die Welterlösung, ausschließlich im Individuellen entgegen.
Die Evolution findet durch das Individuelle statt, der Unterschied ist es, der Veränderung ist und Veränderung erst möglich macht. Und wer kein einfühlendes Interesse am Individuellen hat, wird letztendlich auch für jene allgemeinen Prinzipien blind sein, die das Individuelle erst möglich macht.

Auf den folgenden Seiten wird vom Bären, diesem wunderbaren Tier, die Rede sein, das uns soviel und so vieles bedeutet.
Aber auch über Beobachtungen, Meinungen und Irrtümer der Altvorderen betreffend den Bären wird berichtet. Nicht nur weil vieles, was man einst über den Bären zu wissen meinte, erheiternd ist und kurios. Es soll vielmehr gezeigt werden, daß auch „Naturgeschichte“ Geschichte ist – und daß auch die angeblich so unantastbaren Erkenntnisse der Wissenschaft eine historische Dimension besitzen. Und sei es nur, weil der Wissenschafter seine Fragen immer als Kind seiner Zeit stellt.
Wer den Bären kennenlernen will, findet auf den folgenden Seiten bestimmt einige seiner Fragen beantwortet. Seinen Zweck wird dieses Buch aber nur dann erfüllen, wenn die Antworten, die es gibt, neue Fragen aufwerfen. Und weiteres Interesse wecken an seinem wunderbaren und wundersamen Gegenstand, dem Bären.

Alter Stich

So wurde der Braunbär in der berühmten,
von Diderot herausgegebenen Enzyklopädie gesehen.
Mitte des 18. Jahrhunderts gab es auch in Frankreich
noch Bestände von wilden Bären.

WO DER HONIGESSER WOHNT

Üppig ist der Pflanzenwuchs in den Bergen um Hotedrsica. Tannen, Fichten, Buchen und Eichen drängen sich auf den Hängen und in die tiefeingeschnittenen Täler, dazwischen wuchern Brombeer- und Himbeerstauden, dichte Kräuterteppiche und Farne. In einer Pfütze unterm schattigen Grün tummeln sich die Larven von Unken und Molchen. Walderdbeeren schimmern rot am Wegrand, und zwischen den Gräsern erhebt sich hoch der Bärklau – als erster Hinweis auf den wahren Herrn der Wälder, den Bären.

Daß die grüne Fülle auf einem subtilen ökologischen Gleichgewicht fußt, verrät nur der weiße Kalkstein, der sich zwischen Wurzeln, Laub und Moosen immer wieder an die Oberfläche drängt. Was aus dem Wald wird, wenn der Mensch nicht pfleglich mit ihm umgeht, ist weiter südlich zu sehen: in Dalmatien, Istrien, Mazedonien, am Peloponnes. Da wurde schon vor Jahrtausenden flächendekkend abgeholzt, für griechische Kriegsflotten und römische Prunkbauten – der Regen hat die ungeschützte, dünne Humusschicht gleich danach weggewaschen, geblieben ist nur der nackte Stein.

Slowenien wurde von den antiken Holzfällern verschont und hat auch in den modernen Zeiten auf Kahlschläge verzichtet, so ist der Wald geblieben und mit ihm auch sein König – der Bär. Drei- bis vierhundert Bären durchstreifen noch heute die slowenischen Wälder, trotz Autobahnen, Forststraßen und Wochenendausflüglern.

Die Menschen in Slowenien haben nicht verlernt, mit den Bären zu leben – schlichte Tafeln „Bärengebiet“ verweisen ab und zu auf die Anwesenheit des großen Braunen, ganz ohne Warnungen und Gefahrenzeichen. Und die Bären revanchieren sich mit dezenter Unauffälligkeit. „Sie betreiben Forschung über unsere Bären?“ fragt Alojz Troha, „Ich bin sehr viel im Wald und ich habe erst zweimal im Leben Bären gesehen. Einmal eine Mutter mit Jungen, die haben eine Straße überquert. Eines der Jungen ist dabei gestolpert. Das zweite Mal war's ein Bär, der aus dem hohen Gras herausgeschaut hat.“

Alojz führt Fremde und Einheimische durch die Krizna Jama, die Kreuz-Höhle bei Grahovo, und er zeigt ihnen nicht nur die schneeweißen Asseln und Krebse, welche die Sintergrotte bewohnen, sondern auch jenen Seitentrakt der Höhle, in dem vor Jahrzehntausenden die Höhlenbären überwinterten.

Der slowenische Karst ist uraltes Bärenland – und keiner, der den Blick über die üppiggrünen Gipfel und Schluchten wandern läßt, kann sich darüber wundern. Denn obwohl die Wälder in vielfältiger Weise forstwirtschaftlich, jagdlich und auch als Erholungsgebiete genutzt werden, bieten sie nach wie vor genügend Rückzugsgebiete – auch für Bären. Weiter südlich, wo der Karst nicht mehr bewaldet ist und nackt zutage tritt, zeigt sich seine wahre Natur: senkrechte Klüfte, tief eingeschnittene Schluchten, Dolinen, die so steil und tief abfallen, daß sie kaum begangen werden können, machen dem Bären sein zurückgezogenes Leben leicht.

„Die Dolinen, die sind so etwas wie negative Berge,“ sagt Petra Kaczensky, die die Wanderwege der Bären im nordwestlichen Teil des slowenischen Bärenschutzgebiets wissenschaftlich untersucht, „am Rand ist Mischwald, dann kommen Fichten und ganz unten wachsen oft richtige Lat-

schen. Die Dolinentrichter sind so tief, daß es auf dem Grund mitunter so kalt ist, daß es da sogar im Sommer Eis gibt. Früher wurde dieses Eis abgebaut und bis nach Ägypten verschifft."
Und die Bären bewohnen bevorzugt die „verkehrte Bergwelt" der Dolinen. Für sie sind die steilen felsigen Wände kein Hindernis, dort finden sie die abgeschiedenen Höhlen, in denen sie Winterruhe halten, und jene undurchdringlichen Fichtendickichte, in denen sie gern ihre Tageslager errichten.
Doch der Bär ist flexibel, gegebenenfalls nächtigt er auch direkt neben der Autobahn. „Ich wundere mich immer wieder, wie die Bären und die Menschen hier zusammenleben," sagt Petra Kaczensky, „Bei uns glauben die Leute immer, der Bär kann nur in gottverlassenen Gegenden leben. Hier zeigt sich deutlich, daß das nicht stimmt."

Bären und Straßen

Den Slowenen sind ihre Bären einiges wert. Das „Projekt Medved" – „Medved", „Honigesser", heißt der Bär in allen slawischen Sprachen – ist nur ein Beispiel dafür. Im Rahmen dieser von der Wildbiologischen Gesellschaft München, dem Institut für Wildbiologie und Jagdwirtschaft der Hochschule für Bodenkultur in Wien, dem Slowenischen Jagdverband und der Forstabteilung der Universität von Ljubljana getragenen Forschungsinitiative soll die Auswirkung der Autobahnen Ljubljana-Postojna und Ljubljana-Triest auf die Bärenpopulationen untersucht werden. Denn die modernen Zeiten machen auch vor den Bären nicht halt: Autostraßen sind für alle Wildtiere eine Bedrohung, sie behalten ihre traditionellen Wechsel bei und können

häufig nicht schnell genug „umlernen“. Vom Menschen angebotene Überquerungshilfen wie Tunnel oder Brücken werden nicht immer angenommen. Auch für Bären sind stark befahrene Straßen oft unüberwindliche Hindernisse – was nicht nur Nachteile für das Einzeltier bringen kann, sondern negative Auswirkungen auf ganze Populationen haben kann.
Denn wenn die Wanderwege der Bären blockiert sind, wird auch der genetische Austausch behindert: es entstehen isolierte, kleine Bestände, die, zur Inzucht gezwungen, genetisch verarmen.
Seit die Autobahn Ljubljana- Postojna 1972 in Betrieb genommen wurde, kamen dort neun Bären zur Strecke. Diese Zahl ist nicht übermäßig hoch, unzählige Male werden Bären in diesem Zeitraum die Fahrbahnen unbeschadet überquert haben. Doch der weitere Ausbau des Straßennetzes wird den Druck auf Sloweniens Bären verstärken – die Autobahn Ljubljana-Triest steht vor der Fertigstellung.
Um den Bären das Überwinden dieses neuen Hindernisses zu erleichtern, wurde die Trasse – kostenintensiv – an zwei Stellen von je hundert beziehungsweise zweihundert Metern auf Viadukten geführt.
Grünbrücken über die Verkehrswege sind unbedingt notwendig, um den Bären Wanderungen zu ermöglichen. Aber sie sind nicht genug: trotz dieser „sicheren“ Übergänge überklettern Bären auch immer wieder die Wildzäune – oft nur wenige Meter von der sicheren Unterführung entfernt – um die Straßen direkt zu überqueren. Erst vor kurzem wählte ein Bär eine Eisenbahnbrücke, um über die Autobahn zu gelangen, und wurde prompt überrollt. Über zehn selbstauslösende, mit Bewegungssensoren ausgestattete Kameras soll nun ein besonders unfallträchtiger Autobahnabschnitt überwacht werden.

Nicht nur Slowenien profitiert davon, wenn seine Bären ungehindert wandern können. Denn wenn der slowenische Bär von seinem ausgewiesenen Schutzgebiet nach Norden geht – und noch ist ihm das möglich, weil auch außerhalb der Karstforste zwischen Dörfern, Städten und Ackerland noch genug Waldbrücken erhalten geblieben sind, die ihm vom Menschen unbemerktes Reisen gestatten – erreicht er bald den Alpenbogen.

In der Vergangenheit gab es immer wieder Zuwanderungen von Bären aus dem dinarischen Karst Sloweniens und Kroatiens in den Alpenraum – in den letzten Jahren haben sich diese Zuwanderungen verstärkt. Der Grund dafür ist nicht – wie von manchen Wissenschaftern behauptet, der Krieg im ehemaligen Jugoslawien, der die Bären gewissermaßen zum „Auswandern" zwingen würde, sondern eine Änderung im Jagdkonzept Sloweniens. 1966 wurde in Slowenien eine „Bärenschutzzone" eingerichtet. Bären, die dieses Schutzgebiet verließen, wurden prinzipiell abgeschossen. 1991 wurde diese Praxis geändert, die Bären werden auch außerhalb des Hegegebiets geschont, ein Abschuß erfolgt heute nur noch dann, wenn sich ein Bär auffällig benimmt, wiederholt in menschlichen Siedlungen auftaucht, Haustiere reißt oder sonstige Schäden anrichtet. Bären, die sich unauffällig verhalten, werden nicht verfolgt und erreichen immer öfter den Alpenraum. Auch innerhalb des Schutzgebiets wird der Bär bejagt: rund 40 Tiere pro Jahr werden zum Abschuß freigegeben, die Zahl ist nicht nur gering genug, um die bestehende Population zu erhalten – sie reicht auch aus, um einen „Bärenüberschuß" sicher zu stellen. Junge Tiere, die in Slowenien und Kroatien kein Revier erobern können, wandern ab – nach Norden in jene Räume, die einstmals ebenfalls „Bärenland" gewesen waren, und die vom Menschen durch intensive Bejagung „bärenfrei" gemacht wurden.

Der Bär und unser Futterneid

Bären wurden nie als „Menschenfresser“ verfolgt: natürlich kam es immer wieder zu gefährlichen und auch tödlichen Unfällen mit Bären. Und es kommt noch heute dazu: in den rumänischen Karpaten sollen 1992 fünf Menschen durch Bären ums Leben gekommen sein. Hier ist aber anzumerken, daß gerade die Bären in Rumänien an zahlreichen Luderplätzen üppigst gefüttert werden: bis zu 14 Kilogramm Mais werden pro Bär und Nacht ausgelegt. Die Tiere gewöhnen sich nicht nur ans Futter, sondern auch an den Geruch der „Futterspender“ und verlieren ihre natürliche Scheu vor dem Menschen.

Auch in Slowenien wurden in den letzten Jahren zwei Menschen von Bären getötet: ein Waldarbeiter sprang bei der Kontrolle eines Windwurfs unglückseligerweise direkt ins Winterlager einer Bärin mit Jungen. Eine Frau kam durch bis heute ungeklärte Umstände bei einer Begegnung mit einem Bären ums Leben. Solche Vorfälle sind in höchstem Maß bedauerlich, verglichen mit der hohen Bärendichte und der starken Nutzung der slowenischen Bärengebiete durch den Menschen sind sie aber erstaunlich selten.

Auch in früheren Zeiten galt der Bär nicht als wirklich gefährlich, man wußte, daß er von der Zerstörungskraft seiner Krallen und Zähne nur Gebrauch machte, wenn er seine Jungen gefährdet sah oder selbst verwundet oder in die Enge getrieben worden war. Trotzdem wurde der Bär erbittert verfolgt: für Österreich erging 1788 sogar ein eigenes kaiserliches Dekret, das die Ausrottung der Bären und Wölfe anordnete.

Die Gründe dafür waren wirtschaftliche: für den Adel stellte die Bärenjagd zwar ein hochgeschätztes Vergnügen dar und die hochwohlgeborenen Waidmänner hatten durchaus

Interesse, das Bärwild in ihren Wäldern zu erhalten. Für die armen Bauern war der Verlust von Schafen, Ziegen oder Rindern aber mitunter eine Katastrophe, die sie an den Rand des Ruins brachte.
Schäden durch Bären mögen früher auch häufiger gewesen sein: die „Waldweide“ war eine durchaus übliche Praxis, Vieh und Schweine wurden in den Wald getrieben, um sich dort sattzufressen – im Forst wurde das kostbare Hausgetier aber noch viel leichter als auf dem offenen Feld die Beute des Bären. Außerdem waren in den Zeiten vor der Industrialisierung der Landwirtschaft auch die Feldfrüchte noch rar – selbst wenn der Bär sich vegetarisch bediente, bedeuteten Bärenschäden an Getreidefeldern und Obstgärten oft kaum zu verkraftende Einbußen für die Landbevölkerung.
Doch auch später, als sich durch die Modernisierung der Anbau-Methoden die Versorgungssituation gebessert hatte, war der Bär unerwünscht – und er teilte damit das Schicksal aller anderen größeren Beutegreifer. Ob Fischotter, Luchs, Wolf oder Kormoran, der Mensch wollte keinen Jäger neben sich dulden – und will das auch heute noch nicht.

Sag' mir, wo die Bären sind ...

Die endgültige Ausrottung der Bären in Mitteleuropa gelang erst mit Erfindung der modernen Schußwaffen – auch davor wurde der Bär verfolgt, aber die Bärenjagd war gefährlich und mühsam.
Auf den Britischen Inseln war der Bär schon um die Jahrtausendwende verschwunden, in Europa gab es zu dieser Zeit noch unzählige Bären. Erst ab dem 12. Jahrhundert kam es durch großangelegte Urbarmachungen und Rodun-

gen immer öfter zu Konflikten zwischen Bären und Menschen, weil Bären Vieh rissen und Schäden an Feldern und Obstgärten verursachten. Ab dem 16. Jahrhundert war der Bär aus den fruchtbaren Ebenen so gut wie verschwunden, Landwirtschaft und Jagd hatten ihn in die bewaldeten Gebirgsregionen abgedrängt. Nur wenn großräumige, bewaffnete Auseinandersetzungen, wie die Türkenkriege oder der Dreißigjährige Krieg, weite Landstriche entvölkerten, konnten Bär und Wolf für kurze Zeit ihre angestammten Lebensräume zurückerobern. So etwa nach der zweiten Türkenbelagerung Wiens von 1683: noch etliche Jahre später, nämlich von 1696 bis 1697, konnte Kaiser Leopold, der ein leidenschaftlicher Bärenjäger war, in der Hinterbrühl, in der Gegend um Alland, 17 Bären erlegen.
War nach den kriegerischen Turbulenzen wieder Frieden eingekehrt, rückte man dem ungeliebten Gast wieder auf den Pelz – und verfolgte ihn auch in die abgelegensten Winkel. In den Allgäuer Alpen wurde noch 1770 ein Bär geschossen, 1815 erfolgte ein weiterer Bärenabschuß bei Garmisch, und 1835 kam beim bayrischen Ruhpolding Deutschlands letzter Bär zur Strecke.
Die nördlichen Schweizer Alpen waren ab 1850 bärenfrei, der allerletzte eidgenössische Petz wurde 1904 in der Ostschweiz zur Strecke gebracht.
In Frankreich wurde 1937 in den Savoyer Alpen zum letzten Mal ein Bär gesichtet, er starb vermutlich durch die Kugel eines Wilderers
In Österreich wurde die Ausrottung von Bär und Wolf 1788 per Hofdekret verordnet, doch noch 1822 wurde in der Veitsch, einem Nebental der Mürzfurche, ein Petz geschossen, 1835 ein weiteres Tier bei St. Egyd. Der letzte Bär des österreichischen Kernlandes wurde 1842 im Ötscherland erlegt.

„Grenzgänger", die von Slowenien nach Kärnten und weiter wechselten, gab es danach immer wieder. 1971 wurde der letzte dieser „Zuwanderer" erlegt: Am 20. Juni – einem Sonntag – schoß der Osttiroler Heinrich Klaunzer am Kals-Matreier-Törl einen 84 Kilo „schweren" Jungbären. Die Empörung über die „Untat" war auch in Jägerkreisen groß – der Schütze wurde zu einer Geldstrafe von 7.000 Schilling verurteilt, der Bär landete ausgestopft in einer Lienzer Bankfiliale. Und dieser Abschuß sollte eine generelle Wende bringen – frühere Bärenabschüsse hatten bei der betroffenen Bevölkerung meist Erleichterung ausgelöst, diesmal wandte sich die öffentliche Meinung gegen den „Waidmann". Der Naturschutzgedanke hatte in breiten Kreisen Fuß gefaßt, und auch der Gesetzgeber zog mit: der Bär wurde in Österreich nach dem Jagdgesetz ganzjährig unter Schonung gestellt.
In der Folge kamen wieder mehr Bären nach Österreich: 1972 der legendäre „Ötscherbär", in den letzten Jahren mehrere Tiere – darunter auch mindestens ein führendes Weibchen – die sich in Kärnten um den Weißensee ansiedelten. 1994 mehrere weitere Tiere, die bis nach Oberösterreich und weiter vorstießen.

Wieviele Bären brauchen wir?

Je größer eine Population – nicht nur von Bären – ist, umso überlebensfähiger ist sie: zahlreiche Individuen garantieren eine große genetische Varianz, die es den Tieren ermöglicht, sich an Veränderungen in ihrer Umwelt besser anzupassen. Inzucht verringert diese genetische Flexibilität, das Einzeltier wird geschwächt und mit ihm der gesamte Bestand.

Experten halten fünfzig Tiere für die absolute Mindestzahl, wenn eine Population die nächsten hundert Jahre überleben soll. Aber erst wenn eine Population tausend Tiere umfaßt, ist ihre Erhaltung auf Dauer gesichert. In Europa kann eine solchc Bestandszahl nur erreicht werden, wenn die heute isolierten Bestände wieder in Kontakt zueinander treten können.

Weltweit gesehen ist der Braunbär keineswegs vom Aussterben bedroht – rund 200.000 Braunbären bewohnen heute die nördliche Hemisphäre. Aber diese sind selbstverständlich in lokale Populationen aufgespalten. In früheren Zeiten gab es zwischen diesen Verbindungsrouten, heute sind etliche vollkommen isoliert.

Am stabilsten ist die Population in Rußland und den GUS-Staaten: rund 30.000 Bären durchstreifen die nordrussische Taiga, es bestehen Verbindungen zu den kleineren Populationen von Finnland, Schweden und Norwegen.

Überlebensfähige, dynamische Populationen von Bären gibt es noch auf dem Balkan: in Rumänien ist der Bestand auf Grund der übermäßigen Hege unter dem Ceausescu-Regime noch immer höher, als es die natürlichen Ressourcen erlauben würden. Zwischen der rumänischen Population und jener in der östlichen Slowakei besteht eine Verbindung, ebenso zwischen den albanischen Bären und jenen im ehemaligen Jugoslawien. In Griechenland existieren zwei getrennte Bärenbestände, einer hat mit der jugoslawischen und albanischen, der zweite mit der bulgarischen Population Verbindung. Polen besitzt eine kleine, eigenständige Population, es kommen auch immer wieder Tiere aus der slowakischen Hohen Tatra, von ebendort besuchen einzelne Tiere auch immer wieder das polnische Grenzgebiet.

Auch in Spanien leben noch zwei kleine Populationen im Kantabrischen Gebirge, ebenso wie in Italien. Die italienischen Abruzzen-Bären müssen noch nicht als aktuell gefährdet gelten, die Bären im Brentagebiet sind aber akut vom Aussterben bedroht, ebenso wie die letzten Pyrenäen-Bären in Frankreich.

Keine Bären für die Brenta?

Die Bären im Brenta-Gebirge sind – historisch und genetisch gesehen – die letzten „wirklichen" Alpenbären – allerdings ist dieser winzige Bestand akut vom Aussterben bedroht. Zu Anfang der 90er Jahre schätzte man ihre Zahl noch auf zehn bis fünfzehn Tiere, heute dürften möglicherweise nur noch ein altes, nicht mehr fortpflanzungsfähiges Weibchen und zwei Männchen die Gegend um Madonna di Campiglio, den Nationalpark Adamello-Brenta und die östlich angrenzenden Gebiete durchstreifen.

Die Bären der Brenta sind und waren in vielfacher Hinsicht „etwas Besonderes". Immer wieder diskutiert wurde ihre bemerkenswerte Scheu: unter natürlichen Bedingungen meiden alle Bären den Menschen, Jahrhunderte der Bejagung haben Meister Petz genetisch einprogrammiert, zum Menschen Respektabstand zu halten. Doch die Bären der Brenta zeigten sich weit scheuer als alle anderen Bärenpopulationen. Immer wieder hieß es, sie seien bereits ausgestorben, doch dann gelang doch wieder ein Nachweis ihrer Existenz.

Menschenscheu kann für den Bären lebensrettend sein; wird die Angst vor Begegnungen mit dem Menschen aber zu groß, hindert sie den Bären daran, seinen Lebensraum optimal nutzen zu können: er wagt sich bei

Tageslicht nicht mehr aus seinen Verstecken, er verläßt Futterplätze bereits dann, wenn er Menschen in weiter Ferne wahrnimmt. Bären, die den Menschen so fürchten wie jene in der Brenta, leiden unter wesentlich höherem Streß als Tiere, die zwar direkte Begegnungen mit Menschen meiden, aber das Auftauchen von Wanderern oder die Nähe von Autostraßen gegebenenfalls doch tolerieren können.

In den letzten Jahren gab es vielfältige Initiativen, diese letzten Überlebenden einer einst blühenden Population von Alpenbären doch noch zu erhalten. Die Wildbiologische Gesellschaft München erarbeitete ein umfassendes Konzept, das neben zahlreichen flankierenden Maßnahmen vorsah, den fast erloschenen Bärenbestand durch Tiere aus Slowenien oder Kroatien aufzufrischen.

Im Frühjahr 1994 sollte es dann endlich soweit sein – doch die Einwilligung der Provinzverwaltung des Trentino traf nicht rechtzeitig ein. Im Dezember 1994 sagte der zuständige Minister schließlich zu, daß im Frühjahr 1995 mit der Aussetzung von Bären – und vor allem von Bärinnen – aus dem dinarischen Raum begonnen werden könne.

Das Veto kam diesmal allerdings aus der Zentralverwaltung in Rom: die Bären aus dem ehemaligen Jugoslawien könnten die Tollwut einschleppen, hieß es von dort – obwohl das Trentino ohnehin Tollwut-Gebiet ist.

Die Bevölkerung in den betroffenen Gebieten steht den Bären durchaus positiv gegenüber – um die Bären bei der Nahrungssuche zu unterstützen und den Bauern Bärenschäden zu ersparen, wurde sogar ein eigener Obstgarten für die Brenta-Petze angepachtet. Ob sich dort allerdings auch in Zukunft noch Bären ihren Winterspeck anfressen werden, ist – ohne „Blutauffrischung" aus dem ehemaligen Jugoslawien – fraglich.

Die Alpenbären und die Gene

Auch von wissenschaftlicher Seite wurden gegen die „Zwangsansiedlung" von Bären immer wieder Einwände erhoben. Es wurde vermutet, daß sich Bären aus Slowenien und Kroatien genetisch zu sehr von den autochthonen Brenta-Bären unterscheiden würden.
Tatsächlich entfernen sich Populationen, die lange Zeit ohne gegenseitigen Austausch existieren, natürlich in ihren Erbanlagen voneinander – auch wenn sich diese Bären äußerlich kaum voneinander unterscheiden müssen, können sie im Erbgut schon beträchtliche Unterschiede aufweisen. Eine Paarung solcher „entfernter" Verwandter kann natürlich durchaus Probleme geben – möglicherweise kommen keine lebensfähigen Jungen mehr zur Welt oder sie weisen Erbschäden auf. Natürlich kann auch genau das Gegenteil der Fall sein: die „Blutauffrischung" kann auch zu größerer genetischer Breite und damit zu mehr Vitalität führen.
Um allen Eventualitäten zu begegnen, initiierte die Wildbiologische Gesellschaft München ein Forschungsprogramm, das die DNS, die Trägerin der Erbanlagen, der Bären im Trentino, sowie von 70 anderen Bären aus anderen Teilen Europas untersuchen sollte. Die am Institut für Zoologie der Universität München durchgeführte Untersuchung zeigte, daß – anders als etwa Tiere aus Spanien oder der Slowakei – die Bären aus Bosnien, Kroatien, Slowenien und jene einer bestimmten Linie aus Rumänien eine enge Verwandtschaft mit den Brenta-Bären aufweisen. Bären aus dem dinarischen Raum wären also auch aus genetischer Sicht ideale Partner für die letzten Bären in den italienischen Alpen.

Der lange Marsch der Bären

Doch möglicherweise werden Bären aus dem dinarischen Karst in den nächsten Jahren von alleine den Weg in die Täler um Madonna di Campiglio finden – in den österreichischen Alpenraum sind sie ja bereits selbständig eingewandert. Trotzdem scheint es durchaus sinnvoll, diesen „Verjüngungsprozeß" in Italien jetzt noch wohldosiert zu unterstützen und auch die verbliebenen zwei Tiere darin einzubinden.

Denn die „Weitwanderer", die sich in die verwaisten Bärenländer vorwagen, sind meist junge Männchen – und es könnte ihnen so ergehen wie dem österreichischen Ötscherbären, der, nachdem er seine slowenische Heimat verlassen hatte, 17 Jahre lang als Junggeselle durchs niederösterreichisch-steirische Grenzgebiet um den Dürrenstein streifte. Er fand dort zwar einen nahezu idealen Lebensraum vor, doch kein Weibchen. Erst mit der Einbürgerung der Bärin Mira am 9. Juni 1989 begann die Geschichte des Bären in Österreich neu: ein faszinierendes Wildtier war in die Alpen zurückgekehrt, nicht nur um dort zu verweilen, sondern um die Berge und Wälder als seine angestammte Heimat wieder in Besitz zu nehmen.

„Wie der Bär gefangen werde ..."

„Da gibt es in Slowenien eine junge Biologin, die fängt die Bären." Petra Kaczenski hat das Bärenfangen in Kanada gelernt: für Forschungen zum Thema „Wölfe" kam sie nach Vancouver Island, dann ergab sich die Mitarbeit an einer Untersuchung über Schwarzbären: „Wir haben versucht herauszufinden, wie sich die großen Kahlschläge

in den Wäldern auf die Populationen auswirken. In Kanada ist der Waldverlust dramatisch, die Holzkonzerne schlägern den Wald großflächig, die riesigen Maschinen für den Abtransport der Stämme zerstören alles Leben auf dem Boden.“ Anschließend daran nahm sie an einem Grizzly-Bären-Projekt in British Columbia teil: untersucht wurde das Verhalten der Bären Menschen gegenüber.
Petra Kaczensky hat gelernt, Schwarzbären und Grizzlys in Schlingen zu fangen, zu betäuben und sie mit einem Sendehalsband zu versehen. Zurück in Europa sollte sie als Mitarbeiterin des Instituts für Wildbiologie und Jagdwirtschaft der Hochschule für Bodenkultur in Wien dem „Projekt Medved“ in Slowenien auf die Beine zu helfen: „Ich habe gedacht, man will von mir nur ein wenig technische Unterstützung. Doch dann hat sich herausgestellt, daß es hier gar niemanden mit dem nötigen Knowhow gibt, der die Bären einfangen und mit Sendern versehen könnte.“
Auch in früheren Zeiten wurden Bären lebendig gefangen: in Kastenfallen, oft auch in Fallgruben, wobei aber die Verletzungsgefahr sehr hoch ist. Heute verläßt man sich beim Fang auf an Bäumen befestigte Drahtschlingen. Diese werden auf bereits bestehenden Bärenwechseln bei einem „Luderplatz“ ausgelegt, wo Fleisch- oder Maisköder die Tiere anlocken. Reisig und Baumäste werden so positioniert, daß der Bär regelrecht auf die Schlinge hin dirigiert wird. Petra Kaczensky: „Alle unsere Schlingen sind mit elektrischen Meldern versehen, die bei Berührung Alarm geben. So stellen wir sicher, daß der Bär nur möglichst kurze Zeit gefangen bleibt.“
Zeitweise wurden die Schlingensender von den Soldaten einer nahegelegenen Militärstation abgehört. Petra Kac-

zensky: „Unter den Soldaten sind natürlich auch Burschen aus der Stadt. Die sind an Bären nicht gewöhnt. Sie hörten nachts im Wald die Hirsche bei der Brunft röhren und hatten große Angst, weil sie glaubten, die Bären würden so wild brüllen."
Das Fangen von Bären ist durchaus keine ungefährliche Sache. Meist erfolgt der Fang nachts, wenn die Sichtverhältnisse nicht gut sind. Das Fangteam versucht, sich der Schlinge möglichst mit dem Auto zu nähern, um so geschützt die Lage zu sondieren. Diese Vorsicht ist nicht übertrieben: schließlich könnte ein Jungtier in die Falle gegangen sein. Ist das Muttertier in der Nähe, kann das zu einer lebensgefährlichen Konfrontation führen.
„Die Bären verhalten sich ganz unterschiedlich, wenn sie in der Schlinge festsitzen," berichtet Felix Knauer von der Wildbiologischen Gesellschaft München, „Manche wüten ganz fürchterlich und zerfetzen die Rinde an den Bäumen ringsum. Andere versuchen sich in Sicherheit zu bringen, indem sie auf einen Baum klettern. Aber wir hatten auch ein großes Männchen, das saß so ruhig, daß wir es anfangs gar nicht bemerkt haben und dachten, die Schlinge hätte einen Fehlalarm ausgelöst."
Ist der Bär lokalisiert, wird er durch einen Betäubungspfeil aus dem Luftdruckgewehr betäubt. Felix Knauer: „Auch da gibt es die unglaublichsten Sachen. Als wir Mischko, das große Männchen, betäuben wollten, hat der erste Pfeil gar keine Wirkung gezeigt, obwohl er feststeckte. Wir konnten uns das gar nicht erklären. Dann wurde noch einmal geschossen, und wieder ist der Bär einfach nicht eingeschlafen, erst der dritte Pfeil hat gewirkt. Als wir nachgesehen haben, hat sich beim ersten Pfeil die Spitze umgebogen, sodaß kein Betäubungs-

mittel ausfließen konnte. Und der zweite hatte sich – was für ein Zufall – in den ersten hineingebohrt!"

Bären wirken plump und gutmütig, doch dieser Eindruck täuscht: höchste Vorsicht ist beim Umgang mit gefangenen Bären geboten. Doch auch die Bären selbst sollen möglichst geschont werden: um die Augen vor dem Austrocknen zu bewahren, wird ihnen ein Tuch vor's Gesicht gebunden. Vermessen, Wiegen und das Umlegen des Halsbands erfolgen schnell und möglichst vorsichtig.

Eines bleibt den in die Falle gegangenen Bären aber nicht erspart: der Verlust eines Zahns. Jedem Bären wird ein – für die Nahrungsaufnahme unwichtiger – Vormahlzahn gezogen. Durch ein spezielles Schleifverfahren können an diesem „Jahresringe" festgestellt werden, die eine genaue Altersbestimmung ermöglichen.

Die Grenzen der Telemetrie

Auch wenn der Bär mit einem Sender versehen ist, heißt das noch lange nicht, daß er jederzeit ausfindig gemacht werden kann. Gerade in den Schluchten und Dolinen des dinarischen Karsts werden die Peilsignale oft reflektiert, was zu Fehlpeilungen führt. Einerseits erleichtert das dichte Netz von Forststraßen zwar die Verfolgung des Bären, andererseits ist das Gelände zwischen den Straßen aber oft so steil und unzugänglich, daß es mitunter ganz unmöglich ist, dem Bären zu Fuß zu folgen.

Auch mit der Haltbarkeit der Halsbänder gibt es Probleme. Petra Kaczensky: „Die Sendehalsbänder müssen eine Sollbruchstelle aufweisen, leider fallen die Bänder aber mitunter schon nach kurzer Zeit ab, und wir können nur wenige Daten gewinnen. Doch es ist wichtig, daß die Bären nach einiger Zeit wieder frei von den Halsbändern sind – die Gefahr von Beeinträchtigungen der Halswirbelsäule ist sonst zu groß. Besonders risikoreich sind Halsbänder bei Jungtieren: wir hatten hier den sehr traurigen Fall der jungen Bärin Jana. Sie war der dritte Bär, den wir gefangen hatten. Die ersten beiden waren ebenfalls Jungtiere, und ich wollte ihnen keine Halsbänder anlegen, weil Jungtiere oft so schnell wachsen. Jana haben wir dann doch mit einem Sendehalsband versehen, und das war ein schwerer Fehler. Sie hat von Mai 1993 – als wir sie das erste Mal gefangen haben – bis November 1994 – als wir sie das zweite Mal fingen – von 40 auf 120 Kilogramm zugenommen – so eine enorme Gewichtszunahme ist eigentlich fast unmöglich, aber hier fand sie doch statt. Mit fatalen Folgen: das Halsband war natürlich für ein so großes Gewicht viel zu eng und ist ihr regelrecht ins Nackenfett eingewachsen. Wir mußten das arme Tier einschläfern."

Doch auch sonst steht Petra Kaczensky der Telemetrie-Überwachung von Wildtieren kritisch gegenüber: „Telemetrie ermöglicht natürlich vieles und ist ein wichtiges Instrument der Forschung. Aber sie ist kein Allheilmittel und sollte nicht schrankenlos angewendet werden. Vor allem wehre ich mich gegen die Idee, sie zur Überwachung zu benutzen. Manche Leute haben schon irgendwie die Vorstellung, man könnte die Tiere damit gewissermaßen fernsteuern. Es tauchen ja gerade bei großen Beutegreifern immer wieder Forderungen auf, einfach alle Bären, Luchse oder Wölfe mit Sendern zu versehen: dann wüßte man immer, wo sie sind und hätte immer Zugriff auf sie. Für mich ist das eine Horrorvorstellung, daß man Wildtiere nur dulden will, wenn man die absolute Kontrolle über sie hat."

Ein Paradies für Bären?

Was braucht der Bär? „Bärenland“ hat bestimmte Charakteristika: es bietet Nahrung, Rückzugsgebiete für die täglichen Ruhezeiten, sowie für die Winterruhe und die Jungenaufzucht. Auch Weitwanderungen müssen ohne unüberwindliche Hindernisse wie Straßen möglich sein. Trotz Tourismus, forstlicher und landwirtschaftlicher Nutzung muß genügend wirklich störungsfreier Raum zur Verfügung stehen. Die Bejagung muß so erfolgen, daß der Bestand nicht gefährdet und den jeweiligen natürlichen Gegebenheiten angepaßt wird. Wilderei sollte weitgehend zu verhindern sein, Bärenschäden müssen den Betroffenen abgegolten werden, die Bevölkerung muß über das richtige Verhalten Bären gegenüber aufgeklärt werden. In Europa gibt es noch zahlreiche Gebiete, die alle diese Kriterien erfüllen – ob der Bär sie wieder besiedeln darf und soll, ist eine Entscheidung von gesellschaftspolitischer und ethischer Relevanz.

Wieviel Raum braucht der Bär?

Braunbären sind nicht „territorial“, das heißt, mehrere Tiere durchstreifen größere Gebiete, halten aber großen Abstand zueinander. Bär und Bärin bleiben nur während der Paarungszeit kurze Zeit zusammen, nach der Trennung von der Mutter siedeln sich Bärenweibchen meist in deren Nähe an, männliche „Teenager“ wandern in der Regel ab und entfernen sich dabei mitunter hunderte Kilometer von ihrem Geburtsgebiet. Wieviel Lebensraum ein Bär braucht, hängt in erster Linie vom Nahrungsangebot ab. In Mitteleuropa können unter natürlichen Gegebenheiten auf hundert Quadratkilometern zwei bis sieben Bären existie-

ren. Eisbären, die einen extrem kargen Lebensraum bewohnen und im Winter ausschließlich auf das Erbeuten von Robben angewiesen sind, beanspruchen mitunter ein Revier von mehr als 30.000 Quadratkilometern. Ist das Nahrungsangebot dagegen überreichlich – etwa bei der jährlichen Lachswanderung in Nordamerika – halten sich mitunter auch zahlreiche Bären auf engstem Raum auf.
Auch in Europa gibt es Gebiete mit beachtlicher Bärendichte: so wurden in Rumänien Bären als Jagdbeute für die kommunistische Nomenklatura über unzählige Futterplätze regelrecht „gezüchtet". Auch im slowenischen Bärenschutzgebiet ist die Bärendichte durch die regelmäßige Fütterung mit Mais und Fleisch an den Luderplätzen höher, als die natürlichen Bedingungen es erlauben würden: hier kommt häufig ein Bär auf nur 10 Quadratkilometer.

Der Bär als Namenspatron

Zahllose Orts- und Flurbezeichnungen tragen den Bären im Namen: Bärental, Bärenwald, Bärenkopf, Bärbach, Pernegg – sie alle verweisen auf den großen Braunen. Oder doch etwa nicht? Ortsnamen, die aus keltischer Zeit stammen, können nach „Bär" klingen und doch etwas ganz anderes meinen. Denn die gallischen Worte „barr" und „barros" bezeichneten nicht den Bären, sondern bedeuteten Schopf, Helm, Busch oder Gipfel. Schon zu keltischer Zeit wurde aus dem „a" ein „e", außerdem wurden in späteren Zeiten unverständlich gewordene Begriffe „eingedeutscht". Und so steckt hinter Ortsbezeichnungen wie Bernstein oder Pernegg nicht etwa der Bär, sondern schlicht und einfach die keltische Bezeichnung für „Gipfel". Dennoch können bestimmt etliche Ortsnamen, die

„nach Bär“ klingen, doch mit Meister Petz in Verbindung gebracht werden. Der Biologe und Bärenfachmann Bernhard Gutleb hat sämtliche Ortsbezeichnungen Österreichs, die eine phonetische Verbindung zum Wort „Bär“ aufweisen, untersucht: 1003 „Bärenplätze“ konnte er aufspüren, 378 Ortsnamen weisen das Wort „Bär“ unverändert auf. Die meisten „bärigen“ Flurnamen beziehen sich auf Örtlichkeiten unter 2.000 Meter Seehöhe, und im Bergland sind solche Bezeichnungen häufiger als im flachen Land.

Mehr Bären – nicht nur für die Alpen

Eine Wiederbesiedlung der französischen Alpen wurde ebenfalls bereits erwogen: Eine Studie ergab, daß der beste Bären-Lebensraum bei Grenoble im Gebiet von Vercors liegen würde. Es gab bereits konkrete Pläne, dort Bären freizusetzen, doch diese wurden vorläufig „auf Eis“ gelegt. Außerdem könnte der bekannte Jagdeifer der Franzosen dem Projekt und seinen Bären eine nur kurze Lebensdauer bescheren: bei den in Frankreich beliebten Treibjagden auf Schwarzwild könnte es leicht zu für die Bären fatalen Verwechslungen kommen; denn wenn ein Braunbär sich auf allen Vieren fortbewegt – was er ja so gut wie immer tut – kann er sehr leicht für ein Wildschein gehalten werden.
Auch in der Schweiz gäbe es noch gute Lebensräume für Bären, konkrete Pläne zur Wiederansiedlung bestehen zur Zeit aber nicht. In Südtirol wird der Bär demnächst erwartet, selbständig eingewandert sind einzelne Bären bereits in den letzten Jahren ins Bergland der italienischen Provinz Friaul. Doch hier macht ihnen das dichte Straßennetz und der ständig steigende Verkehr das Leben schwer, es kam bereits zu für Bären tödlichen Verkehrsunfällen.

Doch selbst auf den fernen Britischen Inseln, wo der Bär seit rund einem Jahrtausend verschwunden ist, bestehen Bestrebungen, ihn wieder heimisch zu machen: die Gesellschaft Scottish Natural Heritage ist an die Wildbiologische Gesellschaft München herangetreten, um die Highlands auf ihre Bären-Tauglichkeit zu prüfen. Fazit: 5000 nur wenig durch den Menschen genutzte Quadratkilometer „Bärenland" stünden zur Verfügung. Probleme könnte es allerdings mit den großen Schafherden geben, andererseits gäbe es aber große Rotwildbestände: auch Bären mit „Fleischhunger" müßten sich also nicht zwangsläufig an Haustieren vergreifen.

Die Genetik und der Bärenkot

Wildtiere genetisch zu untersuchen ist nicht unproblematisch: Fang und Betäubung bedeuten für sie erheblichen Streß. Bei ohnehin geschwächten Populationen wie der schon nahezu ausgestorbenen der Brentabären konnte das Risiko, daß ein Tier durch solche Manipulationen Schaden erleidet, keinesfalls eingegangen werden. Es wurde deshalb eine ganz „junge", erst vor kurzem entwickelte Untersuchungsmethode angewandt: nicht Blutproben oder Gewebeteile wurden untersucht, sondern der Kot der Tiere. Aus den Exkrementen wurde die „mitochondrionale DNS" herausgelöst – Mitochondrien sind die „Kraftwerke" der Zelle, sie werden nicht von der Zelle gebildet, sondern sind ganz eigenständige Bestandteile, die sich nur durch die Teilung ihrer selbst vermehren können und eigene Erbanlagen besitzen. Bei diesen genetischen Kotuntersuchungen konnte nicht nur festgestellt werden, welche Tiere den gleichen Mitochondrientyp besitzen, sondern auch, ob der untersuchte Bär männlich oder weiblich ist.

Bären in Europa

MITTEL- UND OSTEUROPA	
ehemalige Sowjetunion	30.000 bis 33.000 Bestand gesichert
Rumänien	7.800 höchste Dichte
ehemaliges Jugoslawien	2.100 Bestand gesichert
Bulgarien	700 bis 750 befriedigend
Slowakische Republik	600
Albanien	300 bis 700
Polen	90 lokal begrenzt
Österreich	ca. 25 im Aufbau
Ungarn	1 bis 2 Grenzgänger aus der Slowakischen Republik
NORDEUROPA	
Schweden	600 Bestand steigt
Finnland	500 bis 600 geringe Dichte
Norwegen................................	100 bis 150 zersplitterte Population
SÜDEUROPA	
Spanien...................................	50 bis 60 Population gefährdet
Griechenland	170 Population gefährdet
Italien	70 bis 80 Abruzzen
	2 bis 3 Brenta
Frankreich..............................	10 gefährdet

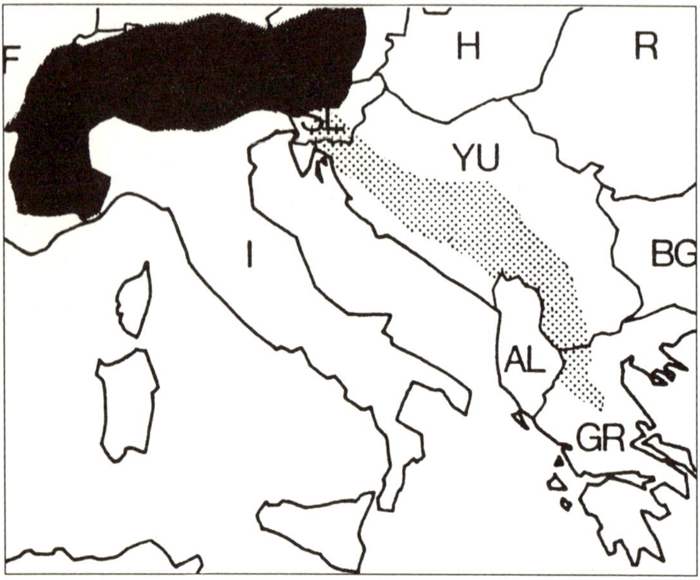

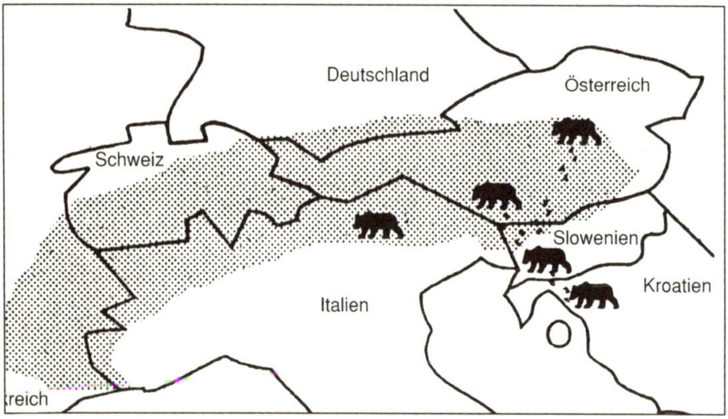

Der Bär im Alpenraum

Vom ehemaligen Jugoslawien aus könnte – bei entsprechender Unterstützung durch den Menschen – eine Wiederbesiedlung des Alpenraums durch den Bären erfolgen.

WELCH EIN TIER!

„Als der große Geist lange genug über die Erde gewandelt war, beschloß er, sie mit Tieren zu bevölkern. Er ergriff seinen Wanderstab, brach ein Stück am unteren Ende ab, zerrieb es zu Splittern und warf diese ins Wasser – daraus wurden die Fische. Dann pflückte er Blätter von den Bäumen, hielt sie in der Höhlung seiner Hand und blies sie in die Luft. So entstanden die Vögel. Den mittleren Teil seines Stabes zerbrach er in größere und kleinere Teile, und diese liefen, sprangen und krabbelten als die Tiere des Landes davon. Schließlich hatte er nur mehr den dicken, abgerundeten Knauf seines Wanderstabes und diesen verwandelte er in ein Geschöpf, das stärker und klüger war als alle anderen. So entstand der Bär, und er war so stark und wild, daß der Große Geist selbst flüchten und sein Heil auf dem Gipfel des Berges Shasta suchen mußte." Solches erzählen die Indianer des Shasta-Stammes vom Bären, und tatsächlich ist der Bär seit langer Zeit das größte Landraubtier der Erde.

Der Kodiak, eine nordamerikanische Unterart des Braunbären, kann 750 Kilogramm schwer werden, aufgerichtet erreicht er eine Körpergröße bis zu dreieinhalb Metern. Doch auch sein „kleiner Bruder", der europäische Braune, kann sich sehen lassen: männliche Tiere werden bis zu 400 Kilogramm schwer und erreichen aufgerichtet eine Körpergröße von immerhin zweieinhalb Metern. Weibchen sind generell kleiner und leichter als Männchen.

Enorm ist der Unterschied im Gewicht vor und nach der Winterruhe: bis 40 Prozent seines Normalkörpergewichts frißt sich der Bär im Herbst hinauf, die tägliche Gewichtszunahme kann bis zu einem halben Kilogramm betragen! Schon die schiere Masse ist es, die den Bären so beeindruckend macht – und seine sprichwörtliche „Bärenstärke“ ist Legende. Gegebenenfalls schleppen Bären sogar Kuh- oder Pferdekadaver über längere Strecken ohne Mühe weg. Gerät der Bär in Rage, vervielfacht sich seine Kraft noch.

„Schlachtbären“, Kirschendiebe und Insektenfresser

Entwicklungsgeschichtlich ist der Bär ein Raubtier, doch schon sein Gebiß verrät, daß er sich an vegetarische Nahrung angepaßt hat: seine Reißzähne sind, verglichen mit denen anderer Fleischfresser, nicht sehr stark entwickelt, und seine breitkronigen Mahlzähne sind für's Zermalmen zäher pflanzlicher Nahrung wie geschaffen. Als einziger Vertreter der Bärenfamilie ernährt sich dementsprechend nur der Eisbär vorwiegend von tierischer Beute – dieser hat sich aber erst sekundär wieder zum Fleischfresser rückentwickelt.

Der Braunbär ist Allesfresser, er frißt junge Triebe von Bäumen und Sträuchern ebenso wie Getreide, Aas, Insekten, er gräbt Wurzeln aus, schlägt Kleintier, aber auch größeres Wild und Haustiere, er verzehrt Kräuter, Nüsse, Eicheln und Bucheckern, Waldbeeren, Obst und partizipiert gegebenenfalls an Wildfütterungen oder futtert an Mülldeponien.

Der Bär ist nicht wählerisch, und der Grund für seinen Appetit liegt schlicht und einfach in seiner Größe: um hun-

derfünfzig bis dreihundert Kilogramm Lebendgewicht in Betrieb zu halten, braucht es jede Menge Treibstoff.
Der Speisezettel des Bären ändert sich im Jahreslauf: im Frühling machen junge Triebe, Gräser und Kräuter den Hauptteil seiner Nahrung aus, daneben frißt er auch beträchtliche Mengen „unterirdischer" Gewächse wie Wurzeln und Knollen. Vor und nach der Winterruhe ernährt er sich zu über 50 Prozent von Beeren und Früchten. Der vor der Winterruhe besonders ausgeprägte Appetit läßt ihn in dieser Zeit auch vermehrt zum „Viehdieb" werden: Übergriffe auf Schafe, Rinder und andere Haustiere sind da häufiger als sonst.
Selbstverständlich sind auch bei Bären die Geschmäcker verschieden: manche Individuen sind nahezu Vegetarier, andere sind wiederum regelrechte „Fleischtiger". „Schlachtbären" nannte man Bären, die es sich zur Gewohnheit gemacht hatten, sich am Vieh zu bedienen – heute nennt man sie weniger drastisch „Schlagbären".
Gesunde, erwachsene Wildtiere kann der Bär kaum reißen, wichtig für seine Ernährung ist gegebenenfalls aber Fallwild: im zeitigen Frühjahr, wenn er sein Winterlager verläßt und das pflanzliche Nahrungsangebot noch gering ist, sucht er – etwa in Lawinenbrüchen – gezielt nach Wildkadavern.
Besonders gern fressen Bären Obst, ihre Vorliebe für Süßes läßt sie nicht nur zu Honigdieben werden. *„Wo die Bähre etwas gemein in den Hölzern vorhanden, gehen sie auch des Nachts den Bauern auf die Kirschbäume, da sie sich dann so dick füllen, daß sie kaum gehen können. Und weil sie dann die Kirschen gar zu überflüssig fressen, so lassen sie öfters die Losung als ein Hut breit unter den Bäumen liegen,"* berichtet Johann Täntzer in seinen „Jagdgeheimnissen" von 1682.

Von einem Übermaß an Kirschen mag der Bär Durchfall bekommen, in der Regel leidet er im Frühjahr allerdings an Verstopfung. Während der Winterruhe nimmt er keinerlei Nahrung auf, und er scheidet auch weder Kot noch Urin aus. Magen und Darm befinden sich gewissermaßen im „Winterschlaf". Im Enddarm bildet sich ein Verschlußpfropfen aus Pflanzenmaterial und Haaren. Erwacht der Bär im Frühling, muß er diesen Pfropfen erst loswerden. Er frißt bestimmte Pflanzen, etwa Moos, als „Abführmittel", die Bewegung tut ein übriges, um die Eingeweideperistaltik zu fördern – trotzdem soll es dem Tier mitunter beträchtliches „Bauchweh" bereiten, sich von diesem „Darmkorken" zu befreien.
Nach der Winterruhe tut der Bär alles, um seinen Organismus wieder in Schwung zu bringen: instinktiv verleibt er sich vitaminreiche, entschlackende Kost ein, macht eine regelrechte „Kräuterkur" – nicht von ungefähr heißt das üppige grüne Blattgewächs, das von Ende März bis Anfang Mai die Waldböden in einem dichten Teppich überzieht, „Bärlauch". Die saftig-grünen Blätter enthalten Vitamine im Überfluß, der Bärlauch riecht nicht nur wie Knoblauch, wie dieser reinigt er Magen, Darm und Blut, wirkt gegen Parasiten und antibakteriell.
Seit jeher Interesse erregt hat der Appetit des Bären auf Insekten. *„Etliche werden genennt Ameisen-Bären, die essen kein Aas."* berichtet Caspar Wussin in seinen „Adelichen Weydwercken" von 1699. Tatsächlich scheuen Bären keine Mühe, um sich auch kleinste Kerbtiere einzuverleiben. Auf der Suche nach Insekten wenden sie mit Geschick und Bärenkraft Felsbrocken um, zerfetzen morsche Baumstämme und –strünke, graben Hummelnester aus und öffnen sogar Wespennester, auf der Suche nach Larven und Puppen. Und auch die oben erwähnten Ameisen verschmäht der

Bär nicht. *„Hat sich der Bär überfüllt, so sucht er ein Omeyßhauffen. Setzt sich zu demselbigen streckt die Zungen auff den Hauffen bis daß sie voller Omeyssen wird. Als denn zuckt er sie mit Omeyssen in Rachen, verschluckt sie. Das reiniget ihm sein Mage und machet ihn zu erbrechen, daraus ihm denn ein Gsundheit folgt,"* berichtet Gesner. Ob der Bär Ameisen tatsächlich nur zu sich nimmt, um Verdauungsstörungen zu beheben, bleibt dahingestellt – sicher ist, daß bei nahen Verwandten unserer Braunbären, den asiatischen Lippenbären, Ameisen und Ameisenbrut einen Gutteil der Ernährung ausmachen.

„Er sicht nicht wohl ..."

„Beide Bären, das Männlin und das Weyblin haben ein blöd Gesicht, deßhalben sy offtermals Pläraugen bekommen", berichtet Gesner in seinem „Thierbuch". Täntzer vermeldet, daß *„die Bähren sehr zur Blindheit geneiget."* Und auch Wussin schreibt lakonisch: *„Er sicht nicht wohl."*

Tatsächlich nimmt der Sehsinn im Sinnesrepertoire des Bären eine untergeordnete Stellung ein. Hauptsächlich orientiert er sich mittels seines hervorragenden Geruchsinns. Die Nase des Bären ist überaus fein, die Fläche seiner Nasenschleimhaut übertrifft die des menschlichen Geruchsorgans ums rund Hundertfache: er kann Aasgeruch auf 19 Kilometer Entfernung wahrnehmen. Aber auch sein Gehör ist gut entwickelt, menschliche Stimmen erkennt der Bär noch aus 270 Metern.

Doch auch wenn der Bär in erster Linie Nasen- und Ohrentier ist, besteht kein Grund zur Annahme, daß er „von Natur" aus zur Blindheit neigen würde. Bemerkenswert ist allerdings, daß in Gefangenschaft gehaltene Bären häufig erblinden – und auf diese Tatsache dürften sich auch die oben genannten Behauptungen beziehen. Seit Jahrhunderten wurden Bären in adeligen Menagerien gehalten und von Schaustellern vorgeführt – und was sich bei den Tanzbären von heute feststellen läßt, war sicherlich auch in früheren Zeiten der Fall: daß Bären zum Erblinden neigen. Etliche der im Rahmen der „Libearty"-Aktion der WSPA aus ihrem Joch befreiten Tanzbären sind blind – ein Umstand, der wahrscheinlich auf jahrelange Fehlernährung und gewohnheitsmäßige Schläge auf den Kopf zurückzuführen ist.

In früheren Zeiten wurde mit Bären in Gefangenschaft bestimmt nicht sanft verfahren. Und bei der allgemeinen Ernährungslage – ohne heutige Überschußproduktion – ist kaum zu erwarten, daß gerade die Bären besonders üppig gefüttert wurden. Auch Menschen lebten damals häufig von wenig mehr als Brot, daß sie ihre Tanz- und Hatzbären regelmäßig mit Fleisch und Gemüse fütterten, kann wohl ausgeschlossen werden.

Auch heute werden Tanzbären von ihren Führern fast ausschließlich mit Brot und Wasser abgespeist – sämtliche Tiere, die in der Türkei und in Griechenland beschlagnahmt wurden, waren schwer untergewichtig, ältere Individuen häufig blind oder schwachsichtig. Die Tiere werden keineswegs nur aus Geldmangel so schlecht ernährt – ein geschwächter Bär läßt sich leichter lenken als ein kräftiges Tier.

Es ist anzunehmen, daß auch die „Pläraugen" der Bären früherer Jahrhunderte nicht auf natürliche Veranlagung, sondern auf Ernährungsfehler zurückzuführen sind.

Der Bär geht zu Lug

Um die kalte, nahrungsarme Zeit zu überbrücken, halten Bären eine Winterruhe – keinesfalls aber, wie immer wieder fälschlich behauptet wird, einen „Winterschlaf". Bei Tieren, die Winterschlaf halten, verringern sich Herzschlag- und Atemfrequenz signifikant, die Körpertemperatur sinkt extrem ab. So reduziert sich etwa beim Igel die Zahl der Atemzüge auf drei bis vier pro Minute, das Herz schlägt im selben Zeitraum nur acht bis neun Mal, die Körpertemperatur beträgt rund 4 Grad C. Dementsprechend lange dauert es, bis sich die Körperfunktionen nach dem Aufwachen wieder normalisiert haben.
Bei der Winterruhe des Bären kommt es dagegen nur zu einer geringfügigen Drosselung des Stoffwechsels und zu einer leichten Absenkung der Temperatur, demzufolge ist der Bär nach der Winterruhe – und auch bei Störungen – sehr schnell hellwach. Einzelne Tiere unterbrechen die Winterruhe auch für kurzzeitige „Ausflüge" und kehren dann wieder in ihr Lager zurück.
Männchen ruhen kürzer als Weibchen, trächtige Weibchen beziehen ihre Winterhöhle besonders früh und verlassen sie spät. In manchen Gebieten – etwa im klimatisch milden Mittelmeerraum – verzichten Männchen ganz auf die Winterruhe. In Rußland nennt man einen Bären, der sich für die Ruhepause nicht genug Speck anfressen konnte und deshalb auch im Winter auf Nahrungssuche gehen muß, „shatun".
Die Winterruhe des Bären gibt der Wissenschaft nach wie vor große Rätsel auf: schließlich nehmen die Tiere nicht nur monatelang keine Nahrung und keine Flüssigkeit auf. Sie geben während dieses Zeitraums auch keine Stoffwechselprodukte von sich – trotzdem vergiftet sich der

Organismus des Bären nicht selbst. Das gelingt ihm, weil er den Harnstoff, der normalerweise mit dem Urin abgeben wird, gewissermaßen „recyclen“ kann: über die Blasenwand wird er erneut zum Aufbau von körpereigenem Eiweiß verwendet. Wie diese Wiederverwertung im Detail stattfindet, ist noch ungeklärt – für die Medizin würde die Lösung des Rätsels einen enormen Fortschritt bedeuten. Denn möglicherweise könnten nach demselben Prinzip Personen mit Nierenversagen vor der Selbstvergiftung bewahrt werden. Noch ein zweites Gesundheitsproblem hofft die Wissenschaft mit Hilfe des Bären zu lösen: Menschen, die zu langer Bettlägrigkeit verurteilt sind, bauen während dieser Zeit Knochenmasse ab, in Extremfällen kann der Verlust innerhalb von sechs Monaten bis zu einem Viertel betragen. Das abgebaute Kalzium kann in so großen Mengen nicht ausgeschieden werden und im Organismus schwerste Schäden hervorrufen. Der Organismus des Bären hat diese Probleme gelöst, seine Knochenmasse bleibt auch während der monatelangen Winterruhe konstant.

Seine Überwinterungshöhle, sein „Loch“, oder – wie man im 17. Jahrhundert noch sagte – „Lug“, gräbt der Bär oft selbst, er nutzt aber natürlich auch natürliche Fels- und Erdhöhlen. Auch hohle Bäume und große Reisighaufen werden gegebenenfalls bezogen – und winterfest gemacht. Trächtige Weibchen polstern ihr Winterlager besonders sorgfältig aus, männliche Tiere verwenden darauf mitunter gar keine Mühe.

Bevor sie „sich einschlagen“ – so lautet der waidmännische Ausdruck für’s Aufsuchen des Winterlagers – legen Bären meist eine Fastenzeit ein – die Eingeweide leeren sich, der Organismus macht sich für die lange Ruhezeit bereit. Und mit den letzten Nahrungsresten im Gedärm wird der Bär meist auch lästige Parasiten, wie Würmer, los.

Wenn „Bärzeit“ ist ...

Nach dem Erwachen macht der Bär erst einmal Bewegung, um seine Sehnen und Muskeln wieder geschmeidig zu machen und den Kreislauf in Schwung zu bringen Anders als man glauben würde, ist der Bär nach dem Erwachen alles andere als heißhungrig, sein Appetit wächst erst allmählich – in der Regel verliert er bis zu Sommerbeginn sogar noch ein wenig mehr an Gewicht.

Im Mai erwachen in der Bärenbrust dann Frühlingsgefühle, von Mai bis Juli ist „Bärzeit“, da sind Bär und Bärin in Paarungsstimmung und suchen – entgegen ihrer sonstigen Gewohnheit – die Gesellschaft von Artgenossen.

Bären markieren ihre Streifgebiete durch Kratzspuren an Bäumen, diese – sowie der Geruch von Kot – informieren Artgenossen über Geschlecht, Größe und möglicherweise auch andere Eigenheiten. Haben sich die Geschlechter gefunden, erfolgt eine vorsichtige Annäherung: oft muß das Männchen das Weibchen tagelang verfolgen, bis dieses sich geneigt zeigt. Meist bleiben Bär und Bärin einige Zeit zusammen, es kann aber auch vorkommen, daß sich beide auch noch mit anderen Partnern paaren.

Über die Tragzeit der Bärin herrschte lange Zeit Unklarheit: die Paarungszeit der Bären erstreckt sich über zwei bis drei Monate, dennoch kommen die Jungen der meisten Weibchen meist synchron im Januar zur Welt – auf den ersten Blick scheinen Bärinnen also sieben bis neun Monate trächtig zu sein. Tatsächlich verbleibt die bei der Paarung befruchtete Eizelle aber je nach Zeitpunkt der Befruchtung einige Wochen in einer sogenannten „Keimruhe“ – erst im Spätsommer setzt sie sich in der Gebärmutter fest, und die Entwicklung der Embryonen nimmt ihren Lauf.

Nach rund 220 Tagen „bärt“ das Muttertier: die zwei bis

vier Jungen werden während der Winterruhe im Januar geboren. Und sie sind zum Zeitpunkt der Geburt bemerkenswert unterentwickelt – ihr Geburtsgewicht von 30 bis 40 Dekagramm entspricht gerade einem Dreihundertfünzigstel des Gewichts der Mutter. Zum Vergleich: das Gewicht eines menschlichen Neugeborenen beträgt im Durchschnitt ein Zwanzigstel des Gewichts der Mutter. Bei einer Länge von 25 bis 30 Zentimetern ähneln die blinden, nackten und zahnlosen Kleinen mit ihren winzigen Gliedmaßen auf den ersten Blick tatsächlich eher Meerschweinchen als Bären.
Mutter und Jungtiere zehren vom Fettvorrat, das sich die Bärin im Herbst angefressen hat. Die Bärin, die zum Zeitpunkt der Geburt bereits rund zwei Monate weder gefressen noch getrunken hat, stillt ihren Nachwuchs mehrmals täglich erst in Seiten- dann in Rückenlage, viele Wochen leben Mutter und Kinder auf engstem Raum in heimeliger Dunkelheit. Die Höhle ist gewissermaßen der nach außen gekehrte Uterus der Bärin, in dem die Jungen unter ihrer Obhut nachreifen. Man weiß wenig über dieses enge Miteinander – was empfindet die Bärin? Wie nimmt sie ihre winzigen Jungen wahr? Wie erleben diese die dunkle Welt, in die sie hineingeboren wurden und die völlig ausgefüllt ist von der Wärme und Fürsorglichkeit der Mutter?

Die Söhne – und Töchter – der großen Bärin

Mit etwa vier Monaten verlassen die Jungen, geführt von der Mutter, erstmals die Höhle. Sie werden noch einen zweiten und – in seltenen Fällen – sogar einen dritten Winter mit ihr im „Loch“ verbringen. Die Zeit dazwischen ist Lehrzeit: bei Bären spielt die „Tradition“, jenes Wissen um

Futter- und Wasserstellen, Schlaf- und Überwinterungsplätze, eßbare und ungenießbare Pflanzen, gefährliche und sichere Orte, das vom Elterntier an den Nachwuchs weitergegeben wird, eine besondere Rolle.
Die Reizbarkeit einer führenden Bärin ist sprichwörtlich – zieht sich der Bär bei Begegnungen mit dem Menschen so gut wie immer zurück, zeigt eine Bärin mit Jungen eine wesentlich höhere Bereitschaft zum Angriff. Ihre gesteigerte Aggressivität hat ihren guten Grund: Bärinnen investieren viel in ihren Kinder, sie haben höchstens alle zwei bis drei Jahre Nachwuchs und betreuen ihre Jungen besonders intensiv. Die Reproduktionsrate von Bären ist gering – entsprechend „kostbar" ist das einzelne Jungtier.
Zwei bis drei Jahre gehen junge Bären bei der Mutter in die Schule, und was sie in dieser langen Zeit über die Welt, in der sie sich bewähren müssen, lernen, kann ihnen nur ein Bär vermitteln. Versuche, in Gefangenschaft aufgezogene Bären auszuwildern, sind zum Scheitern verurteilt: Erstens kann kein Mensch dem Jungen das Wissen einer erfahrenen Bärin mit auf den Lebensweg geben. Und zweitens sind solche Tiere an den Menschen gewöhnt und werden auch in freier Wildbahn den Kontakt zum Menschen nicht scheuen, sondern im Gegenteil ihn sogar suchen – was für beide Seiten lebensgefährliche Folgen haben kann.
Wie groß die Anhänglichkeit junger Bären sein kann, schilderte anno 1880 Oberförster Krementz so: „Aufgezogene junge Bären, die selbständig fressen und ihren Fraß selbst aussuchen können, sind ungemein schwer auszusetzen! Meilenweit tief in den Wald gebracht und dort verlassen, finden sie sicherlich den Weg zurück und eilen auf der Fährte dessen, der sie ausgesetzt, der Heimat zu. Drei in einem Sacke ausgesetzte sechs Monate alte Bären fanden auf drei Meilen Entfernung durch Sumpf und Wasser den Rückweg."

Unerfahrene Jungtiere auszusetzen würden wir heute als Tierquälerei bezeichnen, dennoch ist die Praxis – wenn auch indirekt – auch heute üblich. Überall da, wo die Frühjahrs-Jagd auf Bären erlaubt ist, besteht ein hohes Risiko, ein Muttertier zu erlegen, das Junge führt oder sie in ihrer Höhle zurückgelassen hat. Diese Jungbären haben kaum Überlebenschancen – und selbst wenn sie gefunden und großgezogen werden, ist für sie ein Leben in Freiheit nicht mehr möglich.

Doch auch wenn kein menschlicher Einfluß die Bären-Kindheit stört, leben junge Bären gefährlich: im statistischen Durchschnitt kommen 50 Prozent der Jungtiere im ersten Lebensjahr zu Tode.

Nach zwei bis drei Jahren vertreibt das Muttertier ihre Jungen – die Geschwister werden noch eine Zeitlang im Revier der Alten geduldet und bleiben mitunter noch länger zusammen. Geschlechtsreif werden weibliche Braunbären mit drei bis vier, männliche Tiere oft erst mit fünf bis sechs Jahren – in freier Wildbahn können sie ein Alter von 25 Jahren erreichen, in Gefangenschaft gehaltene Bären wurden bis zu 40 Jahre alt.

Wie gefährlich ist der Bär?

Mit mehreren hundert Kilogramm Lebendgewicht, einem dem Hund ähnlichen Raubtiergebiß, langen, nicht einziehbaren Krallen und seinen sprichwörtlichen „Bärenkräften" ist der Bär eine respektgebietende Erscheinung. Daß er von sich aus kaum je aggressiv wird und es auch dann meist bei Drohgebärden bewenden läßt, darf nicht dazu verleiten, ihn zu unterschätzen.

Eine Bärin, die Junge führt und sich und ihren Nachwuchs

Das Fell junger Bären zeigt um den Hals eine helle, oft weiße, kragenförmige Zeichnung. Diese hilft dem Muttertier, seine Jungen zu erkennen, sie verschwindet beim Heranwachsen allmählich.

Linke Seite: Säugendes Muttertier: *„Vier Dutten hat die Bärin ...“* berichtet Konrad Gesner. Er irrte: die Braunbärin besitzt sechs Zitzen Daß diese am Oberkörper liegen, trägt viel dazu bei, daß wir Bären als menschenähnlich empfinden.

Bärenhöhle : *„Solches muß ihn Gott in der Natur eingegeben haben, weiln im Winter öfters großer Schnee, daß sie nicht viel finden, item daß sie nicht gespüret und ihr Lager verraten würde, wie sie dann dasselbe mit Moos und dergleichen können also ausfüttern und zusammentragen, daß wohl ein Mensch vergnügt liegen könne.“* Johann Täntzer, „Jagdgeheimnisse“ 1682
Bären-Winterlager in Slowenien: hier wurde eine natürliche Höhle in einer Karst-Doline genutzt. Für ihren Winterruheplatz suchen die Bären möglichst unzugängliches Gelände auf, um vor Störungen durch den Menschen sicher zu sein.

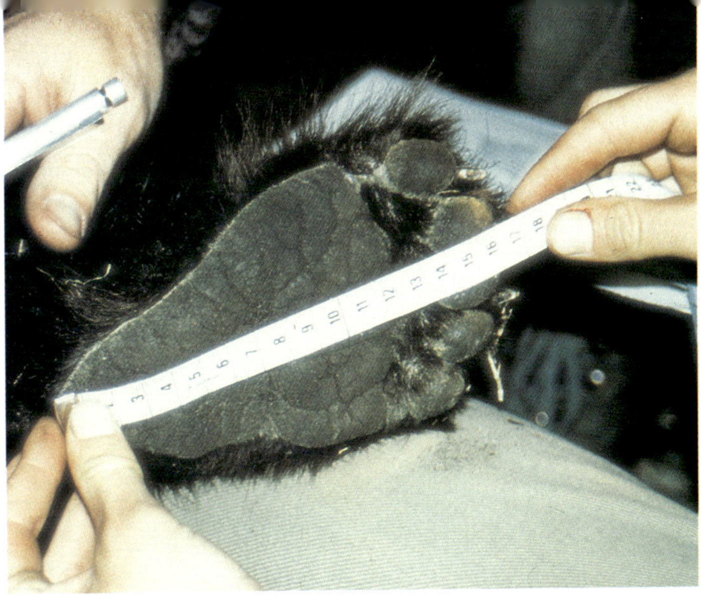

Fußvermessung: *„Ein Bähr und eine Bährin spüren sich wie ein großer Mensch ...“* Die unbehaarten Fußsohlen des Bären – nur beim Eisbären sind sie behaart – trugen viel dazu bei, daß ihn die alten Jägervölker für einen „Menschen in Tiergestalt“ hielten. Im Winterlager erneuert sich die Haut der Sohlen, die Bären belecken deshalb ihre Füße häufig. Früher glaubte man, sie würden sich „das Fett aus den Tatzen saugen“ und sich so ernähren. Tatsächlich lebt der Bär vom Winterspeck. Sein Fettvorrat liefert dem Organismus nicht nur Energie, sondern bewahrt ihn auch vor dem Austrocknen: beim Abbau entsteht pro Gramm Fett mehr als ein Gramm Wasser.

Linke Seite oben: Die Bärin Mitka nach dem Fang

Zur Altersbestimmung wird ein Zahn gezogen.

Fußabdruck im Waldboden.

Witternder Bär: „Eine Tannennadel fiel im Wald. Der Adler sah sie, der Hirsch hörte sie, der Bär roch, was geschah.“ Ganz wie in diesem indianischen Sprichwort behauptet, ist der Geruch wirklich der bestausgebildete Sinn des Bären. Er verläßt sich lieber aus seine Nase als auf Ohren oder Augen.

Essender Bär: „Da sie sich dann so dick füllen, daß sie kaum gehen können …“. Ist der Bär ein Vielfraß? Ja – und das hat seinen guten Grund. Obwohl sich der Bär überwiegend vegetarisch ernährt, ist sein Verdauungstrakt eher auf die Verarbeitung tierischer Nahrung eingestellt. Vieles, das der Bär frißt, kann sein Organismus gar nicht richtig verwerten: in Bärenkot finden sich deshalb häufig unverdaute Nahrungsbestandteile. Um die „Nährstoffverluste“ durch die unzureichende Verdauung wettzumachen, müssen Bären besonders viel fressen.

Linke Seite:
Bienenstock-Stirnbrettchen aus Slowenien: In der Volkskunst taucht der Bär häufig auf, hier als Totengräber des Jägers, die anderen Tiere des Waldes bilden die Trauerprozession.

Nächste Seite: Die Bärin Jana bei einer Maisfütterung: im slowenischen Bärengebiet wurden viele solcher Futterplätze eingerichtet. Eigentlich ist der Mais ja meist fürs Rotwild gedacht, aber die Bären haben rasch gelernt, die Mais-Automaten zu bedienen.

einer vermeintlichen Bedrohung gegenübersieht, kann blitzschnell zum Angriff übergehen. Doch auch Bären ohne Junge zeigen gegebenenfalls aggressives Verhalten – zum Beispiel immer dann, wenn sie sich in die Enge getrieben fühlen und keine Möglichkeit zur Flucht sehen oder wenn sie sich dem Menschen plötzlich ohne Vorbereitung gegenübersehen. Bären, die am Freßplatz – etwa bei Aas – überrascht werden, könnten sich veranlaßt sehen, ihre Beute zu verteidigen – was ihre Hemmschwelle anzugreifen senkt.

Wer im Wald auf den Wegen bleibt und hin und wieder die Stimme erhebt, muß keine Begegnung mit einem Bären fürchten. Der Bär kann menschliches Sprechen schon aus großen Distanzen wahrnehmen und sucht dann das Weite. Keinesfalls sollte man von sich aus die Nähe von Bären suchen. Und besonders gefährlich ist es, sie mit Nahrung zu ködern. Fotografen, die, um Aufnahmen von Bären machen zu können, Futter auslegen, um den Bären an Orte zu gewöhnen, bringen nicht nur sich selbst in Gefahr. Ein Bär, der einmal entdeckt hat, daß der Mensch eine „Nahrungsquelle“ darstellt, kann bei anderer Gelegenheit versuchen, sich Futter mit Gewalt zu holen.

Der wilde Bär ist kein Teddy – und immer wieder machen Menschen, die diesem Irrtum erliegen, schlimmste Erfahrungen. Wie folgender Vorfall belegt: Ein junges Ehepaar wollte im Yellowstone-Nationalpark ein besonders „nettes“ Foto von seiner kleinen Tochter und einem Bären schießen. Sie bestrichen das Gesicht des Mädchens mit Sirup und erwarteten, daß der Bär die Kleine ablecken würde. Er biß ihr kurzerhand den Kopf ab.

Auch folgende Begebenheit entpricht den Tatsachen: Ein – ebenfalls amerikanischer – Bär fand eine Flasche Körperlotion und trank sie aus. In einem Zelt nebenan roch noch

etwas so gut – das junge Mädchen, das sich mit der Lotion eingecremt hatte, überlebte die Begegnung nicht.
Die oben genannten Bären waren keineswegs „Killer“, sie folgten nur ihrem natürlichen Instinkt, Nahrung zu suchen und zu sich zu nehmen. Und für den Bären kann nahezu alles „Nahrung“ sein: Bären plündern Picknickkörbe, Mülleimer und Wildfütterungen. Sie brechen Jagdhütten auf, trinken mit Begeisterung das für Forstarbeitsgeräte verwendete „Bioöl“ aus Raps und delektieren sich am neben Teichen gelagerten Fischfutter. Wer immer in einem „Bärenwald“ Lebensmittel oder Lebensmittelreste zurückläßt, erzieht den Bären dazu, nach menschlicher Nahrung zu suchen.

Wenn der wilde Bär kommt …

Natürlich kann es trotz aller Vorsicht zu einem Zusammentreffen mit einem Bären kommen – und wer eine solche „Naturbegegnung der dritten Art“ erleben darf, kann sich glücklich schätzen. Denn der Bär ist scheu, und selbst Förster und Jäger, die viel Zeit im Wald verbringen, bekommen den „Großen Braunen“ kaum je zu Gesicht.
Trotzdem sollte man einige Vorsichtsmaßregeln beachten, wenn man im Forst auf den Bären trifft. Befindet sich das Tier in größerer Entfernung, besteht kein Grund zur Beunruhigung. Am besten verhält man sich ruhig und genießt das seltene Naturschauspiel.
Auf keinen Fall sollte man sich dem Bären aber selbständig nähern, im Gegenteil: bewegt er sich auf einen zu, sollte man, ohne ihn aus den Augen zu verlieren, vorsichtig zurückgehen und die Distanz halten.
Kommt der Bär näher, ohne von einem Notiz genommen

zu haben, ist es ratsam, ihn deutlich anzusprechen – so macht man ihn auf sich aufmerksam und ermöglicht ihm den Rückzug.

Keinesfalls sollte man in Panik vor ihm weglaufen, das könnte seinen Beutetrieb aktivieren und ihn zur Verfolgung veranlassen. Außerdem sind die Chancen, einem heranstürmenden Bären zu entkommen, denkbar gering: Bären erreichen im Galopp erstaunliche Geschwindigkeiten, sind extrem wendig und dem Menschen durch ihre längeren Hinterbeine beim Bergauflaufen haushoch überlegen.

Kommt der Bär aus geringer Distanz aggressiv auf einen zu, reicht es meist, ihn anzuschreien, um ihn in die Flucht zu schlagen.

Greift der Bär tatsächlich an, sollte man sich flach auf den Boden legen und die Hände im Nacken verschränken: normalerweise attackiert ein Bär ja nur, um sich selbst zu verteidigen, stellt man für ihn keine Bedrohung mehr dar, trollt er sich.

Wenn ein Bär sich aufrichtet, heißt das nicht, daß er sich zum Angriff bereitmacht: nur in Wildwestfilmen attackiert der Bär auf zwei Beinen, im wirklichen Leben bringt er die Distanz zwischen sich und dem vermeintlichen Gegner im Galopp hinter sich. Richtet sich der Bär auf die Hinterbeine auf, tut er das aus Neugier, um Witterung zu nehmen und die Umgebung zu begutachten. Auch hier ist es angebracht, den Bären ruhig und deutlich anzusprechen und so auf sich aufmerksam zu machen.

Besondere Vorsicht ist geboten, wenn man einer führenden Bärin oder einem Jungtier begegnet: ein kleiner Bär ist reizend anzusehen, trotzdem sollte man sofort den Rückzug antreten, wobei lautes und deutliches Sprechen verhindert, daß man dem mit Sicherheit in der Nähe befindlichen Muttertier überraschend begegnet.

Bären gelten als gefährlich, und Vorsicht und respektvolle Distanz ihnen gegenüber ist angebracht. Trotzdem besteht bei einem „bärigen“ Zusammentreffen kein Grund zur Panik: für Mitteleuropa ist seit dem Mittelalter kein tödlicher Unfall mit Bären verbürgt. Trotzdem kam es – zum Beispiel in Rumänien – auch in den letzten Jahren zu einigen schweren Unfällen mit Bären. Der Grund dafür ist ein „Überbesatz“ an Petzen: unter dem Ceausescu-Regime wurden Bären regelrecht gezüchtet, um genug Bärwild für den Diktator, der ein begeisterter Jäger war, zur Verfügung zu haben. Der Bärenbestand wurde zwar mittlerweile reduziert, trotzdem gibt es in den rumänischen Wäldern nach wie vor zuviele Bären für die bestehenden Ressourcen. Außerdem wurden die Tiere auch an die Fütterung durch den Menschen gewöhnt – sie haben ihre natürliche Scheu abgelegt und nähern sich ohne Angst Gehöften und Siedlungen, was das Unfallrisiko erhöht.

In Rumänien wurden Bären als Jagdwild gepäppelt, in nordamerikanischen Nationalparks wurden sie durch Unachtsamkeit und falsch verstandene Tierliebe „verdorben“ – fütternde Touristen, achtlos weggeworfene Essensreste und leicht zugänglicher Müll haben aus manchen von ihnen halbzahme, aber nichtsdestoweniger gefährliche „Kulturfolger“ gemacht, die verlernt haben, den richtigen Abstand zum Menschen zu wahren. Mit solchen Bären gibt es in den USA und in Kanada heute Probleme – man darf aber niemals vergessen, daß es der Mensch war, der das distanzierte Verhältnis Mensch-Bär zuerst veränderte.

Wir sollten aus diesen Fehlern lernen und sie in Europa nicht wiederholen. Die Bären in unseren Wäldern sollten uns willkommen sein – als wilde, selbständige Tiere, nicht als halbzahme Futterbettler.

Die Winterruhe des Bären

Bis zu einem halben Kilogramm Lebendgewicht legt der Bär vor der Winterruhe täglich zu – Meister Petz' Winterfeiste hat seit jeher fasziniert. Der Gelehrte Konrad Gesner schrieb 1563 über die Winterruhe des Bären: „*Doch ist noch ein großer Zank unter den Naturkundigen, ob er (der Bär) der Kälte halb oder aus anderer Ursach sich verberge. ...Etliche glauben, solches tue er nicht der Kälte halb, sondern darum, daß er sich von... überflüssiger Speis schwach befühle und seine zu große Feiste für eine Krankheit halte und sich also einschließt um abzunehmen, abzumagern.*" Zu glauben, daß der Bär Winterruhe halte, um eine Abmagerungskur zu machen, heißt natürlich, Ursache mit Wirkung zu verwechseln – den Gelehrten des 16. Jahrhunderts erschien diese Überlegung aber keineswegs abwegig.

Warum der Bär seine Jungen frißt

„*Ob er* (der Bär, Anm. d. Verf.) *aber zu seinen Jungen eine Liebe trag oder ihrer sich zu nähren annehme, ist gleich in Zweifel: dieweyl neulich zu Bern in Vechtland, da etliche Paarr Bern stets verpfründet auferzogen werden, die Jungen, so die Bärin bracht, er zu Stund erwürgt hat,*" berichtet Konrad Gesner. Daß männliche Bären ihre Jungen gegebenenfalls auffressen, hat also schon den Altvorderen zu denken gegeben. Das Töten und teilweise oder vollständige Verzehren von Jungen durch das Muttertier ist in der Natur gar nicht so selten: bei zahlreichen Tierarten – von Kaninchen bis zu Menschenaffen – wurde Kindsmord bereits beobachtet. Meist wird dieses Fehlverhalten der Mutter auf

Streß und ungünstige Lebensbedingungen zurückgeführt.
Bei manchen Arten kommt es aber auch zur Tötung von Jungen durch männliche Tiere: so versucht etwa ein Löwenmännchen, wenn es ihm gelungen ist, einem Artgenossen dessen Weibchenharem abzujagen, sämtliche Jungtiere im Rudel zu töten. Der Grund hierfür: Weibchen mit Jungen sind nicht empfängnisbereit, um sie in Paarungsstimmung zu bringen und seine Gene möglichst rasch weitergeben zu können, muß der neue „Pascha" den Nachwuchs des Vorgängers kurzerhand töten.
Braunbären sind – im Unterschied zu Löwen – nicht sozial lebende Tiere. Bär und Bärin kommen nur während weniger Tage oder Wochen zur Paarung zusammen. Ein Bärenmännchen, das einem Weibchen begegnet, weiß nicht, ob die Jungen nun von ihm sind oder nicht. Er wird meist versuchen, die Jungen zu töten, damit das Weibchen, das ja seine Jungen zwei Jahre führt, wieder paarungsbereit wird und er dann vielleicht „zum Zug" kommt.
Bei anderen Bärenarten sind die Väter toleranter: so wurden bei Lippenbären und Brillenbären Gruppen, bestehend aus einem Weibchen, einem Männchen und Jungen, beobachtet.
In Ausnahmesituationen töten aber auch Mütter ihren Nachwuchs: so wurde zum Beispiel bei russischen Eisbären beobachtet, daß Weibchen, wenn sie selbst schlecht ernährt sind und die Aufzucht der Jungen nicht länger möglich ist, diese töten.

Wie intelligent ist der Bär?

Die Stärke von sechs Männern und die Klugheit von zwölf sagten die nordischen Völker dem Bären nach. Und auch die Letten meinten, der Bär habe einen menschlichen Verstand, wenn auch – ganz in patriarchalischer Tradition – nur den „kleinen" einer Frau. Der Bär ähnelt dem Menschen in vieler Hinsicht – ihm auch menschliche Intelligenz zu unterstellen, liegt also nahe. Und intelligent sind Bären tatsächlich – und der Beweis hierfür ist nicht etwa die Tatsache, daß sie gegebenenfalls nach entsprechender Dressur im Zirkus Motorrad fahren.

Intelligenz ist – nach einer Definition – die Fähigkeit, angeborenes Verhalten so zu modifizieren, daß auftretende Probleme gelöst werden können. Bären sind extrem flexibel: Sie zeigen nicht nur großes körperliches Geschick beim Nahrungserwerb. In Gegenden, wo sie Verfolgungen ausgesetzt sind, verlegen sie zum Beispiel ihre Aktivitäten ins Dunkel der Nacht. Haben sie nichts zu befürchten, sind sie auch am Tag zugange. Bei der Nahrungsaufnahme frißt der Bär immer das, was in Hülle und Fülle vorhanden ist: steht der Hafer im Saft, ist er ihm recht, zur Blaubeerzeit wird er zum Obstfresser. So spart er Energie und nutzt optimal die bestehenden Ressourcen.

Doch seine Intelligenz birgt für den Bären auch Gefahren: gerade weil er so rasch erkennt, wo er „billig einkaufen" kann, gerät der Bär häufig dem Menschen ins Gehege. Er gewöhnt sich rasch an ergiebige Futterquellen wie Schafweiden oder Bienenhäuser. Und zeigt sich dann gegebenenfalls auch von der Anwesenheit seines Erzfeindes, des Menschen, nicht mehr beeindruckt. Bären, die so „aus der Art schlagen", werden zur Gefahr – und müssen aus dem Verkehr gezogen werden.

„Er ist ein falsch schantlich Thier, da er doch in närrischer Weis tückisch ...“

Seine „Heimtücke“ wurde dem Bären seit jeher angekreidet – doch daß man den Bären für hinterlistig hält, beruht auf einem Mißverständnis.

Menschen – und auch andere Tiere – können ihre Gefühle über mimische Signale zeigen – dem Bären fehlt diese Fähigkeit. Seine Gesichtsmuskulatur ist nur wenig entwickelt, er „schaut immer gleich drein“ – weshalb es uns schwer fällt, seine Reaktionen abzuschätzen.

Da es in seiner Mimik auch bei krassen Stimmungsumschwüngen kaum zu Veränderungen kommt, sind diese für uns überraschend – der Bär erscheint uns unberechenbar.

In früheren Zeiten, wo man dem Tier mehr Eigenverantwortlichkeit und bewußtes, absichtsvolles Handeln zubilligte, unterstellte man dem Bären deshalb Heimtücke. Als würde er, um den Menschen zu täuschen, sein Mienenspiel absichtlich unterdrücken.

Tatsächlich „benötigt“ der Bär als sehr einzelgängerisches Wesen keine Mimik. Er lebt nicht – wie etwa Primaten – im engen sozialen Verband, wo es nötig ist, sich Artgenossen mittels mimischer Signale verständlich zu machen.

Für die raren Begegnungen zwischen Bären reichen grobe „Ganzkörpersprache“ und akustische Mitteilungen offensichtlich aus. Uns Menschen befremdet dagegen das regungslose „steinerne Gesicht“ des Bären, wir empfinden seine mimische Sprachlosigkeit als bedrohlich, weil uns der Zugang zu seinem Gefühlsleben dadurch verwehrt bleibt.

Wie sozial sind Bären?

Bären sind Einzelgänger, so sie die Möglichkeit haben, gehen sie ihresgleichen aus dem Weg. Der Grund dafür ist ihr großer Nahrungsbedarf – wenn Futter im Überfluß vorhanden ist, zeigen sie sich auch tolerant gegenüber Artgenossen. Die Bilder von Alaska-Braunbären, die einträchtig nebeneinander im tosenden Fluß nach Lachsen fischen, gingen um die Welt – ebenso wie die Eisbären-Massen, die sich alljährlich an der Kanadischen Hudson Bay versammeln, um aufs Zufrieren der Meeresbucht zu warten. Russische Biologen berichten auch von Eisbären-Kindergärten, wobei die Jungtiere mehrerer Mütter, während diese auf Jagd sind, von einem Weibchen beaufsichtigt würden. Die Behauptung russischer Bauern, Braunbärenmütter würden ihre halbwüchsigen Söhne dazu zwingen, die Kinder ihres nächsten Wurfes zu beaufsichtigen, sind allerdings wissenschaftlich bisher nicht nachgewiesen. Bei diesem „pestun“, russisch für „Kinderwärter“, dürfte es sich um ein Fabeltier handeln.

Und „fabelhaft“ ist natürlich auch, was Gesner in seinem Thierbuch“ von 1563 berichtet: *„Ein besondere eynbrünstige Liebe tregt der Bär zu seinesgleichen: denn die todten Bären vergrebt er in der Erden.“*

Auch der Grizzly ist ein Braunbär ....

„Ursus arctos horribilis“ heißt der Grizzly wissenschaftlich, und man sagt ihm besondere Wildheit nach. Wenn er nicht provoziert wird, ist auch der Grizzly friedfertig, seine etwas niedrigere Reizschwelle mag evolutionär darin begründet sein, daß er ursprünglich ausschließlich Steppengebiete, also einen sehr deckungsarmen Lebensraum, bewohnte. Wenn Flucht aussichtslos ist, weil es keine Versteckmöglichkeiten gibt, ist Angriff eben die beste Verteidigung.

Früher wurde der „Graue“ für eine eigene Art mit unzähligen Unterarten gehalten, heute sieht man in ihm selbst die amerikanische Unterart des Braunbären.

Bevor der Grizzly von den weißen Einwanderern in großem Stil bejagt wurde, durchstreiften geschätzte hunderttausend Grizzly-Bären die USA – heute beträgt ihr Bestand nur noch zwischen 1.000 und 1.250 Tiere, in Kanada und Alaska leben derzeit geschätzte weitere 40.000 bis 50.000 Grizzlys.

Die zweite Unterart des Braunbären in Nordamerika ist der Kodiak, er ist – aufgrund des Überangebots an Lachsen – das größte fleischfressende Säugetier der Erde und lebt auf den Inseln Kodiak, Afognak und Shuyak in Alaska.

Braunbären bevölkern Europa, Nordamerika, Klein- und Vorderasien, Rußland, Sibirien, die Beringregion, Kamtschatka und Hokkaido.

„Ursus arctos“ bedeutet eigentlich „doppelter Bär“, denn „Ursus“ heißt der Bär auf lateinisch, „arctos“ auf griechisch.
Auch der Name „Braunbär“ ist nicht ganz glücklich getroffen: die Fellfarbe von Ursus arctos kann von nahezu weiß bis blauschwarz variieren.

Warum der Braunbär einen Buckel macht

Charakteristisch für den braunen Bären ist sein Buckel, ein mit längerem Haar bewachsener Höcker zwischen den Schultern. Dieses „Muskelpaket“ befähigt den Braunen, in rasender Schnelle zu graben, und ist auch sonst für die gewaltige Kraft seiner Tatzen verantwortlich.

Junge Bären: *„Und sobald zwey Junge zusammenkommen, wollen sie fort miteinander spielen. Ihr Spielen ist …recht lustig anzusehen. …Daselbst üben sich die jungen Bähren mit Steigen und Klettern auff die Bäume, wie die Katzen jagen einander auff den Bäumen herum, daß zu verwundern. Und werffen einander öffters herunter, daß nicht wunder, daß sie todt fielen. Alleine er ist gleich wieder hinauff.“* Johann Täntzer, „Jagdgeheimnisse“, 1682

„Ein alter, rupp'ger Tanzebär,
Der durchgebrannt, kommt auch daher."

berichtet Wilhelm Busch in seiner Bildgeschichte „Schnurrdiburr oder Die Bienen" und schildert in der Folge die fatalen Folgen der „süßen Leidenschaft" von Meister Petz. In den slawischen Sprachen heißt der Bär „medved", das bedeutet „Honigesser", die Schweden nennen ihn „Süßfuß" und „Honighand" die Finnen. Tatsächlich lieben alle Bären Honig – und lassen sich auch von unzähligen, auch für sie schmerzhaften Bienenstichen nicht beim Naschen stören. Von amerikanischen Schwarzbären ist bekannt, daß sie sogar auf Strommasten klettern, weil sie das Summen der Leitung für Geräusche von Bienen halten. Einbrüche in Bienenhäuser stellen auch bei uns die häufigsten Bärenschäden dar, wobei den Bären nicht nur am süßen Honig, sondern auch an der eiweißreichen Bienenbrut gelegen ist. Ein Elektrozaun kann solche Übergriffe verhindern.

DIE BÄREN-FAMILIE

Die Wissenschaft unterscheidet zwischen Groß- und Kleinbären: zu letzteren zählt zum Beispiel der Waschbär, zu ersteren unser Braunbär. In welche Kategorie der Panda, der Bambusbär Chinas, einzuordnen ist, darüber herrscht noch Uneinigkeit.

Der Weiße oder Wasser-Bär

Wir nennen ihn heute Eis- oder Polarbär, aber diese Bezeichnung trügt: wissenschaftlich heißt das größte Landraubtier der Erde „Ursus maritimus", zu deutsch „Meeresbär", und dieser Name wird ihm weit besser gerecht. Denn daß sich der große, weiße Bär heute fast ausschließlich in polaren Regionen aufhält, liegt schlicht und einfach daran, daß ihn der Mensch aus weiter südlich gelegenen Lebensräumen, die er in früheren Zeiten für sich beansprucht hatte, vertrieben hat. Noch bis ins 10. Jahrhundert sollen Eisbären in Norwegen bis in die Höhe von Bergen zu finden gewesen sein, ebenso an der Ostseeküste. In Asien dürfte noch bis ins 17. Jahrhundert eine Population auf den Kurilen überlebt haben. Auch auf Neufundland gab es massenhaft Eisbären, und auf dem amerikanischen Kontinent wurde noch im 18. Jahrundert ein Exemplar im Golf von Maine erlegt.
Der Eisbär ist das größte Landraubtier, einzelne Männchen können ein Gewicht bis 750 Kilogramm erreichen, es soll

auch schon ein Exemplar mit über 1.000 Kilogramm entdeckt worden sein. Im Durchschnitt wiegen männliche Tiere zwischen vier- und fünfhundert Kilogramm und erreichen eine Schulterhöhe von rund 1,2 Metern. Aufgerichtet sind sie bis dreieinhalb Meter groß. Weibchen werden meist nicht über 350 Kilogramm schwer und sind entsprechend kleiner.

Die Weißen Bären gelten als besonders räuberisch, sie haben sich allerdings erst wieder sekundär zu Fleischfressern entwickelt. Stammvater des Eisbären ist der allesfressende Sibirische Braunbär, von welchem sich die Art vor rund 250.000 Jahren abgespalten hat. Tatsächlich nehmen Eisbären im Sommer auch vegetarische Kost zu sich.

Eisbären fressen Landsäuger wie Karibus oder Lemminge, ebenso Fisch, Muscheln, Krabben und Seevögel, im Winter ernähren sie sich hauptsächlich von Robben, und hier fressen sie in erster Linie den Speck der Meeressäuger. Was für sie aber möglicherweise fatale Auswirkungen hat: Untersuchungen haben ergeben, daß die Fruchtbarkeit der Eisbären rückläufig ist. Der Grund dafür sind mit ziemlicher Sicherheit schleichende Vergiftungen durch Chemikalien. Auch die nördlichen Meere sind heute bereits mit einer Unzahl von Umweltgiften wie Ölrückständen oder Pestiziden verseucht. Robben, die Hauptnahrung der Eisbären, nehmen diese Gifte über den Fisch, den sie fressen, auf. Erbeutet der Eisbär eine Robbe, gelangen die in deren Fettgewebe abgelagerten Giftstoffe dann in noch weit höherer Konzentration in seinen Organismus. Ähnliche zu Unfruchtbarkeit und anderen Gesundheitsstörungen führende, langsame Vergiftungen über die Nahrungskette wurden auch schon bei anderen Tierarten beobachtet.

Bei der Jagd zeigen Polarbären erstaunliche Leistungen: eine fünfzig Kilogramm schwere Robbe hievt ein hungriger Bär aus dem Wasser, als wäre sie eine Forelle, bis zu 70 Kilogramm Fett und Fleisch kann er bei einer einzigen Mahlzeit verschlingen. Stundenlang lauern Eisbären unbeweglich in der sprichwörtlichen arktischen Kälte an den Atemlöchern der Robben. Und die bärigen Jäger zeigen nicht nur erstaunliche Geduld – um ihre Tarnung auf dem Eis zu verbessern, halten sie sich sogar die weiße Pfote vor ihre schwarze Nase.

Das Fell des Eisbären ist nicht nur ein perfekter Tarnanzug, sondern auch eine Klimaanlage: eigentlich müßte der weiße Pelz das Sonnenlicht reflektieren, aber die Haare sind in Wahrheit durchsichtig und hohl, sie leiten die Sonnenstrahlung höchst effizient in die darunterliegende schwarze Haut, wo die Wärme gespeichert wird. So können Eisbären auch geringste Wärmemengen nutzen.

Ihre dicke Speckschicht schützt sie nicht nur vor der Kälte – auch im Wasser – sie gibt ihnen auch Auftrieb beim Schwimmen. Mit ihren mit Schwimmhäuten ausgestatteten Pranken paddeln Eisbären mit einer Geschwindigkeit von bis zu zehn Stundenkilometern durchs Polarmeer – und das über Strecken von über hundert Kilometern. Der weiße Bär ist auch ein versierter Taucher, bis 4,5 Meter tief verfolgt er seine Beutetiere, die Augen hält er beim Tauchgang offen, Ohren und Nasenlöcher werden hermetisch verschlossen. Erspäht ein schwimmender Bär eine Robbe auf dem Eis, kann er sich aus dem Wasser bis zu zwei Meter hochkatapultieren.

Anders als bei allen anderen Bärenarten sind die Sohlen des Eisbären behaart, was ihn nicht nur vor Kälte schützt, sondern ihm – vergleichbar mit dem griffigen Sohlenprofil von Schuhen – mehr Halt auf dem Eis verleiht.

Männliche Eisbären halten keine Winterruhe – nur wenn die Schneestürme zu heftig werden, graben sie sich schützende Höhlen in den Schnee. Die trächtigen Weibchen ziehen sich bei Winterbeginn in tiefe, mitunter mit mehreren Kammern ausgestattete Höhlen zurück, um dort ihre Jungen zur Welt zu bringen. Es ist aber keineswegs so, daß sie diese Unterkünfte nur in Eis und Schnee errichten, wie der Kanadier Farley Mowat berichtet: „Im Frühling 1961 suchten Ornithologen des Canadian Wildlife Service aus der Luft nach Nistplätzen von Gänsen etwa 65 Kilometer südlich von Churchill, Manitoba. Bei einer darauffolgenden Erkundung im Winter dieses Jahres fand man fünfzig in die Erde gegrabene Höhlen, die von weißen Bärinnen mit ihren Jungen besetzt waren."
Churchill ist die „Eisbärenhauptstadt" der Welt: im November versammeln sich dort Hunderte Bären, um auf das Zufrieren der Hudson Bay zu warten – ein Ereignis, das alle Jahre wieder mindestens ebensoviele Bildreporter, Forscher und auch Schaulustige anzieht.
Die Touristen früherer Epochen kamen nicht, um weiße Bären zu sehen, sondern ausschließlich, um sie zu töten. Selbstverständlich jagten auch die Ureinwohner der arktischen Regionen, die Inuit, „Nanuk", wie der Eisbär in ihrer Sprache heißt – aber sie erlegten nur wenige Tiere und begegneten den großen weißen Bären mit Respekt. Für die weißen Jäger war das Abschlachten der Bären dagegen meist nicht mehr als ein Zeitvertreib. Ernest Thompson Seton berichtet noch um 1910: „Es war bei allen Reisenden in die Arktis der Brauch, alle Eisbären zu töten, die sie finden konnten. Ein Arktisforscher sagte mir, daß er zweihundert Eisbären getötet, aber nur wenige davon eingeholt habe." Nach der Jahrhundertwende kamen Eisbärenfelle mit präpariertem Kopf in Mode, unzählige Kleinkinder

Heute gilt der Eisbär als besonders gefährlich und blutrünstig. Und selbstverständlich sind effiziente Jagdmethoden und blitzschnelle Reaktionen für ihn überlebenswichtig: in der unwirtlichen Eiswüste der Arktis sollte er sich beim Beutegreifen keine Fehlschläge leisten. Dennoch ist der Eisbär kein „Menschenfresser". Der Lu ftschiffahrer Lamont berichtet von seinen Arktis-Reisen: „Ich halte den Eisbären für das stärkste Raubier der Erde; gleich allen übrigen wilden Tieren wird er aber, sehr seltene Fälle ausgenommen, dem Menschen nicht entgegentreten, solange er ihm auszuweichen vermag; ich glaube, die Geschichten von seiner Wildheit und Bösartigkeit, welche uns von früheren Befahrern des Eismeeres überliefert worden sind, beruhen auf grober Übertreibung, wenn nicht auf bloßer Erfindung." Doch seine „sanfte Natur" hat den Eisbären nicht davor bewahrt, aufs heftigste bejagt zu werden. Daß seine Jäger dem Polarbären häufig regelrecht „menschliche" Verhaltensweisen und Empfindungen bescheinigen, sagt nicht nur über ihn, sondern vor allem über seine unbarmherzigen Verfolger einiges aus. Adolf Erik Nordenskjöld, der von 1858 bis 1883 neunmal die Arktis bereiste, berichtet: „Früher erregte der Anblick eines Eisbären Schrekken bei den Polarfahrern, jetzt aber zögern die Fangmänner nicht, sofort mit der Lanze angriffsweise selbst gegen eine größere Schar Bären vorzugehen. Sie haben in kurzer Zeit bis zu zwölf Stück mit der Lanze getötet ... Wird der Bär verwundet, flieht er stets. Oft legt er mit der Tatze Schnee auf die Wunde, und mitunter gräbt er im Todeskampfe mit den Branten ein Loch in den Schnee, um seinen Kopf darin zu verbergen."

* * *

wurden in den nächsten Jahrzehnten „nackt auf dem Eisbärenfell" fotografiert.

Einen weiteren Höhepunkt erreichte das Schlachten in den Sechzigerjahren: die Bären wurden zu Tausenden sogar vom Hubschrauber aus geschossen.

Heute wird der Weltbestand an Eisbären auf rund 26.000 Exemplare geschätzt, in der ehemaligen Sowjetunion ist der Polarbär schon seit 1956 streng geschützt, in Norwegen seit 1973. In den USA und Kanada dürfen die Inuit eine bestimmte Anzahl der Bären für den Eigenbedarf abschießen, in Kanada können diese Abschußlizenzen – um rund 15.000 Dollar – auch an Sportjäger verkauft werden.

Die Jagd auf den Weißen Bären ist heute also streng reglementiert – eine zweite wesentliche Bedrohung des Bestandes seiner Art nimmt allerdings von Jahr zu Jahr zu: die moderne Technik macht es möglich, auch die Bodenschätze in den arktischen Gebieten zu heben, und massivste Eingriffe in die ökologisch so sensiblen Regionen um den Pol haben eben erst begonnen. „Für die nächsten Jahre ist der großangelegte Abbau von Bodenschätzen in der ...Arktis geplant," warnen die Autoren der 1993 erschienenen russischen Monographie „Bären", „Auch der Schiffsfrachtverkehr im Nordmeer wird sich intensivieren. All das wird die Fälle von „chronischem Streß" für die Bären vermehren und sich negativ auf ihre Populationen auswirken. Chemische Verseuchung, akustische Beunruhigungen und die mechanische Zerstörung ihres Lebensraumes werden sich mit der industriellen Entwicklung der arktischen Regionen verstärken."
In der nordamerikanischen Hudson Bay ist ein signifikanter Rückgang der Eisbären-Population bereits statistisch belegt: Untersuchungen des Canadian Wildlife Service ergaben, daß von 1981 bis 1990 die Zahl der Weibchen, die Junge führten, von 60 auf 31 Prozent zurückgegangen war.

Weiß – und doch kein Eisbär?

Weiße Tiere faszinierten den Menschen seit altersher: weißen Pferden, weißen Tauben, weißen Raben – ihnen allen sagte man eine besondere Verbindung zur Welt des Übersinnlichen nach.
Auch weiße Bären umgab das Fluidum der Auserwähltheit, sie waren den höchsten Würdenträgern vorbehalten. Für den japanischen Kaiserhof ist die Haltung weißer Bären bis ins Jahr 658 belegt, für Europa wird der Eisbär als

Bewohner des „Nordmannenlandes“ erstmals von Adam von Bremen erwähnt, der ums Jahr 1075 in seiner Kirchengeschichte auch eine Beschreibung der nordischen Völker niederlegte.
Doch schon bei Griechen und Römern war die Rede von „weißen Bären“ – hier dürfte es sich allerdings nicht um Eisbären gehandelt haben, sondern um sehr hell gefärbte Braunbären. Bereits Aristoteles stellt fest, daß weiße Bären sich außer in der Farbe durch nichts von den braunen unterschieden. Für den Libanon, Syrien und Armenien sind bis in die jüngste Vergangenheit gelblichweiße Bären belegt, in der Antike soll es weiße Bären in ganz Thrakien – dem heutigen Balkan – und in Mysien – der heutigen nordwestlichen Türkei – gegeben haben.

Der Schwarzbär oder Baribal

Der amerikanische Schwarzbär, „Ursus americanus“, ist die weltweit häufigste Bärenart. Geschätzte sechs- bis siebenhundertausend Exemplare leben in Nordamerika, der Baribal wird selten größer als 1,80 Meter und schwerer als 150 Kilogramm. Trotz seines doch beträchtlichen Gewichts ist der Baribal sehr beweglich, er klettert auch als erwachsenes Tier auf Bäume.
Trotz seines Namens ist der Schwarzbär keineswegs immer schwarz: helle Tiere werden „Zimtbären“ genannt, blauschwarze auch „Blaubären“. Auf der Kermode-Insel existiert sogar ein Schlag mit weißer Fellfarbe.
Obwohl der Baribal eine noch sehr häufige Art ist, wurde er 1992 in den CITES-Anhang II aufgenommen, um den Handel mit Schwarzbären-Organen unter Kontrolle zu bekommen. Der Bedarf des asiatischen Marktes nach

Bären-Gallenblasen ist in den letzten Jahren so angestiegen, daß es auch in den USA bereits zu massiven Wildereien an Schwarzbären gekommen ist. Auf längere Sicht könnten illegale Abschüsse auch die noch großen Populationen amerikanischer Schwarzbären gefährden.

Der Kragenbär

Die langbehaarte Schulterpartie verhalf ihm zu seinem Namen, wegen seiner weißen, V-förmigen Zeichnung auf der Brust wird der Kragenbär, wissenschaftlich „Ursus thibetanus", aber auch „Mondbär" genannt. Sein Verbreitungsgebiet erstreckt sich von den Hochwäldern Belutschistans und Afghanistans über den Himalaya bis Sibirien, die Mandschurei, Indochina, Korea, Taiwan und Japan. Er wird rund 120 Kilogramm schwer und erreicht eine Körpergröße von 1,5 Metern. Trotz seines beträchtlichen Gewichts erklettert der Kragenbär geschickt Bäume, beim Fressen biegt er Zweige zu sich und baut auf diese Weise regelrechte „Nester", die er auch für ein Nickerchen oder ein Sonnenbad nutzt.
Der Kragenbär gilt als aggressiv, und weil er auch häufig Haustiere schlägt, wird er intensiv bejagt. Die geschätzte Bestandsgröße liegt bei rund 20.000 Exemplaren, aber es existieren keine zuverlässigen Zahlen. Da der Kragenbär aber als „bester" Lieferant für die in der asiatischen Medizin so gefragten Gallenblasen gilt, muß er als höchst gefährdet eingestuft werden und befindet sich auf dem Anhang I der CITES-Liste für bedrohte Tierarten.

Der Lippenbär

Balu, Moglis Ziehvater in Rudyard Kiplings berühmtem „Dschungelbuch“, war ein Lippenbär, „Ursus ursinus“ – in Indien wird diese Bärenart „bhalu“ genannt, was „weiser, alter Mann“ bedeutet. „Ameisenbären“ nannte man früher bei uns Braunbären, die sich an Insekten gütlich taten, dieser in Indien, Sri Lanka und Nepal lebende rund 150 Kilogramm schwere und 1,80 Meter große Bär ist tatsächlich ein „Insektenfresser“: große gebogene Krallen an den Vordertatzen ermöglichen es ihm sogar, felsharte Termitenbauten aufzureißen, die lange, sehr bewegliche Schnauze funktioniert bei Bedarf wie ein „Staubsauger“. Hauptsächlich ernährt sich der Lippenbär also von Ameisen, Termiten und anderen Insekten, er nimmt aber auch pflanzliche Nahrung zu sich und gegebenenfalls auch Aas. Auch der Lippenbär gilt als höchst gefährdet, sein Bestand wird auf weniger als zehntausend Tiere geschätzt. Hauptbedrohung ist die Zerstörung seines Lebensraumes durch großflächige Waldschlägerungen, sowie Wilderei: Lippenbären werden wegen ihrer Gallenblase gejagt, Jungtiere werden eingefangen, um sie als Tanzbären abzurichten.

Der Malayenbär

Er ist der kleinste der Großbären: mit höchstens 65 Kilogramm Körpergewicht und einer Körpergröße von längstens 150 Zentimetern ist der Malayenbär, „Ursus malayanus“, an die äquatornahen Urwälder Burmas, Thailands und Indonesiens angepaßt – mehr Körpermasse wäre in der tropischen Hitze von Nachteil. Sein früherer wissenschaftlicher Name lautete „Helarctos“, das bedeutet „Sonnenbär“, und diesen Namen verdankte er der gelben, manchmal „sonnenförmigen“ Zeichnung auf seiner Brust – tatsächlich geht er aber der Sonne aus dem Weg und ist hauptsächlich nachts aktiv. Da Junge in der gleichzeitigen Gesellschaft eines weiblichen und eines männlichen Tiere beobachtet wurden, wird vermutet, daß bei dieser Bärenart – anders als bei den anderen – womöglich dauerhafte Paarbildungen möglich sind. Der Malayenbär ist durch die Abholzung der Tropenwälder und den Gallenblasenhandel hochgefährdet, Jungtiere werden aber auch häufig eingefangen, um als Haustiere gehalten zu werden. Werden die Tiere größer, tötet man sie entweder wegen ihrer Gallenblase oder schenkt sie an buddhistische Tempel weiter: die Mönche dürfen solche Geschenke nicht ablehnen und die Tiere auch nicht töten. So fristen sie oft noch jahrelang in winzigen Käfigen, völlig verwahrlost und schlecht ernährt, ein trauriges Dasein. In freier Wildbahn wird der Bestand des Malayenbären auf 600 bis 1.000 Tiere geschätzt.

Der Brillenbär

Den Inkas war der Brillenbär, „Tremarctos ornatus“, heilig, heute zählt der einzige Bär Südamerikas zu den weltweit bedrohtesten Tierarten. Er bewohnt die Andenregion und wird heftig verfolgt, weil er Schäden an Maisfeldern anrichtet. Untersuchungen haben gezeigt, daß die Schäden weit überschätzt werden, doch für die sehr arme Bevölkerung sind die Bären, die bis zu 150 Kilogramm und eine Schulterhöhe von 80 Zentimetern erreichen, willkommene „Sündenböcke“. Die WSPA vermutet, daß in gewissen Regionen sogar Maispflanzungen angelegt werden, um Bären anzulocken. Denn Bärenfett ist eine begehrte Handelsware, mitunter werden sogar verwaiste Jungbären aufgezogen und – wenn sie groß genug geworden sind – wegen ihres Fetts getötet. Auch der internationale Gallenblasenhandel beginnt sich auf die ohnehin niedrigen Bestände – 2.000 bisa 3.500 Tiere – bereits massiv auszuwirken.

Der Große Panda oder Bambusbär

Der Große, schwarz-weiß gefärbte, Panda, „Ailuropoda melanoleuca“, ist wahrscheinlich eines der bekanntesten Tiere der Welt: als Symbolfigur des Worldwide Fund for Nature wurde der bis zu rund 1,50 große und 100 Kilogramm schwere Bambusbär bereits milliardenmale abgebildet. Zur Symbolfigur des WWF wurde dieses faszinierende und auch der Wissenschaft noch weitgehend rätselhafte Tier, weil es zu den weltweit gefährdetsten Arten zählt: nur noch 700 bis 1.000 Große Pandas bewohnen die Bambus- und Rhododendronwälder der chinesischen Provinzen Yünnan und Szetschuan. Ungefähr hundert werden in Gefangenschaft gehalten, die überwiegende Anzahl in China selbst, einige Exemplare auch in westlichen Tiergärten, etwa in Berlin oder in London. Eine Zeitlang gab es einen regelrechten „Panda-Handel“ – da sich die liebenswerten Bambusbären besonderer Beliebtheit beim Publikum erfreuten, zahlten Zoos Millionenbeträge, um eine solche Attraktion zumindest als Leihgabe zeigen zu können. Mittlerweile ist diese Praxis allerdings in Mißkredit geraten: Panda-Exporte um der Devisen willen verführen dazu, weitere Tiere aus der Natur zu entnehmen, was die freilebenden Populationen weiter schwächt. Außerdem blieben sämtliche Versuche, die schwarz-weißen Bären nachzuzüchten, weit hinter den Erwartungen zurück –

und das Problem einer erfolgreichen Auswilderung ist noch zur Gänze ungelöst.
Experten des WWF versuchen nun, statt aufwendiger und wenig erfolgreicher Nachzuchtprogramme den Schutz der natürlichen Lebensräume des Pandas zu forcieren. Schließlich ist der dramatische Rückgang der Wildbestände darauf zurückzuführen, daß auch in China immer mehr Naturlandschaft der Intensivierung von Land- und Forstwirtschaft sowie dem Ausbau der Industrie zum Opfer fällt. Auf Grund der weltweiten Popularität des Großen Pandas ist der chinesischen Regierung sein Schutz bestimmt ein Anliegen – die nötigen Schutzmaßnahmen in die Praxis umzusetzen, ist aber in einem Dritt-Weltland wie China mit seiner Vielzahl an sozialen und politischen Problemen noch weit schwieriger als in westlichen Demokratien. Wobei ja auch diese, wenn es um konkrete Projekte – wie etwa Nationalparks – geht, häufig noch immer den kurzfristigen materiellen Nutzen über den Schutz der Biosphäre stellen.
1936 kam der erste Panda in den Westen, „entdeckt" wurde der Große Panda erst 1869 vom französischen Missionar und Naturforscher Pater David – nach dem der in freier Wildbahn ausgestorbene und nur noch in den Gärten des Kaisers von China gehaltene „Davidshirsch" benannt wurde – Brehm nennt ihn um 1880 „Prankenbär".
Der Panda ist in vielfacher Hinsicht rätselhaft: nach langen Diskussionen hat sich die Wissenschaft darauf geeinigt, ihn den „Ursiden", den Großbären, zuzurechnen, obwohl ihn etliche Merkmale mit den Kleinbären verbinden. Auf den ersten Blick erscheint er zwar als „richtiger" Bär, und auch sein Blutserum stimmt mit dem der Ursiden überein. Andererseits verfügt er aber über die gleiche Chromosomenzahl wie der Waschbär, der zu den Kleinbären zählt. Auch seine Lautäußerungen – Blöken, Zischen, Spucken –

und seine sehr kleinen Geschlechtsorgane ähneln eher jenen der Kleinbären, die kurze Tragzeit der Jungen und deren bei der Geburt sehr unterentwickelter Zustand – ein neugeborener Panda wiegt gerade ein Achthundertstel seiner Mutter – verweist wiederum auf eine Verwandtschaft mit den Großbären.

Einmalig am Großen Panda ist auch sein „sechster Finger“: ein Mittelhandknochen ist bei ihm so umgebildet, daß er wie ein „falscher Daumen“ fungiert und dem Tier sehr exakte Greifbewegungen ermöglicht. Diese Spezialisierung kommt ihm bei der Nahrungsaufnahme zugute: hauptsächlich, wenn auch nicht ausschießlich, ernährt sich der Große Panda von Bambusschößlingen, die er abbricht und schält. Der geringe Nährwert seiner Bambusdiät zwingt den Großen Panda nicht nur, mindestens zwölf Stunden des Tages mit Kauen zuzubringen, die Abhängigkeit vom Bambus ist es auch, die ihm möglichweise zum Verhängnis werden könnte. Auch in China wird immer mehr Land vom Menschen genutzt. In Berggebieten, die vor einigen Jahrzehnten noch als unberührt und unzugänglich gelten konnten, wurden inzwischen massive Rodungen für die Holz- und Landwirtschaft vorgenommen. Die Rückzugsgebiete der Pandas werden immer kleiner, in den letzten beiden Jahrzehnten verringerte sich ihr Lebensraum von 20.000 auf 10.000 Quadratkilometer. Die Korridore zwischen einzelnen Waldinseln sind vielfach zerstört, heute sind Große Pandas auf sechs isolierte Habitate zurückgedrängt – was vor allem bei der gefürchteten „Bambusblüte“ fatale Auswirkungen hat. Denn wenn der Bambus blüht, stirbt er ab, und der Panda verliert seine Ernährungsgrundlage.

Nur rund alle 40 bis 120 Jahre blüht der Bambus, die Blüte erfolgt großflächig in ganzen Regionen – nach diesem Ereignis sterben die Pflanzen ab – ganze Wälder gehen so zu-

grunde, machen Platz für eine neue Generation. Früher konnten die Pandas in intakte Wälder ausweichen, heute ist ihnen dieser Ausweg verwehrt. Bei der letzten großen Blüte 1983 verhungerten nach offiziellen Angaben 62 Pandas, 108 wurden eingefangen, davon aber nur 35 umgesiedelt. Die übrigen 73 wurden „zur Zucht“ in Gefangenschaft behalten, 33 dieser Tiere starben bald nach dem Einfangen.
Trotz der alarmierend geringen Bestände wird auf den Panda – wegen der hohen Preise, die für Felle etwa in Japan bezahlt werden – aber auch nach wie vor Jagd gemacht: zwischen 1985 und 1991 wurden 16 Wilderer zu lebenslanger Haft, drei zum Tode verurteilt.
Vielleicht sind die Tage des Großen Panda wirklich gezählt, – der Herausgeber der führenden Naturzeitschrift Chinas bescheinigte dem schwarz-weißen Bären schlichtweg Dekadenz: ein Raubtier, das zu träge zum Jagen sei und für eine erfolgreiche Fortpflanzung zu komplizierte Geschlechtsorgane habe, müsse einfach aussterben.
Tatsache ist, daß sensible, spezialisierte Lebenwesen, die hohe Anforderungen an ihren Lebensraum stellen, heute generell schlechte Karten haben: im Dunstkreis menschlicher Naturbeherrschung und -ausbeutung können häufig nur Universalisten überleben, die sich auf die vom Menschen vorgebenen Umweltbedingungen rasch einstellen können. Der Große Panda ist jedoch das genaue Gegenteil eines Universalisten.

Der Kleine Panda oder Katzenbär

„Feuerfuchs“ nennen die Chinesen den Kleinen Panda, „Ailurus fulgens“, und mit seinem rotleuchtenden Fell und dem buschigen Schwanz ähnelt der drei bis fünf Kilogramm leichte und inklusive Schwanz 80 bis 112 Zentimeter kurze Bär tatsächlich einem Fuchs. Schwanz- und Gesichtszeichnung erinnern dagegen an einen Waschbären. Der Kleine Panda wird zu den „Kleinbären“ gerechnet, obwohl ihn eine Reihe von Gemeinsamkeiten mit dem Großen Panda verbindet: so besitzt auch er einen „sechsten Finger“, wenn dieser auch nur im Ansatz entwickelt ist. Auch der Kleine Panda lebt in unzugänglichen Bambusdschungeln, er ist aber bis Nepal und Sikkim verbreitet. Auch nahrungsmäßig ist er weniger spezialisiert: er frißt auch Früchte und manchmal sogar Vogeleier und Kücken. Doch ohne Bambus kann auch der Kleine Panda nicht sein. Erstmals kam ein Kleiner Panda 1869 nach Europa. Über dessen Ankunft in London berichtet Brehm, das Tier sei „in einem überaus traurigen Zustande, verkommen, beschmutzt von Unrat, krank, unfähig zu gehen und zu stehen“ gewesen. Bei entsprechender Pflege besserte sich der Zustand des Tieres, 1876 kam ein zweiter Panda in den Londoner Zoo. Heute existiert ein internationales Nachzuchtprogramm für den „Feuerfuchs“, an dem sich auch der Tiergarten Schönbrunn beteiligt. Denn auch der Kleine Panda ist heute in seinem Bestand hochgefährdert, früher wurde er wegen seines hübschen roten Fells heftig bejagt, heute macht ihm – wie seinem großen, schwarz-weißen Verwandten – vor allem die Zerstörung seines Lebensraums zu schaffen.

Der Waschbär oder Racoon

Der Waschbär, „Procyon lotor“, ist ein Waldbewohner Nordamerikas, sein Verbreitungsgebiet reicht vom südlichen Kanada bis nach Panama. Doch seit den Dreißigerjahren machte sich der muntere Allesfresser auch in euro-

päischen Wäldern breit: erstmals wurden Waschbären gezielt 1934 in Hessen ausgesetzt, auch aus deutschen Pelztierfarmen entkommene Tiere konnten sich etablieren – seit 50 Jahren gewinnt der Waschbär kontinuierlich an Terrain, Mitte der Siebzigerjahre erreichte er Österreich und die Schweiz.
Seinen Namen verdankt der nachtaktive Waschbär der bisher allerdings nur in Gefangenschaft beobachteten Eigenheit, seine Blätternahrung vor dem Verzehr in Wasser einzulegen und mit den Vorderpfoten regelrecht zu „waschen".
„Schupp" nannte man den Waschbären früher, und er wird – leider oft nicht artgerecht – auch häufig in Tiergärten und auch in privater Hand gehalten. Waschbären sind sehr geschickte und intelligente Tiere, sie spielen gerne, und weil sie in freier Wildbahn sehr viel Zeit mit Nahrungssuche verbringen, sind sie in Gefangenschaft oft unterbeschäftigt, was zu schweren seelischen Störungen führen kann. Weltweit werden Waschbären in Pelztierfarmen gezüchtet, in winzige Käfige gepfercht. Ohne jede Möglichkeit, ihren angeborenen Bewegungsdrang auszuleben, unter schrecklichen hygienischen Bedingungen, fristen die Tiere ein qualvolles Dasein.

Der Nasenbär

Häufig in Zoos und Tierschauen zu sehen ist auch der Nasenbär, „Nasua nasua": seine eigentliche Heimat sind die Wälder von den südlichen USA bis Südamerika. Der tagaktive Kleinbär wird bis über einen Meter lang und hat normalerweise ein Gewicht um fünf Kilogramm. Ist Nahrung reichlich vorhanden, kann ein Nasenbär aber auch das

Doppelte wiegen. Männchen sind Einzelgänger, aber häufig tun sich zwei Weibchen zusammen und gehen gemeinsam mit ihren älteren und jüngsten Sprößlingen auf Nahrungssuche – manchmal finden sich bis zu 30 Tiere zusammen. Die Tiere haben einen großen Bewegungsdrang, die Haltung in Gefangenschaft kann dem in der Regel nicht im geringsten entsprechen – trotzdem werden diese Tiere auch bei uns sogar in privater Hand gehalten und gezüchtet.

Bären, die gar keine sind

Der Koalabär

Zwar machte der kleine Australier zeitweise als Stofftier dem Teddy Konkurenz, doch der Koala ist mit unseren Bären nicht einmal entfernt verwandt, obwohl Koalas einiges mit Bären gemein haben: wie diese sind sie notorische Einzelgänger und ähneln morphologisch dem Menschen. Und in ihrer Diät gleichen sie dem Panda: dieser frißt nur Bambus, Koalas ernähren sich ausschließlich von Eukalyptus. Der Koala zählt zu den Beuteltieren und bringt ein winziges, sehr wenig entwickeltes Junges zur Welt, das nach der Geburt in den Beutel des Muttertiers kriecht und dort für die erste Zeit an der Milchzitze festwächst. Bei Koalas ist der Beutel nach hinten geöffnet, um dem Jungen die Nahrungsaufnahme zu erleichtern: denn Koalas werden die erste Zeit nach dem Abstillen mit speziellem Kot der Mutter ernährt. Dieser besteht aus vorverdautem Eukalyptusbrei und enthält auch jene Stoffe, die das Jungtier braucht, um später seine Eukalyptusnahrung selbst verdauen zu können.

Der Bärwolf

Natürlich gibt es noch andere „Bären“, die keine sind: der „Saubär“ ist einfach ein männliches Schwein, und auch bei Murmeltieren nennt man die Männchen „Bären“. Von einem *„Bärwolff“* berichte Konrad Gesner in seinem „Thierbuch“ von 1563: *„Dieses Thier ist mit großem Wunder gen Augspurg gebracht und gezeigt worden des 1551. Jahrs. Wird gefunden in den großen Einöden des indianischen Landes gar selten.“* Weiters berichtet er, das Tier würde gern Obst essen, Wein trinken und nur mit dem Elefanten Freundschaft halten. Tatsächlich dürfte es sich beim „Bärwolf“ um einen Mandrill, ein Mitglied der Pavianfamilie, gehandelt haben. Für seine äffische Natur spricht auch folgende Beobachtung Gesners: *„An seinen Füßen hat es Finger als der Mensch und so man ihm deutet, kehrt er den Arß dar.“*

Der Ameisenbär

Wahrscheinlich haben ihm seine Vorderbeine den Namen „Bär“ eingetragen, denn ansonsten hat der Ameisenbär kaum Ähnlichkeit mit einem Bären. Das in Mittel- und Südamerika beheimatete Tier gehört zu einer sehr urtümlichen Gruppe von Säugetieren, den „Zahnarmen“, zu denen auch Faul- und Gürteltiere zählen. Er besitzt überhaupt keine Zähne, sein Maul ist zu einer langen Röhre umgebildet, aus der er die wurmförmige Zunge über einen halben Meter lang herausschnellen lassen kann. Er lebt hauptsächlich von Termiten, wobei er deren Bauten mit den langen, gebogenen Krallen an seinen Vorderbeinen mühelos aufbricht.

Das Bärtierchen

Es übersteht unbeschadet selbst Tiefsttemperaturen von minus 196 Grad Celsius, lebt – wenn es befeuchtet wird – selbst nach hundertjährigen Trockenphasen wieder auf und erträgt tausendmal mehr Röntgenstrahlung als der Mensch. Bärtierchen sind kaum millimetergroße, sechsbeinige Kreaturen, die selbstverständlich keineswegs mit Bären, sondern weitschichtig mit Krebsen, Spinnen und Insekten verwandt sind. Ihren Namen verdanken sie ihrer rundlich-plumpen Gestalt und dem breiten Kopf, der wirklich vage an das Haupt eines Bären erinnert. Ihre genaue Stellung im Tierreich ist noch ungeklärt, und auch sonst geben diese harmlosen Pflanzensauger, die bevorzugt in Moos leben, aber auch extremste Lebensräume wie den Meeresboden der Tiefsee, die Sandwüste oder Gipfel von Achttausendern besiedeln, der Wissenschaft noch viele Rätsel auf.

DRACHE UND VEGETARIER DER HÖHLENBÄR

Der Bär ist ein echter Europäer: vor rund 35 Millionen Jahren traten die ersten Bären – später als viele andere Raubtiere – in der Alten Welt auf den Plan und verbreiteten sich von dort über die anderen Kontinente. Auch das heutige Schwarzafrika hatte einst seine Bären, zum Beispiel „Agriotherium“, einen Fleischfresser, der größer war als alle heute lebenden Bären und vor rund 500.000 Jahren ausstarb.
Die frühen Bären sahen keineswegs immer wie Bären aus: Hemicyon, der „Halbhund“, bewohnte vor rund 20 Millionen Jahren Zentralasien, Europa und Nordamerika. Dieses Tier lief – anders als heutige Bären – nicht auf den Sohlen, sondern wie andere Raubtiere auf den Zehenspitzen, und man nimmt an, daß es sogar in Rudeln jagte.
Die „echten Bären“ entwickelten sich vor etwa 15 Millionen Jahren aus „Ursavus“, einem wolfsgroßen Allesfresser. Und erst viel später, vor rund einer Million Jahren, entstand einer der merkwürdigsten Bären: Ursus Spaleus, der Höhlenbär. Dieser mächtige Bär übertraf an Größe und Gewicht alle heute lebenden Bärenarten – und er beschäftigte die Phantasie des Menschen über Jahrzehntausende.
Die „Drachenhöhle“ beim steirischen Ort Mixnitz, das „Drachenloch“ beim schweizerischen Vättis oder die „Einhornhöhle“ im deutschen Harz – alle diese Höhlen und zahlreiche andere in ganz Europa verdanken ihre „fabelhaften“ Namen dem Höhlenbären – denn bis ins 18. Jahrhundert hielt man die riesenhaften Knochen, Schädel

und Zähne, die man in den Höhlen fand, für Reste von Riesen, Drachen oder Einhörnern. Mit aus der Höhle bei Vättis stammenden Skeletteilen wurde sogar versucht, das vollständige Knochengerüst eines Einhorns zusammenzusetzen.

Und man glaubte nicht nur an den mythischen Ursprung der uralten Knochen, man schrieb ihnen auch wundertätige Kräfte zu: in der mittelalterlichen Medizin spielten pulverisierte „Drachen-“ und „Einhornknochen“ ein bedeutende Rolle – und wurden dementsprechend teuer bezahlt. Erst 1794 identifizierte der deutsche Gelehrte Johann Christian Rosenmüller die Gebeine in den Höhlen als Fossilien einer bis dahin unbekannten Bärenart.

Trotzdem wurden die Knochenansammlungen weiter kommerziell genutzt: die Knochen der Cave d'Aubert in Frankreich wurden zwischen 1890 und 1894 tonnenweise abgebaut und zur Herstellung von Düngemitteln verwendet. Gleiches geschah noch in den Zwanzigerjahren mit den fossilen Resten der Vorzeitriesen in der Mixnitzer Drachenhöhle. Die Dünger-Hersteller konnten aus dem Vollen schöpfen: in Mixnitz lagern immerhin die Reste von dreißig- bis fünfzigtausend Bären.

Der Höhlenbär unterschied sich in vielem von heutigen Bären: er war nicht nur größer, sondern auch wesentlich plumper, bemerkenswert sind nicht nur seine mächtigen Vorderbeine, sondern auch der seltsam hochgewölbte Schädel. Höhlenbären ernährten sich vegetarisch, wie Analysen ihres Gebisses zeigen: ihre Mahlzähne weisen eine Vielzahl von Schmelzhöckern auf, die das Zerkleinern von Pflanzenmaterial erleichtern, der letzte Mahlzahn ist extrem verlängert und bietet so eine besonders effiziente „Reibefläche“. Außerdem haben sich die Vormahlzähne, die schon beim allesfressenden Braunbären weniger gut

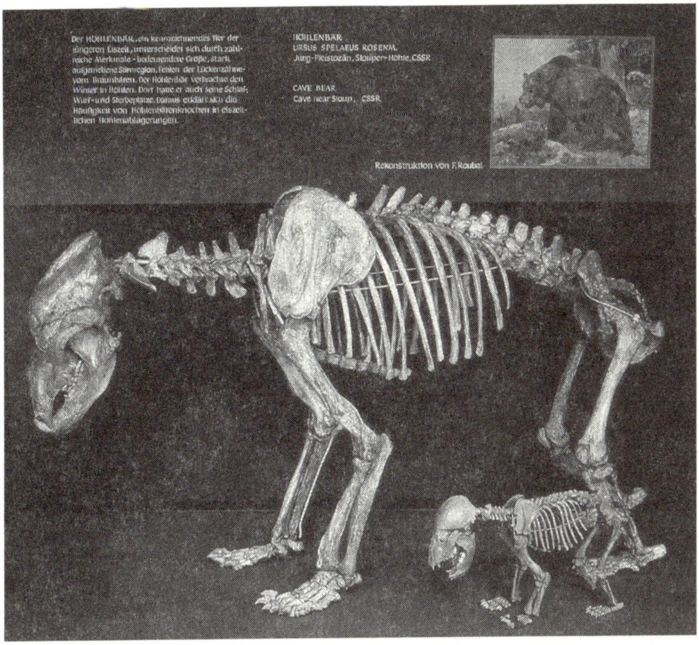

Eine Höhlenbärin und ihr Jungtier: die beiden Skelette wurden in der Slouper-Höhle in der CSFR geborgen, heute sind sie im Naturhistorischen Museum in Wien zu sehen. Zwei weitere Höhlenbärenskelette des Museums stammen aus der slowenischen Kreuzberghöhle, der „Krizna Jama“, in die auch Führungen veranstaltet werden. Noch heute lagern dort im Sediment unzählige Knochen und Knochenfragmente – spiegelglatt polierte Ecken und Kanten an den Höhlenwänden, der sogenannte „Bärenschliff“, entstanden durch die Fellpflege der Höhlenbären, die ihren Pelz dort scheuerten. 1847 wurde im „Illyrischen Tagblatt“ erstmals von Höhlenbären-Knochenfunden in der Kreuzberghöhle berichtet, 1878 führte Ferdinand von Hochstetter von der Wiener Akademie der Wissenschaften systematische Grabungen durch, bei denen mehr als zweitausend Knochen geborgen wurden. Wien ist auch heute noch ein Zentrum der Höhlenbärforschung, wenn sich auch die Forschungsziele mit der Zeit änderten, wie der Höhlenbär-Experte Univ. Prof. Gernot Rabeder erklärt: „Früher stand die Beziehung Höhlenbär-

Mensch im Vordergrund wissenschaftlicher Untersuchungen. Heute interessiert uns der Höhlenbär mehr in Hinsicht auf evolutionäre Veränderungen. Aufgrund der großen Zahl von Fossilien kann bei dieser Tierart die Anpassung von Gebiß und Körperbau an die Umweltbedingungen besonders gut nachvollzogen werden."

* * *

ausgebildet sind, rückentwickelt: bei den „jüngsten" Höhlenbären fehlen die Vormahlzähne bereits ganz.
Ein weiteres Indiz für die vegetarische Lebensweise des Höhlenbären sind Pflanzenpollen, die in desselben Grabungsschichten wie die Bärenknochen gefunden wurden. Höhlenbären lebten – wie unser heutiges Weidevieh – hauptsächlich von Almkräutern. Daß die Bärenhöhlen heute häufig weit oberhalb der Baumgrenze in vegetationsfreien Regionen liegen, ist dazu nur scheinbar ein Widerspruch: in den Jahrhunderttausenden, in denen Höhlenbären die Alpen und das Alpenvorland bevölkerten, gab es heftige Klimaschwankungen, und mit dem Anstieg und dem Abfallen der Temperaturen veränderten sich auch die Vegetationsgrenzen.
Höhlenbären hielten Winterschlaf, und wahrscheinlich schliefen sie wesentlich tiefer als unsere Braunbären heute – das ist zumindest für die Eiszeiten und für jene Tiere anzunehmen, die in größeren Höhen lebten. Wie Braunbärenweibchen „bärten" auch die Höhlenbärinnen im Winter während der Ruhezeit: ihre Jungen waren noch winziger als die heutiger Bären, ihr Geburtsgewicht lag gerade bei einem Tausendstel des Gewichts der Mutter.
Zahlreiche Funde von Neugeborenen-Skeletten lassen darauf schließen, daß die Jungtiere die ersten Lebenstage oft nicht überlebten: war der Winter besonders lang und kalt, reichten die Fettvorräte der Mutter möglicherweise nicht aus, um alle Jungen ausreichend mit Milch zu versorgen.

Ob diese Jungensterblichkeit einen wesentlichen Anteil am Aussterben der Höhlenbären hat, ist ungeklärt. Die Theorien darüber, warum diese mächtigen Tiere während der letzten Eiszeit, von zwanzigtausend bis zwölftausend Jahre vor Christus, plötzlich verschwanden, sind vielfältig. Wenn klimatische Veränderungen Schuld daran trugen, warum sind die Bären aus dem Hochgebirge nicht in tiefere Lagen abgewandert, wo ja ein größerer Höhlenbärentyp existierte. Und warum ist dieser, der ja in klimatisch günstigeren Verhältnissen lebte, auch ausgestorben?

Andere Vermutungen gehen in die Richtung „Degeneration“: Weil an etlichen Fossilfunden degenerative und krankheitsbedingte Veränderungen festgestellt wurden, meinen manche Fachleute, daß beim Höhlenbären, der ja keine natürlichen Feinde hatte, ohne Auslese auch genetisch schwache Tiere zur Vermehrung gelangt wären. Diese hätten die Fitness der Populationen negativ beeinflußt – bis hin zum Aussterben.

Auch Überlegungen, daß die einzelnen Populationen zu isoliert gelebt hätten und daß der Mangel an genetischem Austausch zur Degeneration und zum Aussterben geführt hätte, werden geäußert.

Und manche machen den Menschen für das Verschwinden des Höhlenbären verantwortlich: steinzeitliche Jäger hätten die Tiere im Winterschlaf, wo sie fast bewegungsunfähig waren, überfallen und getötet. Und zwar in so großer Zahl, daß es zur vollständigen Ausrottung gekommen sei. Daß bei der damaligen Bevölkerungsdichte ein wirklich ernsthafter Druck auf die Bärenpopulationen entstehen hätte können, ist allerdings wenig wahrscheinlich. Sicher ist dagegen, daß der Mensch den Höhlenbären gejagt hat – und es gibt sehr konkrete Hinweise darauf, daß ein „Bärenkult“ existierte: immer wieder wurden Bärenschädel aufgefunden, die so zwischen und unter Steinplatten positioniert waren, als ob sie regelrecht „bestattet“ worden wären – wie das bei nordischen Naturvölkern auch noch in der Neuzeit üblich war.

Kritiker dieser These meinen, die Schädel wären nur zufällig im Laufe der Jahrtausende so zu liegen gekommen.

Tatsache ist aber, daß der Höhlenbär in den Höhlenmalereien der steinzeitlichen Menschen deutlich identifizierbar ist. Und daß bei allen Völkern, die mit dem Braunbären in Berührung gekommen waren, Kulthandlungen um den Bären stattfanden. Durchaus einleuchtend wäre, daß solche Kulte auch um den Höhlenbären existiert haben, daß der Braunbärenkult sich womöglich erst aus dem Kult um den Höhlenbären entwickelt hat.

Für Drachen und Einhörner hielt man die Höhlenbären in vorwissenschaftlichen Zeiten, aber auch nach der Entdeckung des wahren Ursprungs der Knochenansammlungen in den Höhlen feierte die Phantasie fröhliche Urständ': weil die Kochenreste in manchen Höhlen so zahlreich waren, glaubte man, daß die Höhlenbären in großen Herden gelebt hätten. Natürliche Abnutzungen an den Zähnen wurden für Manipulationen durch den Menschen gehalten: wie neuzeitliche Bärenführer sollen die Steinzeit-Jäger den Bären die Zähne abgeschliffen haben, sie sogar – aus kultischen Gründen oder zur Nahrungsgewinnung – in den Höhlen wie Haustiere gehalten haben.

Tatsächlich haben die Bären ihre Höhlen nicht nur zur Winterruhe aufgesucht, sondern sie auch in der warmen Jahreszeit als Zufluchtsort genutzt. Ob sie sich allerdings – wie manchmal behauptet – dorthin auch zum Sterben zurückgezogen haben, ist fraglich: möglicherweise sind die Tiere, deren Knochen in den Höhlen lagern, während des Winterschlafs verendet. Die enorme Anzahl von Knochenfunden in manchen Höhlen kann verblüffen. Wenn man aber bedenkt, daß die Tiere manche Höhlen über einen Zeitraum von vielen Jahrzehntausenden nutzten und – mit ziemlicher Sicherheit – im Kollektiv überwinterten, reichen schon ein bis zwei Todesfälle pro Winter, um solche Fossilzahlen zu erreichen.

Am Anfang war der Hund – die Entwicklung unserer Bären

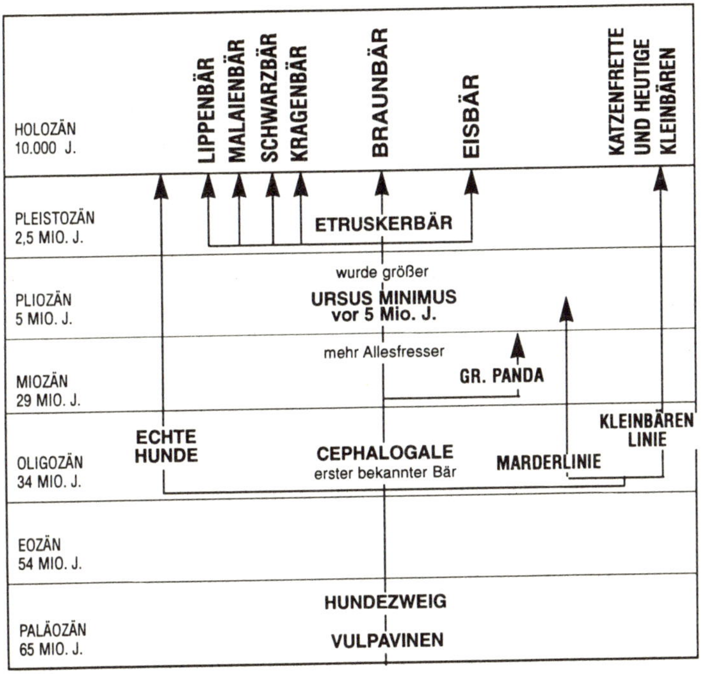

Bären und Hunde haben den selben Stammvater: vor 40 Millionen Jahren existierten kleine Fleischfresser, die in Baumwipfeln jagten. Einige dieser Vulpavinen gingen zu einem Leben auf dem Boden über und entwickelten sich zu einer Urform von hundeartigen Carnivoren (Fleischfressern). Vor rund 35 Millionen Jahren spaltete sich dieser „Hundezweig“ in die „Echten Hunde“, die „Marderlinie“, die „Kleinbären“ und die „Großbären“ auf, wobei Groß- und Kleinbären sich bereits in beträchtlichem Maß auch vegetarisch ernährten.

Als erster bekannter Bär gilt ein Tier namens Cephalogale, das vor etwa 33 Millionen Jahren entstanden war. Noch bis vor 20 Millionen Jahren waren die Großbären eher klein: Ursavus elemensis, ein Allesfresser aus Asien, war nicht größer als ein Hund und wahrscheinlich auch noch ein geschickter Kletterer.

Neuere wissenschaftliche Ergebnisse weisen darauf hin, daß einige dieser frühen Bären als Stammväter der Walrosse und Ohrenrobben gelten könnten.

Schon bevor Ursavus elemensis entstand, hatte sich vor rund 22 Millionen Jahren der Große Panda entwickelt.

Ursavus selbst wurde einerseits zum Stammvater der Kurzschnauzenbären, aus denen sich der Brillenbär entwickelte, andererseits entstanden aus dieser urtümlichen Bärenform aber auch erst die Ursinen, die eine ähnliche Lebensweise hatten wie die heutigen Malayenbären.

Aus den Ursinen entwickelte sich vor rund fünf Millionen Jahren Ursus Minimus, der allmählich an Größe zunahm und aus dem nicht nur der Malayenbär, der Kragenbär und der Lippenbär, sondern vor und 2,5 Millionen Jahren auch der Etruskerbär entstand.

Auf den Etruskerbären gehen drei Bärenlinien zurück: der vor zehn- bis zwölftausend Jahren ausgestorbene Höhlenbär, der amerikanische Schwarz- und der Braunbär entstanden vor rund 2 Millionen Jahren.

Wesentlich jünger ist der Eisbär, er entwickelte sich vor erst 250.000 Jahren aus dem Braunbären.

BESTIE BÄR

„Das Tier kam den steilen Abhang der Waldzunge herab. Und jetzt roch ich ihn wirklich ...Wer Raubtiere nur im Käfig gesehen hat, dem fiel wohl stets die häßliche Ausdünstung auf, die sie verbreiten ...Wenn sich das Tier aber in Freiheit befindet, so ist der Geruch noch viel stärker. Scharf, stechend ...Jetzt vernahmen wir ein leises Brummen, fast so wie ein Kater schnurrt, und gleich darauf bemerkten wir, daß sich ein großer, dunkler Gegenstand dem Pferdeaas näherte ...Nun war die Gestalt des Tieres deutlich zu erkennen. Der Bär war ...ein riesiges Tier ...Das Tier machte eine halbe Wendung gegen mich, sperrte den Rachen auf und stieß einen langgezogenen Wutschrei aus. Ich fühlte den heißen, stinkenden Atem ...Eine blitzschnelle Schwenkung – er griff nach mir ...“
aus Karl May, „Der Schut“

Auch so wünschen wir uns den Bären – unsere Vorstellung von ihm schwankt zwischen zwei Extremen: Einmal sehen wir ihn als liebenswerten Teddy, dann wieder als blutrünstiges Monster. Und beide Bilder – so entgegengesetzt sie auch scheinen mögen – dienen doch dem selben Zweck: sie befriedigen psychische Bedürfnisse, die wir alle teilen. Der „liebe“ Bär stillt unsere Sehnsucht nach Geborgenheit, die „wilde Bestie Bär“ befriedigt unser Bedürfnis nach Nervenkitzel.
In der zivilisierten Welt haben wir gelernt, unsere Lust am

Schrecken in sublimierter Form zu befriedigen: wenn wir heute Zeugen von Mord und Blutvergießen werden, dann muß keiner wirklich daran glauben – Film, Fernsehen und Kriminalroman kommen ohne reale Opfer aus.
Doch die Zeiten, wo unsere Abreaktionsspiele noch von wirklichen Akteuren bestritten wurden, wo aus Spiel noch Ernst wurde, sind noch nicht lange her. Und in Relikten wie dem Stierkampf in Spanien lebt die Tradition der Grausamkeit als Volksbelustigung sogar mitten in der „Kulturwiege" Europa ungebrochen fort.
In Pakistan muß auch der Bär nach wie vor zum allgemeinen Gaudium in den Ring: bis 1992 wurden dort pro Jahr über achtzig Bärenhatzen veranstaltet – mit Bewilligung der Behörden. Nach massiven Interventionen der Welttierschutzgesellschaft, die von zahlreichen nationalen Tierschutzorganisationen unterstützt wurden, erreichte man ein staatliches Verbot dieser Kämpfe. Sie finden allerdings immer noch statt – einige nach wie vor in aller Öffentlichkeit, zahlreiche andere in privatem Rahmen vor handverlesenem Publikum. An die tausend Braun- und Kragenbären werden von Kampfplatz zu Kampfplatz gekarrt.
Die Kampf-Bären werden als Jungtiere von Wilderern eingefangen, nachdem diese das Muttertier getötet haben. Das Bärenjunge wird durch Seile gefügig gemacht, die durch Löcher in den Lippen und der Nasenscheidewand gezogen werden.
Ist der Bär halbwüchsig, erfolgen die ersten „Trainingsrunden" mit seinen späteren Gegnern: der Jungbär wird mit Seilen am Boden fixiert, um seine Bewegungsfreiheit einzuschränken, eines der Seile wird durch die Nase gezogen. Krallen und Reißzähne sind ihm gezogen worden, damit er die Hunde nicht ernsthaft verletzen kann.
Bei den Wettkämpfen muß jeder Bär hintereinander drei je

dreiminütige Runden bestreiten, jeweils gegen zwei „frische“, ausgeruhte Hunde. Obwohl der Bär durch Fesselung und die Verstümmelungen an den Zähnen und Tatzen in seiner Fähigkeit, sich zu verteidigen, stark behindert ist, erleiden auch die Hunde immer wieder schwere Verletzungen wie Bein- oder Rippenbrüche.

Der Bär selbst wird von den Hunden vor allem im Gesichtsbereich, in die empfindliche Nase, in die Ohren und in den Hals geschnappt. Am Ende des Kampfes haben sie sich so festgebissen, daß sie mit Gewalt an den Hinterbeinen von ihrem Opfer weggezogen werden müssen.

Die Bären, die pro Saison Dutzende Kämpfe ertragen müssen, wissen schon vor dem Kampf, was sie erwartet. Immer wieder lassen die Tiere vor Angst ihren Urin unter sich und heulen vor Verzweiflung.

In der Regel wird darauf geachtet, daß der Bär keine tödlichen Verletzungen erleidet – schließlich ist nur mit einem lebendigen Bären Geld zu machen.

„Das ist eine Hetz ...“

Wenn die internationalen Proteste gegen das blutige Spektakel anhalten, besteht Hoffnung, daß Bärenkämpfe auch in Pakisten in naher Zukunft der Vergangenheit angehören werden. Doch es ist noch gar nicht so lange her, daß auch in Europa Bären gegen andere Tiere gehetzt wurden.

Nach Brehm wurden in der Arena von Madrid noch Ende des vorigen Jahrhunderts Kämpfe zwischen Stier und Bär abgehalten. In Paris fanden Kämpfe zwischen Hunden und Bären noch zu Beginn des 19. Jahrhunderts statt. Er berichtet von einem solchen Kampf, „daß der Bär die auf ihn einstürmenden Hunde mit seinen mächtigen Branten rechts und links niederschlug und dabei fürchterlich brummte. Als die Hunde aber hitzig wurden, ergriff er mehrere nacheinander, schob sie unter sich und erdrückte sie, während er andere mit schweren Wunden zur Seite schleuderte."

In Wien fanden Hatzen mit Bären und anderen Raubtieren noch bis 1796 statt: in diesem Jahr brannte das Hetz-Theater im heutigen dritten Wiener Gemeindebezirk nieder – die „Hetzgasse" erinnert dort heute noch an den hölzernen Rundbau. Und auch der Dialektausdruck „eine Hetz" für eine Sache, die Spaß macht, ist den Wienern geblieben.

Das Hetz-Theater war 1755 erbaut worden, Tierhatzen gab es in Wien aber schon davor. Aus dem Jahr 1736 ist überliefert, daß die Erbin des Prinzen Eugen Teile von dessen lebendiger Hinterlassenschaft an einen Tierhatz-Veranstalter vekaufte. So berichtet der Biograph des Savoyers: *„Löwen, Tyger und andere Thiere, die man zum Hetzen gebrauchen kann, hatten gar das Schicksal, dass sie an eine gewisse Compagnie, welche für 100 000 Fl. (=Gulden) das Privilegium erhielt, in Wien dergleichen Hetzen anstellen zu dürfen, verkauft und so dann fürs Geld gemartert wurden."*

Der Berliner Schriftsteller Friedrich Nicolai besuchte 1781 eine „Hetz" in der Wiener Arena und zeigte sich angewidert: *„Es ist doch unbegreiflich, wie in Wien sogar Leute, die nicht zum Pöbel gehören (Die Eingangspreise bey der Hetze sind so theuer und theurer als auf dem Nationaltheater: Für eine Loge 4 Fl.. 20 Kr., die Entrée auf der Gallerie Noble – großer Gott! Bey einem solchen Schauspiele eine Gallerie Noble! – 1 Fl. 20 Kr. etc. Die Herren Hetzliebhaber, die gute brauchbare Fanghunde mit sich bringen, genießen freyen Eintritt auf dem für die Hunde und ihre Mitführer angewiesenen Platz) mit Wohlgefallen*

d i e s e G r a u s a m k e i t ansehen können; und ebenso unbegreiflich ist es, daß in Wien, wo bis noch vor kurzer Zeit ein so großer Schein von Andacht öffentlich zur Schau getragen ward, daß dieses unmenschliche Schauspiel von je her an Sonn- und Festtagen gegeben worden ist. In England hält man den Sonntag für so heilig, daß niemand sich trauet, ein Spiel Karten in die Hand zu nehmen, oder ein musikalisches Instrument zu spielen. Und in Wien entheiligt man die Tage der Ruhe und des öffentlichen Gottesdienstes damit, daß man unter dem gräßlichsten Getümmel unschuldige Thiere martern läßt ...Schon gegen drey Uhr wird in der Gegend des Hetzhauses die Trommel gerührt, und die Hatz ausgerufen. Das Hetzhaus ist ein hölzernes, ziemlich hohes, rundes Gebäude, welches einen großen, mit Sand beworfenen Platz einschließt. Das Erdgeschoß enthält lauter Kammern, worin die wilden Thiere eingeschlossen sind, und vermittels einer aufgezogenen Fallthüre auf den Platz gelassen werden können. Und neben der Thüre, wo die Zuschauer hinein gehen, sind größere Behältnisse für die Hunde.
Ich habe dieses unmenschliche Schauspiel einmal gesehen. Ich wollte um vieles nicht missen, es gesehen zu haben; denn gewisse Abscheulichkeiten muß man mit Augen sehen, um sie sich vorzustellen. Aber ich möchte es um vieles nicht noch einmal sehen. Gleich beym Eintritte ins Haus schlägt ein widriger Gestank von den Ausdünstungen der Tiere und von dem Aase, womit sie gefüttert werden, nebst dem Bellen der Hunde, dem Brüllen der wilden Thiere und dem unbändigen Geschreye der Hatzmeister entgegen. Gleichwohl fand ich die drey Reihen übereinander gebauter Logen und Gallerien voll gepfropft von Zuschauern beiderlei Geschlechts. Nicht bloß vom Pöbel; man sah auch Herren wohl frisiert und gepudert, in gestickten Klei-

dern. Ja was noch bedaurungswürdiger und beynahe unbegreiflich war, ich sah da Frauenzimmer mit allen Reizen der Natur, mit allem Aufputze der Kunst gezieret, und sah ihre schönen Hände sich wechselweise bewegen die Riechfläschchen zu öffnen, und unmäßig zu klatschen, wenn die Hunde einem Thiere nach den Ohren schnappten.
Man darf nicht glauben, daß die Thiere noch natürlichen Muth und Kraft ihrer Wildheit haben oder zeigen könnten. Es wäre wenigstens noch auf eine Art sehenswürdig, die wilde Kraft und Behendigkeit eines ungezähmten Thieres zu betrachten. Aber auch dieses sichert man nicht einmal. Die Thiere sind schon durch vorige Kämpfe abgemattet und furchtsam gemacht. Wenn die Fallthüre aufgezogen wird, so pflegen sie nicht immer herauszufahren, sondern ziehen sich in den hintersten Theil ihres Lochs zurück. Alsdann bringen drey oder vier Kerle einen großen Hebebaum, und stoßen so lange auf das Thier zu, bis es aus Schmerz in den Hebebaum beißt, an welchem sie es dann aus dem Loche auf den Platz herausziehen. Sogleich werden zwey oder mehr große Hunde, welche bis dahin unter beständigem wütenden Bellen von den Hetzmeistern sind gehalten worden, losgelassen. Gemeiniglich suchen die Thiere zu fliehen, so lange sie können, aber sie werden bald von den Hunden gepackt, gezaust, in die Ohren gebissen, oder ihnen gar die Ohren abgerissen. Sonderlich wenn das geschiehet, läßt sich das viehische Gelächter nicht beschreiben, welches die Zuschauer ausstoßen, und das unmäßige Geklatsche mit den Händen, und das Getrampel mit den Füßen. Weil die Thiere zu weiteren Kämpfen sollen aufbewahrt werden, so fallen die Hetzmeister, sobald die Hunde gepackt haben, den Hunden in den Nacken, reißen ihnen das Gebiß auf, halten sie unter dem abscheulichsten Geheule und Gebelle fest, unterdessen das angefallene Thier

ächzend, blutend, und vor Schmerz brüllend nach der geöffneten Fallthüre zueilet. Es ist ein unbeschreiblich ekelhafter und scheußlicher Anblick, die armen Thiere so quälen zu sehen ...Im Junius 1782 gieng die Pachtzeit des Hetzpächters zu Ende, und es ward damals in allen Zeitungen Deutschlands gemeldet, dieses unmenschliche Schauspiel sollte nun nicht länger geduldet werden. Aber leider! Es bringt Pacht ein, und der Beyfall desselben in Wien ist groß, daß Leute, von denen so etwas nicht zu vermuthen wäre, es nicht verlieren wollten. Es fand sich also in wenigen Tagen ein neuer Pächter, welcher, da der vorige bei 6000 Fl. nicht hatte bestehen können, nun 5000 Fl. bot und die Pacht erhielt ...Erstaunen muß man, daß jetzt, da in der Morgenröthe, die sich über das bisher so dunkele Österreich zu erheben anfängt, etwas besseres zu hoffen gewesen wäre, ein so abscheuliches Schauspiel noch ferner die Sitten des Volkes verderben darf. Man giebt zur Ursache an, weil das Einkommen der Thierhetze dem Armen-Leute-Fond zu gute kommt. Sehr wohl! Wenn einmal dieses scheußliche Volksschauspiel vorhanden ist, so mags ganz gut seyn, daß das Pachtgeld davon auf diese Art angewendet wird ...Ist denn bey der so großen Menge begüterter Einwohner dieser üppigen Stadt alle Empfindungen von dem Elende ihrer armen Nebenmenschen so gänzlich erloschen, daß man Blut und Qual wilder Thiere verpachten muß, um von dem barbarischen Vergnügen des undenkenden Theils der Nation ein Almosen zu erpressen?"

Auch Kaiser Josef II. goutierte das grausame Schaupiel nicht, obwohl er nach der Schließung seiner Menagerie im Schloß Neugebäude den Betreibern sogar einen Löwen und einen Tiger geschenkt hatte. Als die Hetze niedergebrannt war – alle Tiere waren verbrannt, nur ein Auerochse überlebte und wurde in den Schönbrunner Tiergarten gebracht – gestattete er den Wiederaufbau nicht, obwohl der Pachtzins der Wiener Armenkasse zugeflossen wäre. Bei einem Lokalaugenschein auf der Brandstätte soll der aufgeklärte Reformator zu seinem Adjutanten gesagt haben: „Neu erbaut soll die Hetze nicht mehr werden, sie bot für sich immer ein Schauspiel, das mich anwiderte und von dem ich nie begriff, wie denn meine Wiener es mit Vergnügen sehen konnten."

Andere Herrscher zeigten sich weniger feinfühlig. Von August dem Starken wird berichtet, daß er den Bären, wenn sie von den Hunden niedergerungen worden waren, eigenhändig den Kopf abschlug.

Brehm berichtet, daß im Jahre 1630 bei einer fürstlichen Festivität im Schloßhof von Dresden innerhalb von acht Tagen drei Bärenhatzen abgehalten wurden: „In den beiden ersten mußten sieben Bären mit Hunden, im dritten aber mit großen Keilern kämpfen, von denen fünf auf dem Platze blieben."

Bären „et Circenses"

Beispiellos in seiner Lust an grausamen Tierhatzen war das antike Rom: „Brot und Spiele" sollten das Volk ruhig halten. Um die Sucht der Plebejer nach immer neuen Sensationen zu befriedigen, überboten Consuln und Kaiser einander in immer aufwendigeren Inszenierungen der Grausamkeit.

Nicht nur Rom verfügte über Amphitheater für Gladiatoren und Tierkämpfe, in jeder größeren Provinzstadt gab es eine Arena. Welche hervorragende Rolle der Bär in den Schaukämpfen spielte, ist daraus zu ersehen, daß die Ger-

Bärenkämpfe in Pakistan

Bevor die Hunde auf den Bären losgelassen werden, werden sie an Jungbären, aber auch an Eseln trainiert: der Esel wird an den Beinen gefesselt, damit er sich nicht mit Hufschlägen zur Wehr setzen kann.
Seit 1992 versucht die Welttierschutzgesellschaft (WSPA) mit massiven internationalen Protesten, die Pakistanische Regierung zu veranlassen, keine Bewilligungen für Schaukämpfe mit Bären mehr zu erteilen. 1993 ließ sich die Regierung durch eine Petition, für die weltweit 250.000 Unterschriften gesammelt worden waren, überzeugen: offiziell sind die Kämpfe nun verboten, die zuständigen Behörden wurden angewiesen, die Bären zu beschlagnahmen, in Tiergärten unterzubringen und ihre Besitzer zu entschädigen.
In einzelnen Provinzen finden aber nach wie vor Bärenhatzen auch mit offizieller Genehmigung statt – zahlreiche Schaukämpfe sollen sich nun in privatem Rahmen abspielen. Die Besitzer der Kampfhunde haben oft einflußreiche Positionen inne und somit Interesse an und die Mittel für die Fortführung der Bärenhatzen.

Der Bär als Gefangener

Nach wie vor leiden Bären in Zoos unter oft unvorstellbar schlechten Haltungsbedingungen. In winzige Betonzellen gepfercht, ohne Möglichkeit, sich zu beschäftigen und ihre elementarsten angeborenen Bedürfnisse zu befriedigen, verkümmern die Tiere körperlich und seelisch.

Tier-Leid
als Attraktion
in japanischen
Bären-Parks

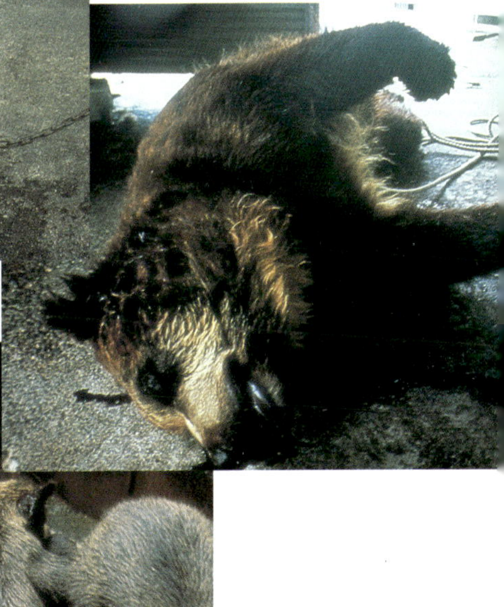

Meist werden die Bären von Zigeunern geführt. „Aber es ist keineswegs so, daß die Bärenführer keine anderen Möglichkeiten hätten, Geld zu verdienen, für viele ist der Bär ja auch nur ein Nebenerwerb," berichtet Victor Watkins, der Leiter der „Libearty"-Kampagne der WSPA, „Ein Tanzbär ist jedoch eine besonders effiziente Geldquelle: in zwei, drei Stunden kann ein Mann mit einem Bären in einem Touristenzentrum unter Umständen bis zu 200 Dollar verdienen, meist sind die Bären also nur ganz kurz im Einsatz. In Instanbul haben wir Bären entdeckt, die achtzehn Stunden angekettet waren, ohne Wasser, mit Abfall als Futter."

Die Idylle trügt: Tanzbären sind zu Sklaven degradierte, geschundene Kreaturen. Der Bär ist kein Haustier, seine Abrichtung findet immer mit roher Gewalt statt. Ohne jede Möglichkeit, seine angeborenen Verhaltensweisen auszuleben, meist halb verhungert und an Mangelkrankheiten leidend, ist er zu permanentem Leiden verurteilt.

Auch für ihn gibt es ein Leben nach dem „Tanz": in Griechenland und in der Türkei hat die Welttierschutzgesellschaft gemeinsam mit örtlichen Initiativen Refugien für konfiszierte Tanzbären eingerichtet. Selbstverständlich können die an den Menschen gewöhnten Tiere nicht mehr in die Freiheit entlassen werden, aber die an die Stationen angeschlossenen naturbelassenen Waldgebiete sollen ihnen in geschützter Atmosphäre ein Leben ermöglichen, das ihren Bedürfnissen entspricht.

manen das römische Amphitheater – wie Otto Keller 1887 in seinem Werk „Thiere des classischen Alterthums" berichtet – in Köln „Berlich" nannten, jenes in Augsburg „Perleich" und das von Königsfelden „Bärlisgrub". In der Arena von Königsfelden seien sogar Bärenknochen gefunden worden.

Abbildungen von Kämpfen mit Bären sind aus römischer Zeit zahlreich erhalten, auch in der Dichtung finden sie, etwa bei Horaz oder Terenz, Erwähnung.

Der Bär wurde in vielfältiger Weise in der Arena eingesetzt, besonders häufig aber scheinen Kämpfe zwischen Bären und Stieren gewesen zu sein. Daß die beiden Tiere während des Kampfes mit einem Strick aneinandergebunden waren – wahrscheinlich um den Unterlegenen an der Flucht zu hindern – zeigt zum Beispiel ein campanisches Wandgemälde. Seneca berichtet, daß beide Tiere, wenn sie einander genug zerfleischt hatten, von ihren Wärtern den Gnadenstoß erhielten.

Ein Gemälde in Pompeji – von wo auch ein Straßenaushang, der für Bärenkämpfe im dortigen Amphitheater wirbt, erhalten ist – zeigt einen Bären, der an einen Pfeiler gebunden, von einem Hund und einem mit Stab und Sichel bewaffneten Mann attackiert wird. Ein Bär, der gerade von einem Nashorn aufgespießt wird, ist auf einer Tonlampe aus Labicum zu sehen – auch Martial berichtet von einem solchen Kampf. Livius schildert Kämpfe zwischen Bären und Elefanten.

Selbstverständlich wurden auch Kämpfe zwischen Bär und Mensch ausgetragen. Die Kämpfer traten dem Bären mit Wurfspeer, Stoßlanze und Schwert entgegen. Plinius berichtet, daß manche Kämpfer dem Tier auch mit der caestus-umwickelten Faust den Schädel einschlugen (caestus =Lederriemen mit eingenähten Bleiknöpfen).

Die Tiere wurden durch Hunger und spezielle Hilfsmittel in besondere Rage versetzt, Seneca etwa berichtet, daß ihnen farbige Tücher vorgehalten wurden – eine Technik, die ja noch heute bei Stierkämpfen Anwendung findet.
Hatte der Kampf eher Schaucharakter, wurden den menschlichen Kämpfern Körbe und Fässer als Zufluchtsorte zur Verfügung gestellt. Um die Raubtiere zu verwirren, setzte man Puppen und drehbare Maschinen ein, um sie von ihren menschlichen Widersachern abzulenken.

Scharfrichter Bär

War von vornherein geplant, die „Venatores“ – so wurden die gegen die Tiere geschickten Menschen genannt – töten zu lassen, stattete man sie mit unzulänglichen Waffen, etwa nur mit Peitschen, aus. Mitunter band man die Menschen aber auch einfach an Pfähle, wo sie von den gereizten und ausgehungerten Bären einfach zerrissen und aufgefressen wurden.
Daß die Hinrichtung durch Bären im antiken Rom allgemeiner Usus war, belegen nicht zuletzt zahlreiche Heiligenlegenden: so soll zum Beispiel Thekla vom Bären verschont worden sein, ebenso Faustinus und Cerbonius.
Doch nicht nur in der Arena wüteten Bären zum Gaudium der Zuseher: Kaiser Galerius Maximianus hielt wilde Bären, die die Menschen, welche man ihnen vorwarf, nicht nur töteten, sondern darauf trainiert waren, ihnen langsam Glied für Glied abzubeißen.
Und Kaiser Valentinianus hatte neben seiner Schlafzimmertür zwei Bärinnen in Käfigen postiert, die er – um sie in Mordlaune zu halten – ausschließlich mit Menschenfleisch fütterte. Nachdem „Goldkrümchen“ und „Un-

schuld" – wie er seine Leibbären nannte – zahlreiche Opfer vor den Augen ihres Herrn zerrissen hatten, entließ dieser sie zur Belohnung frei in den Wald.
Eine besonders widerliche Circus-Inszenierung überlieferte uns Martial: ein als Orpheus kostümierter Verurteilter stieg aus einer Bodenöffnung, als ob er aus der Unterwelt zurückkehren würde. Die ihn umgebenden Felsen und Bäume bewegten sich auf ihn zu, als ob sie von seinem Saitenspiel bezaubert wären. Auch die übrige Natur, die Vögel und anderen Tiere, bewegte sich, als wäre sie in seinen Bann gezogen – schließlich machte ein Bär dem Schauspiel ein Ende, indem er den Orpheus-Darsteller zerriß.
Roms Verbrauch an Bären war beträchtlich, auch wenn Kaiser Gordian I., der an einem einzigen Tag ein Circus-Spiel mit tausend Bären veranstalten ließ, doch die Ausnahme blieb. Aber auch Probus spendierte – wie Keller berichtet – den Zuschauern in den römischen Amphitheatern immerhin 800 Bären, Caligula und Nero rund hundert, bereits im Jahr 169 vor Christus wurden 40 Bären in Kampfspielen getötet, im Jahr 61 hundert, im Jahr 25 gar 800.
Die Bären, die im Circus sterben mußten, stammten aus dem gesamten Mittelmerraum, aber auch aus Gallien, Germanien und Armenien. Ein eigener Hafenzoll wurde auf die Tiere erhoben, von diesem waren die Senatoren, die die Tiere für Zirkusspiele ins Land holten, allerdings befreit.

Der Bär im Kerker

Römische Kaiser nutzten Bären als Henker, aber bereits sie und auch die Fürsten späterer Jahrhunderte hielten sich Bären auch als Prestigeobjekte: schon von Octavian ist

überliefert, daß er eine Menagerie von 3.500 Tieren besaß, darunter – natürlich – auch Bären. Im Mittelalter spielte die Tierhaltung des Vergnügen wegens eine sehr geringe Rolle, Bären wurden aber dennoch häufig gehalten.
So besaß Heinrich III. von England – als ganz spezielle Rarität – einen Eisbären. Er erhielt das Tier, welches an einer langen Kette schwimmend in der Themse selbständig auf Fischfang ging, im Jahre 1251 und verpflichtete die Stadt London, für seinen Unterhalt aufzukommen.
Daß die Bürger die finanziellen Mittel für die „tierischen Vergnügungen" des Adels stellen mußten, scheint gang und gäbe gewesen zu sein: auch der Bürgermeister von Wien ließ 1452 für König Ladislaus im Stadtgraben einen Tiergarten anlegen. Zehn Jahre lang gab es dort auch Bären zu sehen, dann wurden die Tiere abgeschossen – die Rechnung für das Einsalzen ihres Fleisches blieb erhalten.
Auch hohe Kleriker hielten sich Bären und anderes wildes Getier zur Zerstreuung: 1399 brach der Bär des Bischofs von Tournai aus und löste unter den Bewohnern der Stadt Lille eine Panik aus. Der Bischof hatte die Angewohnheit, das Tier auch auf Reisen mitzuführen. Auch von Pabst Urban V. ist überliefert, daß er Zerstreuung bei den in seinem Schloßpark in Avignon gehaltenen Bären suchte.
Aber auch der niedrigere Adel hielt gern Bären – manchmal mit fatalen Folgen. So berichtet die Chronik, daß etwa im Jahre 1575 die Burgfrau auf Reisenberg, Anna von Auersberg, in ihrem eigenen Schloßhof von einem Bären zerrissen wurde.
Doch auch als „Tötungsmaschine" wurden Bären nach wie vor benützt: 1589 wurde auf der oben genannten Burg Reisenberg ein feindlich gesinnter Adelsmann nach einem fehlgeschlagenen Angriff den Wildschweinen und Bären im Burggraben vorgeworfen.

Auch Iwan der Schreckliche hetzte im 16. Jahrhundert Bären auf Menschen: die Überlebenden wurden mit Geld abgefunden, für die beim grausamen Spiel Getöteten ließ der Zar Messen lesen. Und Gesner berichtet vom Herzog Wittold aus der Littau, der ein großer Tyrann gewesen sein soll und an seinem Hof Bären ausschließlich für Hinrichtungen hielt *„und seine Lust sähe, wo die Thier grausamlich den Menschen zerkiffleten."*

Üblicherweise wurden Bären in „Bärengruben" und „Bärengräben" gehalten. Stadt- und Burggräben boten sich dafür an, gegebenenfalls wurden aber auch eigene Anlagen errichtet. So ließ etwa der Fürstbischof von Konstanz auf der Bodensee-Insel Reichenau 1591 einen Bärengraben für seine Tiere ausheben.

Der berühmteste Bärengraben ist wohl jener von Bern. Seit 1476 werden dort Bären gehalten – und zwar aus Dankbarkeit. Gegründet wurde die Stadt 1191 von Bertold von Zähringen – er soll zur Zeit ihrer Erbauung geschworen haben, die Stadt nach dem Tier zu nennen, das er als erstes fangen würde.

Berns Bären stammen aber nicht vom Stadtgründer Bertold, sondern von Reinhard, dem Herzog von Lothringen. Der kam nach Bern, nachdem ihn Karl von Burgund vom Thron gejagt hatte. Er bat die Stadtväter um Hilfe. Auf dem Weg zum Rathaus begegnete er einem zahmen Bären, das Tier folgte ihm bis in die Ratsstube. Der Herzog trug seine Anliegen vor, stieß damit bei den Bernern auf wenig Verständnis. Da *„satzt sich der Bär auff sein Hindern und hub seine vorderen Tatzen auf in aller Maß und Gestalt, wie ein Mensch mit aufgehobenen Händen in seiner großen Angst um Gottes und anderer Hilfe bittet,"* berichtet Gesner. Vom tierischen Fürsprecher des Lothringers ließen sich die Ratsherren schließlich rühren und halfen Reinhard, sein Land zurückzuerobern. Der aber stiftete dem Bären *„ein ewige Pfründ"*, damit sein Freundschaftsdienst nicht in Vergessenheit gerate.

Genaugenommen werden Berns Bären also aus Dankbarkeit gehalten, doch man dankt ihnen ihre Dienste schlecht: die Haltung in Grube oder Graben bedeutet für Bären nämlich andauernden Streß. Das Von-oben-betrachtet-Werden verunsichert die Tiere, sie fühlen sich ausgeliefert, in die Enge getrieben, „in der Falle". In letzter Zeit wurden zwar Anstrengungen unternommen, den Berner Bärengraben mit bärengemäßer „Einrichtung" zu versehen, den Tieren wenigstens ein Minimum an strukturierter Umgebung und Beschäftigungsmöglichkeiten zu bieten. Wirklich bärenfreundlich wäre allerdings nur die Evakuierung der Tiere in ein artgerechtes Großgehege, das ihren Bedürfnissen tatsächlich entspricht. Erst wenn der Bären-Graben von Bern zum Museum ohne lebende Bären umgestaltet würde, wäre die Schuld des Herzogs von Lothringen wirklich getilgt. Aber nicht nur in Bern müssen Bären unter Bedingungen leben, die ihrer Natur widersprechen.

In zahlreichen Zoos und Tiergärten fristen sie ein höchst trauriges Dasein: in winzige Käfige gezwängt, auf bloßem Betonboden vegetieren sie dahin.

Besonders schlimm sind die Zustände in den sogenannten „Bärenparks" in Japan. Japaner haben eine besondere Vorliebe für Bären, vielleicht weil der Bär im Mythos der Ureinwohner der japanischen Inselgruppe, der Ainu, eine so hervorragende Rolle spielt. In den Bärenparks werden Bären in großen Mengen zur Schau gestellt, zu Dutzenden drängen sie sich in den Gehegen – allein die schiere Masse verurteilt die Tiere zu qualvollem Streß: Als geborener Einzelgänger, der in freier Wildbahn ein oft Dutzende Quadratkilometer großes Revier für sich beansprucht, leidet der Bär unter der bloßen Anwesenheit von Artgenossen. Aber immer wieder kommt es auch zu blutigen Zwischenfällen, mitunter sogar zu Kannibalismus, wenn einzelne Tiere aneinandergeraten.

Perversion Bärenpark

„Geschaffen für's Amusement von Bären und …zur Freude der Menschen" so zynisch wirbt der Bärenpark Badaling in China. 8.000 Touristen sollen die Bären-Menagerie nahe der Chinesischen Mauer pro Tag besuchen, bei rund 35 Schilling Eintritt pro Person bringt das tägliche Einnahmen von 280.000 Schilling. Bisher waren die „Bärenparks" eine japanische Spezialität: rund 1.000 Bären werden in Japan in Massentierhaltungen, die den Bedürfnissen der Tiere in jeder Hinsicht widersprechen, zur Schau gestellt. Doch nun wird das tierquälerische Konzept auch nach China – das ja für seine Bärenfarmen zur Gallenflüssigkeitsgewinnung berüchtigt ist – exportiert: ein weiterer Park wurde bereits in Jilin errichtet, einer für Peking ist geplant.

BÄR AUS!
VOM WILDEN BÄREN ZUM BÄRWILD

„Die Bärin ging sofort in den Wald, aber das Junge setzte sich auf einen Felsen, und ich brannte ihm aus einer Entfernung von mindestens hundert Metern eine Kugel auf, die es umwarf. Es stand aber wieder auf und kroch in den Wald, wo ich es kläglich schreien hörte, und ich kam zu dem Schluß, daß es nicht mehr lange leben konnte.
Der Knall meines Schusses setzte einige andere in Bewegung, und eine weitere Bärin mit einem etwa anderthalb Jahre alten Jungen schwamm dicht unter mir vorbei. Ich schoß die Bärin durch den Kopf und tötete sie. Als das Junge dies bemerkte und mich sah, kam es in großer Wildheit auf mich zu, aber gerade als sich das Tier für den Tod seiner Mutter rächen wollte, begrüßte ich es mit einer Ladung Schrot ins rechte Auge, die nicht nur dieses herausschlug, sondern das Bärenjunge auch das andere zu schließen zwang. Kaum war es wieder imstande, das linke Auge offen zu halten, da stürzte es auch schon erneut, wahnsinnig vor Zorn und Schmerz, auf mich zu. Als es aber am Fuß der Böschung ankam, schickte ich ihm einen zweiten Gruß mit dem anderen Lauf und blendete es beinahe vollends. Sein ganzer Kopf war nun mit Blut bespritzt. Es tappte in den Wald und stieß mit dem Kopf gegen jeden Stein und Baum, dem es begegnete.
Nun bemerkte ich, daß zwei andere gut fünfzig Meter oberhalb von mir an Land gekommen waren und wild um sich blickten. Die Bären gingen einige Schritte auf den

Waldrand zu, und die Alte starrte mich finster an. Ich wußte, daß es sehr gefährlich war, auf die Bärin zu schießen, da sie von einem anderthalb Jahre alten Jungen begleitet wurde, aber ich vermochte der Versuchung nicht zu widerstehen. Zum Glück jagte ich ihr meine Kugel ins Herz, und sie stürzte. Aber sie stand wieder auf und schleppte sich einige Yards in den Wald hinein, wo ich sie tot vorfand ohne ihr Junges.

Ich ...ging weiter flußaufwärts, bis ich zu einem schönen Wasserfall kam ...Ich hatte nicht lange gesessen, als meine Aufmerksamkeit auf einen riesigen alten Bären gelenkt wurde, der aus einigen Erlenbüschen zu meiner Rechten hervorbrach und langsam auf mich zukam, die Augen auf den Boden gerichtet und die Nase nicht weit von diesem entfernt. Ich stützte die Ellbogen auf, und in dieser Stellung ließ ich ihn auf fünf Meter herankommen, bevor ich abdrückte. Ich setzte ihm die Kugel mitten in den Schädel und tötete ihn ...

Als ich den Blick in die Runde schweifen ließ, bemerkte ich ein weiteres Tier von gleicher Größe, das halb aus dem Wasser herausragte. Sobald der Bär mich bemerkt hatte, hielt er auf mich zu, so schnell er schwimmen konnte. Da ich aber nicht bereit war, ihn zu empfangen, lief ich in den Wald, um meine unfehlbare Büchse zu laden. Während ich damit beschäftigt war, tauchte er und holte einen Lachs herauf, den er zu wiederholten Malen ein, zwei Meter in die Luft warf, ins Wasser fallen ließ, um dann zu tauchen und ihn wieder heraufzuholen. Da ich nun bereit war, schritt ich zum Angriff und sah ihn auch schon im Wasser stehen und seinen Lachs verschlingen, die Vorderpranken auf einen Felsen gestützt. Ich kroch durch die Büsche, bis ich ihn genau vor mir hatte, und unterbrach seine Mahlzeit, indem ich ihm eine Kugel durch den Kopf jagte; sie trat

knapp über seinem linken Auge ein und an der Wurzel seines rechten Ohrs wieder aus und fällte ihn. Er schien dann eine Weile im Todeskampf zu liegen, erholte sich aber zuletzt soweit, daß er sich auf meiner Seite des Flusses an Land zog und in den Wald wankte.
Nie in meinem Leben habe ich es so bedauert wie an diesem Tag, daß ich nicht genügend Munition bei mir hatte, da ich durch diesen Mangel in dem schönsten Sport unterbrochen wurde, dem sich ein Mann widmen kann."
So schildert George Cartwright einen Jagdausflug in Labrador im Jahr 1778. Zu dieser Zeit waren Bären in Europa bereits selten geworden, aber in der „Neuen Welt" konnten jagdbegeisterte Pioniere noch aus dem Vollen schöpfen.
Auch heute ist Nordamerika das Paradies der Bärenjäger: in Kanada und den USA können – gegen entsprechende Gebühren – Schwarz, Braun- und Eisbären in Menge geschossen werden.
„Jedes Jahr kommen in Alaska wirkliche Monster zur Strecke!" heißt es im Katalog des größten österreichischen Jagdreisenanbieters schwärmerisch. Für rund 10.000 Dollar ist ein Grizzly zu haben – zehn Jagdtage, Trophäe inbegriffen. Bei manchen Veranstaltern gibt's sogar noch einen Schwarzbären als Draufgabe. Der Abschuß ist gratis, nur die Gebühr für den Bärenpelz muß entrichtet werden – je nach Größe zwischen 800 und 1.500 Dollar.
Aber auch in der „Alten Welt" können passionierte Bärenjäger noch auf ihre Kosten kommen. In Bulgarien etwa, oder in Rumänien. „Spannend ist die Jagd auf Braunbären im Frühjahr oder Herbst. Sie wird als Luderjagd und im Herbst auch als Treibjagd organisiert. Diese Jagd ist nach rumänischem Jagdgesetz erlaubt," verspricht das Jagdreisebüro.
Auch in den USA werden Bären noch mit Hunden gehetzt – und damit die Jägersleute nicht zuviel Mühe haben, Wild

und Meute im Forst aufzufinden, sind die Hunde gegebenenfalls sogar mit Sendehalsbändern ausgerüstet. Manche besonders „sportlichen“ Waidmänner erlegen das in die Enge getriebene Tier dann nicht mit einem Gewehrschuß, sondern – meist mit mehreren Schußversuchen – per Pfeil und Bogen oder Armbrust. Ein besonders pikantes Zusammenwirken von moderner Technik und archaischer Lust am Töten.

Bei der Jagd auf den Bären war man nie zimperlich – wie etwa Brehm vom Eisbären berichtet: „Manche Jäger sollen sich folgender List bedienen. Sie biegen ein etwa 10 Zentimeter breites und 60 Zentimeter langes Stück Fischbein sprenkelförmig zusammen, umwickeln es mit Seehundsfett und lassen es gefrieren. Dann suchen sie den Bären auf, necken ihn mit einem Pfeilschuß, werfen den Fettklumpen hin und flüchten. Der Bär beriecht diesen, findet, daß er verzehrt werden kann, verschluckt ihn und holt sich damit den Tod, denn in dem warmen Magen taut das Fett auf, das Fischbein schnellt auseinander und zerreißt ihm die Eingeweide.“

Die frühen Jäger achteten den Bären als ebenbürtigen Gegner, sie baten ihn um Vergebung, daß sie ihm nachstellten und erwiesen ihm nach dem Tod alle Ehre.

Mit dem Fortschreiten der Zivilisation wandelte sich die Beziehung Mensch-Bär: aus dem geachteten Gegner wurde ein Schädling, Ungeziefer, das es um jeden Preis zu vernichten galt. Und nicht nur Bären, die sich tatsächlich am Viehbestand oder an den Honigbeuten vergriffen, wurden verfolgt – der Bär an sich wurde zum Feind, ganz nach dem Motto „Nur ein toter Bär ist ein guter Bär“.

Heute ist der wilde Bär im allgemeinen Bewußtsein eine Schreckensgestalt, der man um keinen Preis der Welt begegnen möchte. Unsere Altvorderen, für die der Bär im

Wald noch Realität war, hatten zu Meister Petz ein viel entspannteres Verhältnis.

„Auf Kamtschatka gibt es Bären in unbeschreiblicher Menge," berichtet Brehm, „und man sieht solche herdenweise auf den Feldern umherschweifen ... Wenn ein Eingeborener eines Bären ansichtig wird, spricht er ihn von weitem an und beredet ihn, Freundschaft zu halten. Mädchen und Weiber lassen sich, wenn sie auf dem Torfe Beeren sammeln, durch die Bären nicht hindern. Geht einer auf sie zu, so geschieht es nur um der Beeren willen, welche er ihnen abnimmt und frißt."

Wir neigen heute dazu, Tiere als biologische Maschinen zu sehen, deren Verhalten ausschließlich angeboren und nur innerhalb enger Grenzen modifizierbar ist. Die amerikanische Anthropologin Elisabeth Marshal-Thomas zeigt in ihrem Buch „Tribe of Tiger" am Beispiel der Beziehung von Buschmännern und Löwen in der Kalahari, daß auch Tiere eine „Kultur" besitzen, bestimmte Regeln des Umgangs untereinander und mit anderen Spezies, die von Generation zu Generation weitergegeben werden. Und die für immer verloren geht, wenn die Träger dieser Information keine Möglichkeit mehr haben, sie an ihre Nachkommen weiterzugeben.

Mit Sicherheit gab es auch eine Kultur der friedlichen Koexistenz zwischen Menschen und Bären – und das auch bei uns. Nicht von ungefähr schreibt der Bärenjäger und Bärenhalter Brehm – er hielt nach eigener Aussage sowohl Braun- als auch Eisbären – noch in den Achtzigerjahren des vorigen Jahrhunderts: „Die häufigen Begegnungen des Bären mit Menschen, Beerensammlern, Holzsammlern, Holzarbeitern usw. enden stets ganz friedlich, höchstens mit Anbrummen oder, wenn es schon stark hergehen soll, mit einigen mitunter etwas unsanften Ohrfeigen und Anrempelungen."

Die Dämonisierung des Bären erfolgte im 19. Jahrhundert, dem Zeitalter der Abenteurer und Aufschneider: um die eigenen Heldentaten nur ja in strahlendem Licht darstellen zu können, wurden die meist mit leichter Hand abgeschlachteten Bären – wie andere Wildtiere auch – zu Monstern stilisiert.

Noch um 1880 berichtet der von Brehm immer wieder zitierte Oberförster Krementz, der nach eigenen Angaben 29 Bären selbst geschossen hat und beim Abschuß von 65 Tieren zugegen war: „Im allgemeinen ist der Bär nicht grausam oder blutdürstig zu nennen. Wäre er letzteres, so fände sich für ihn tagtäglich Gelegenheit, es auf die eine oder andere Weise zu äußern... Es ist mir nicht ein Fall vorgekommen, daß er jemals bei seinen Wanderungen und Begegnungen mit Menschen diese angenommen (= angegriffen Anm. d. Verf.) hätte. Im Gegenteile wird er in den meisten derartigen Fällen eiligst flüchtig oder achtet im Vollbewußtsein seiner Kraft des elenden Erdenbewohners nicht und sucht höchstens seinen Unwillen gegen ihn durch einen fingierten Angriff mit kurz abgebrochenen Brummtönen zu äußern. Der Bär ist vielmehr gutmütiger Natur, obgleich ihm unter keinen Umständen zu trauen ist; besonders will er nicht gereizt und in seiner Ruhe nicht plötzlich gestört sein. Es steckt ein gutes Stück Phlegma in ihm. Behaglichkeit liebt er ungemein, und seine Angriffe verraten eine gewisse Offenheit, Geradheit, Ritterlichkeit."

Der Bär wurde kaum je als „Menschenfresser" verfolgt, obwohl er sich, wenn er überrascht oder angegriffen wurde, gegebenenfalls seiner Haut wehrte. Von sich aus greift und griff der Bär den Menschen aber niemals an. Daß man ihm dennoch so unbarmherzig nachstellte – wie bereits erwähnt, erging etwa 1788 für Österreich ein Hofdekret, das seine Ausrottung anordnete – hat seinen Grund darin, daß er durch Schäden an Haustieren und Bienenstöcken die ohnehin angespannte wirtschaftliche Situation der Bevölkerung weiter verschärfte. Der Adel, für den die Bärenjagd ein besonderes Vergnügen darstellte, hätte an einer gewissen Hege von Meister Petz gewiß Interesse gehabt. Doch die größtenteils armen Bauern, für die der Verlust eines Stücks Vieh schon eine Katastrophe bedeutete, wollten den Bären am liebsten tot sehen.

Vor der Erfindung von geeigneten Schußwaffen wurde der Bär üblicherweise mit Lanzen erstochen, nachdem ihn eine Hundemeute gestellt hatte. Für die Hunde war die Bärenjagd keineswegs ungefährlich, Caspar Wussin warnt 1699 in seinen „Adelichen Weydwercken“: *„Der Bär ist wohl nicht so ein Hunds-Mörder wie das wilde Schwein, aber gleichwol greift, zwingt und trückt er sie so hart, daß man billich auff der Bären-Jagt schöne und gute Hetz-Hunde nicht so liederlich dran wagen soll.“*

Auch in Netzen und Fallgruben wurde der Bär gefangen: in manchen Gegenden versenkte man in der Grube einen zugespitzten Pfahl, fiel der Bär ins Loch, spießte er sich auf und tötete sich so selbst. Wussin berichtet von einer besonders raffinierten Falle: *„Der gute Herr frißt auch gern das Honig auß den Bäumen im Walde und auß den Bienstöcken in den Gärten, wann er nur dazu kommen kann. Aber da nehme man nur das vordere Theil von einem Wagen und mache fornen an die Deichsel ein scharpf spitzig Ding und bestreich es mit Honig und mache ihm ein Hütte zwischen die Räder: Wann er nun kombe und fornen dran leckt, so stoße ihm die Spitze vollends in den Hals hinein.“*

In Mitteleuropa war der Bär – wie alle anderen größeren Beutegreifer – im 19. Jahrhundert so gut wie ausgerottet, man hatte dem lästigen Nahrungskonkurrenten endgültig den Garaus gemacht.

Aber auch dort, wo er dem Menschen nicht in die Quere kam, weil die natürlichen Ressourcen noch in Hülle und Fülle vorhanden waren, wurde der Bär unbarmherzig verfolgt. Nicht zuletzt wegen seines Fells – und einfach zum Spaß, wie ein Bericht des Nordmeer-Reisenden H. Elliot über einen Besuch auf der St. Matthäus-Insel zeigt: „Während der neuntägigen Vermessung der Insel gab es auch nicht einen Augenblick, daß wir nicht Bären in unserem Gesichtskreise gehabt hätten. Sei es nun, daß sie vollkommen gesättigt waren, sei es, daß das Sommerwetter sie milde gestimmt hatte, jedenfalls konnten wir kein einziges der Tiere dazu bewegen, uns feindlich gegenüberzutreten. Ihr erstes und letztes Bestreben war Fliehen – Männchen, Weibchen, Junge – sie alle, wenn wir ihnen zu Leibe gingen, liefen in alle Richtungen davon, über die Hügel und weit hinweg. Nachdem wir ein halbes Dutzend geschossen, vernichteten wir keinen mehr, denn sie waren im Haarwechsel begriffen und ihre Felle demzufolge wertlos."

Auch heute wird der Bär um des Vergnügens willen getötet – auch wenn die Jäger das nicht gerne hören wollen. Immer wieder wird ins Treffen geführt, daß es in den Ländern, wo noch Bärenpopulationen vorhanden sind, ein Management der Bestände nötig sei. Was liegt also näher, als die Bären von Sportjägern abschießen zu lassen und damit zwei Fliegen mit einer Klappe zu schlagen: die Bären werden dezimiert, Devisen kommen ins Land.

Das „sportliche" Jagen ist eine eigenartige Beschäftigung: der Jäger kommt, zahlt und bekommt ein Tier, das er weder kennt und das er auch gar nicht kennen will, zum Abschuß serviert. Alles läuft wie geschmiert, für gutes Geld gibt's gute Ware. Und wenn der Jagdgast – schon dieses Wort zeigt, wie unverbindlich die Beziehung von Jäger und Wild in diesem Fall ist – sein Ziel nicht tödlich trifft, son-

Historischer Stich: „*Wie man den Bären jagen soll: Wann dann ein Jäger einen Bären jagen will, so soll er ihn ernstlich mit seinen Leithunden eygendtlich und fleißig vorsuchen ... Und damit er umbso leichter gefangen werde, so soll er zu seinen gewöhnlichen Jagd-Hunden auch Hirten-Hunde oder Schaaf-Rüden nehmen ... Alsdann ist er mit besondern darzu gebrauchlichen Netzen, Seilern, Wehrtüchern und Federzeug wol zu erlegen oder treiben und ängstigen ihn die Hund so sehr, daß er nimmer weiter kann, sondern alldar von ihnen überwältigt und nieder geworffen wird.*“ Caspar Wussin, „Adeliche Weydwercke“, Prag 1699

dern nur „anschweißt“ – „Schweiß“ bedeutet im Jägerlatein „Blut“ – kriegt er zwar keine Trophäe, dafür reduziert sich aber auch die Schußgebühr.

Das „sportliche“ Jagen ist Töten als Konsum, was zählt, ist schneller Lustgewinn, eindruckschindende Trophäe – ein fragwürdiger Kult um überholte Vorstellungen von „Männlichkeit“. Ein gezieltes Management der Wildbestände erfolgt in diesem Rahmen höchstens nebenbei. Die tatsächlichen Prioritäten sind – wie die Probleme mit der Überhege von Trophäenwildarten drastisch zeigen – nicht die Schaffung eines ökologischen Gleichgewichts, sondern optimaler Unterhaltungswert für den Jagdurlauber und optimaler finanzieller Gewinn für den Wildeigner.

Die Jagd als lustvolle Freizeitbeschäftgung ist immer mehr Menschen suspekt – unsere Beziehung zum Tier hat sich grundsätzlich geändert. Die Regulierung von Wildtierbeständen mag notwendig sein, weil heute weltweit immer häufiger Kulturlandschaft eine wildwüchsige, sich selbst regulierende Natur verdrängt hat. Daß diese Regulierung aber von Menschen vorgenommen werden soll, die aus dem Töten von Tieren Lustgewinn ziehen, ist zumindest bedenklich.

Noch bedenklicher ist allerdings, daß sich diese als „Naturschützer“ bezeichnen können. Der gezielt vermarktete Abschuß von Wildtieren würde ja überhaupt erst den Bestand der Arten sichern, heißt es immer wieder. Die Logik besticht, aber müssen die Dinge wirklich so gehandhabt werden? „Soll das Schicksal gefährdeter Tierarten wirklich Freizeit- und Trophäenjägern überlassen werden?“ fragt der Naturfilmer John Dollar am Ende seines Berichts über amerikanische Jagdfarmen. Man kann diese Frage auch modifizieren: Soll das Schicksal der Bären dieser Welt wirklich davon abhängen, ob Männer mit Lust aufs Töten ein paar Lei, Kanadische Dollar oder Rubel springen lassen?

DER BÄR – DER „AFFE DES NORDENS“

Bei Germanen und Slawen ist der Bär namenlos – zu groß war die Ehrfurcht vor ihm, als daß man gewagt hätte, ihn beim Namen zu nennen. Griechisch heißt der Bär arctos, lateinisch ursus – in beiden Wörtern lebt die altindische Wurzel „rksha“. Ihr Äquivalent in den germanischen und slawischen Sprachen ging verloren, weil es aus Respekt

Der Bär – Schutzengel der Helden

Im germanischen Mythos ist der Bär das heilige Tier Thors, der auch den Beinamen „Björn“ – „Bär“ – führt. Der Bär wird Thor nicht nur wegen seiner Kraft und Wildheit zugeschrieben, sondern auch, weil er während der kalten Jahreszeit Ruhe hält – und im Winter haben auch Thors Blitze keine Kraft.

Doch im altnordischen Mythos hatte der Bär gegebenenfalls auch die Funktion eines Schutzengels inne: jeder Mensch – so glaubte man – werde von sogenannten „Fylgjas“, Seelenwesen, die als „Folgerinnen“ bezeichnet wurden, begleitet. Diese repräsentierten in ihrer Gestalt bestimmte Aspekte der Persönlichkeit, ein Fuchs stand etwa für Klugheit, Vögel für Anmut. In Zeiten der Not standen die Fylgjas ihren Schutzbefohlenen bei. Als mächtigster dieser Schutzgeister galt die Bären-Fylgja, sie beschützte Helden und Könige.

vor dem Angesprochenen nicht gebraucht wurde. Germanen, Wogulen und Lappen nannten den Bären nicht beim Namen, sondern hießen ihn schlicht den „Braunen“ – das bedeutet das indogermanische „bhero“.
Zahlreich sind die Euphemismen, mit denen der Name des Bären umschrieben wurde: „Honigesser“ nennen ihn die Slawen, „Honighand“ die Finnen, für die Lappen ist der Bär der „kluge Vater“ oder der „heilige Mann“, für die Ungarn der „Alte“, für die Schweden der „Süßfuß“, für die Russen der „Haferfresser“ und für uns der „Braune“ – das bedeutete „Bär“ nämlich auch im Germanischen.
Für die Altvorderen war der Bär „tabu“ – der Umgang mit ihm, dem göttlichen Wesen, war genauen Regeln unterworfen. In den animistischen Zeiten war er selbst Gottheit, später Abgesandter oder Helfer der Götter, ein Wesen zwischen Gott und Mensch, auch Ahnengeist oder verhexter Mensch. Der Bär ist dem Menschen in vielem ähnlich, was liegt näher, als ihn als „Übermenschen“, als mystische Transformation des Menschen zu sehen?
Daß sich der Mensch seine Götter nach seinem Ebenbild erdenkt, liegt in seiner Natur. Bevor er sich tatsächlich menschliche Götter schuf, wählte er unter den Geschöpfen seiner Umwelt jene, denen er sich am ähnlichsten wähnte. In der tropischen und subtropischen Sphäre projiziert er seine Ängste und Wünsche in den Affen – der „Orang Utan“, der „Waldmensch“ Borneos und Sumatras, ist die Reinkarnation der Ahnen, die Affen des afrikanischen und südamerikanischen Kontinents sind all das, was der Mensch herbeisehnt und fürchtet: gute und böse Geister, Abkömmlinge und Stammväter von Göttern, Helden und Menschen, ungeborene Kinder und wiederauferstandene Verstorbene.

In der nördlichen Hemisphäre, wo es keine Primaten außer dem Homo sapiens gibt, nahm – als dem Menschen ähnlichstes Tier – der Bär die Stellung des Affen im Kosmos der menschlichen Vorstellung ein: der Bär geht – zumindest zeitweise – aufrecht auf den Hinterbeinen; dadurch kann er die Vorderbeine wie Arme gebrauchen, seine Geschicklichkeit mit den krallenbewehrten Tatzen reicht an die menschlicher Hände heran. Und seine Augen liegen nicht, wie bei den meisten Tieren, seitlich am Kopf, sondern er blickt, wie der Mensch, gerade nach vorne. Wenn wir uns dem Bären gegenübersehen, erblicken wir uns selbst – in wilder, ungeschlachter Gestalt.
Der Bär ist ein „wilder Mann“ – aber er ist auch ein „Über-Mensch“. Er ist groß, respektgebietend, bärenstark, wild und mutig – er ist so, wie wir alle gern sein möchten.
Doch nicht nur im Äußeren ähneln einander Menschen und Bären: über Jahrzehntausende teilten sie ihre Lebensgrundlagen. Sie bewohnten die selben Höhlen, sammelten die selben Früchte, Wurzeln und Samen, stellten den selben Beutetieren nach. Menschen und Bären waren Konkurrenten – und lange Zeit war es keineswegs sicher, daß der Mensch am Ende in diesem Kokurrenzkampf siegen würde. Es schien durchaus ratsam, einen ebenbürtigen Rivalen günstig zu stimmen, indem man ihm mit göttlichen Ehren begegnete.
Um der Angst vor dem fürchterlichen Bären Herr zu werden, machte man ihn zum Herrn – aus Angst wurde Ehrfurcht, aus Feindschaft Respekt. Mensch und Bär verbindet eine psychologische Symbiose: Der Bärengeist schützte seine Jünger nicht nur vor seinen realen Verkörperungen, sondern vor vielen Schrecken. Zum Dank wurde er bei der Jagd verschont, und wenn man ihn doch tötete, dann mit Zurückhaltung und der Bitte um Vergebung.

Lebensspender Bär

Der Bär wurde zum Naturgeist schlechthin, zum Wesen, in dem sich der Atem des Lebens verdichtet. „Da laufen die Kornbären!“ pflegten die Bauern in Schweden zu sagen, wenn der Wind durch die Kornfelder streicht. Daß auch bei uns der Bär einst Anteil hatte an den alten Fruchtbarkeitsriten, verrät nicht zuletzt die nach wie vor in den Bäckereien angebotene „Bärentatze“. Das süße Gebäck, das in seiner Form vage an eine Brante erinnert, ist dem Ursprung nach ein sogenanntes „Gebildbrot“, ein Fruchtbarkeitssymbol, das als Opfer an die Gottheit bestimmt war und das für reichen Erntesegen danken und ihn für die Zukunft herbeibitten soll.

Arkadien und die Bären

Arkadien, jener mythische Ort der Schäferspiele des Rokoko, bedeutet eigentlich „Bärenland“. Im griechischen Mythos wird Arkadien von Arkas beherrscht, dem illegitimen Sohn des Zeus, den dieser mit der Nymphe Kallisto zeugte. Hera erfuhr vom Seitensprung ihres Göttergatten, verwandelte Kallisto in eine Bärin. Artemis, die Göttin der Jagd, erkannte ihre Freundin in dieser Gestalt nicht wieder und tötete sie. Zeus setzte die Geliebte als Sternbild an den Himmel und errettete ihren Sohn. Später folgte dieser seiner Mutter als Kleiner Bär ans Firmament. Bezeichnenderweise heißt der „Himmelsbär“ im Lateinischen auch „ursa major“, also „Große Bärin“.

Übrigens: Das Sternbild der beiden Bären sollte die Begabung zur Tierbändigung verleihen.

Die Himmelsbären

Zweimal zieht Meister Petz im Jahreskreis über den Himmel – als Großer und als Kleiner Bär. Daß beide Sternbilder auch als Großer und Kleiner Wagen bezeichnet werden, führt die Wissenschaft darauf zurück, daß seßhafte, ackerbauende Völker am Himmel eben einen Wagen, Jägervölker dagegen einen Bären zu sehen meinten. Bemerkenswert ist, daß beide Himmelsbären einen langen Schwanz haben – es wird vermutet, daß für die Sternbilder der Höhlenbär Modell stand und dieser dürfte einen längeren Schwanz gehabt haben. Eine Sage der Algonkin-Indianer berichtet Folgendes: Der Bär flüchtete vor einem Jäger. Schließlich wurde er doch gestellt, und der Jäger traf ihn mit einem Pfeil mitten ins Herz. Rot floß das Blut und färbte die Blätter der Bäume rot, wie wir sie heute jeden Herbst sehen. Dann begann weißes Fett vom Körper der Bären zu fließen und wurde zum Schnee, den uns der Winter bringt.

Die Vorstellung, daß der Bär mit den lebensspendenden Kräften selbst in Verbindung stehe, wurde vor allem auch durch seinen zyklischen Lebensrhythmus genährt: der Bär erscheint im Frühling, streift im Sommer und im Herbst durch Wald und Flur und verschwindet zu Beginn des Winters auf geheimnisvolle Weise – um im Frühling erneut aufzutauchen. Der Gedanke, daß der Bär selbst die machtvolle Verkörperung jenes Geists sei, der die Lebensgeister der anderen Naturgeschöpfe weckt, ist verständlich.
Und umso naheliegender, was die Bärin betrifft: wenn sie ihr Winterlager verläßt, hat sie nicht nur die lebensfeindlichen Frosttage heil überstanden, sie hat sogar neues Leben

Der Bären-Mythos der Ainu

Für die Ureinwohner Japans, die ihre Kultur heute noch auf den Inseln Hokkaido und Sachalin in Rudimenten erhalten haben, war der Bär die mythische Zentralfigur ihres Götter- und Geisterglaubens. Er wurde in einem Opferfest getötet, um als Bote in den Himmel zur Bärengöttin aufsteigen zu können. Gegen Ende des Winters fingen die Jäger der Ainu ein Bärenjunges, das Tier wurde erst von einer Frau gestillt, dann in einem Käfig gehalten, um zwei bis drei Jahre mit Fleisch und Hirsebrei gemästet und so auf das Bärenfest vorbereitet zu werden. Dieses fand im frühen Herbst statt: schon am Tag davor bat man ihn für die bevorstehenden Ereignisse um Verzeihung, schließlich wurde der Bär mit Strikken aus dem Käfig gezogen, durchs Dorf geführt und dann an einem Pfahl festgebunden. Pfeilschüsse sollten das Tier in Wut bringen, zu guter Letzt wurde es mittels zweier an den Hals gelegten Stangen erdrosselt. Ein Mann schoß dem Bären einen Pfeil durchs Herz, dabei durfte aber kein Tropfen Blut vergossen werden, das hätte Unglück bedeutet. Schließlich baten die Ainu in Gebeten den Bären nochmals um Vergebung und luden ihn ein, wieder auf die Erde zu kommen, um erneut geopfert zu werden. Die Männer tranken dann vom Blut des Bären, sein Fleisch wurde gegessen, der Kopf rituell bestattet.

erzeugt – als eine ist sie im Herbst verschwunden, im Frühling kehrt sie mit ihren Jungen verdoppelt oder verdreifacht zurück.

Daß Bärenkrallen und Bärenfell im Schamanismus eine

bedeutende Rolle spielen, kann nicht verwundern: sie verwandeln ihren Träger, machen ihn dem Bärengeist ähnlich und ermöglichen so die Transzendenz von unserer profanen Welt in die Welt der höheren Mächte, die unser Leben leiten und bestimmen.
Die göttliche Natur des Bären hat sich bis in christliche Zeit erhalten. Bärenhöhlen, die heiligen Orte der Vorzeit, waren gegebenenfalls sogar Bauplatz für Sakralbauten: die heilige Richardis, Gemahlin Karls III., gründete bei Andlau im Elsaß ums Jahr 890 ein Kloster. Der Sage nach hat ihr ein Bär den Weg gewiesen, tatsächlich wurde die Klosterkapelle über einer Bärenhöhle errichtet, im Kloster selbst wurden lange Zeit Bären gehalten, und jeder Bärenführer, der die Abtei besuchte, wurde mit einem Brot und drei Gulden entlohnt.

Das Christentum und Meister Petz

In der christlichen Mythologie fungiert der Bär immer wieder als Werkzeug Gottes: im Buch der Könige wird berichtet, daß zwei Bärinnen die 42 Kinder Bethels zerreißen, als diese den greisen Propheten Elisäus verspotten. Später macht sich Meister Petz nützlich, indem er Verkündiger des Glaubens bei ihren Unternehmungen unterstützt: für den Bischof Florentius betätigt er sich als Schafhirte, Abt Kolumban gewährt er während einer Missionsreise Obdach in seiner Höhle, dem heiligen Humbert dient er als Lastenträger, für den heiligen Korbinian muß er ebenfalls Gepäck schleppen – als Strafe dafür, daß er zuvor dessen Lasttiere zerrissen hatte.
Die Heiligenlegenden zeigen bereits deutlich die christliche Wandlung im Bild vom Bären: die heidnische Gottheit

Wie der Bär seinen Schwanz verlor

Im mittelalterlichen „Reineke Fuchs"-Epos steht der Bär immer als der Dumme da. Erzählungen, in denen der Bär wegen seiner Gier und seiner Beschränktheit vom Fuchs betrogen wird, finden sich – leicht variiert – im Märchenschatz vieler Völker. Eine norwegische Fabel berichtet Folgendes:

Bär und Fuchs sind gemeinsam im Wald unterwegs, es ist Winter, und rundum herrscht eisiger Frost. Die beiden kommen an einen Teich, und der Fuchs fragt den Bären, ob er denn nicht Appetit auf Fische habe. Natürlich hat der Bär wie immer Hunger, und deshalb folgt er bereitwillig dem Rat des Fuchses, seinen – damals noch langen – Schwanz als Angel zu benutzen. Er hängt seinen Schwanz durch ein Loch im Eis ins Wasser und wartet darauf, daß die Fische beißen.

Die Zeit vergeht, bald ist das Loch zugefroren, und der Bär sitzt fest. Will er nicht selber verhungern und erfrieren, muß er sich mit Gewalt losreißen – das tut er schließlich unter Schmerzen, doch sein langer Schwanz bleibt zurück. Und seit dieser Zeit haben alle Bären einen Stummelschwanz.

Bär wurde zum Diener des neuen, wahren Glaubens, nicht nur die Heiden, sogar ihre Götter wurden durch Gottes Wort bekehrt.

Andere alte Gottheiten, der Ziegenbock-Gott Pan oder die katzenköpfige Basth, degradierte der Monotheismus des Christentums zu Dämonen der Finsternis, der Bär stürzte nie so tief. Trotzdem bekam auch er sein Fett ab und wurde immerhin zur Verkörperung von drei der sieben Todsünden.

Dirne-Metze-Petze

Die angebliche sexuelle Zügellosigkeit der Bärin hat auch sprachlich ihren Niederschlag gefunden. „Petze“ nannte man in früheren Zeiten eine Hure, und auch das vielleicht bekanntere Synonym „Metze“ hat einen bärigen Ursprung: in der Schweiz heißt der Bär noch heute „Mutz“.

Der heilige Gallus und der Bär

Um 550 in Irland geboren, reiste der heilige Gallus im Jahre 610 mit dem heiligen Kolumban nach Süddeutschland, um dort die Wahrheit Gottes zu verkünden. Dereinst sehnte er sich nach Einsamkeit, um Gott ungestört verherrlichen zu können. Er machte sich also ins Gebirge auf, um einen Ort für eine Einsiedelei zu suchen. Begleitet wurde er von Hiltibold, dem Diener eines Priesters. Als es Abend wurde, machten die beiden Rast. Sie entzündeten ein Feuer, nahmen ein einfaches Mahl zu sich und legten sich zur Ruhe. Um Mitternacht erhob sich Gallus, um zu beten. Da schlich sich ein mächtiger Bär heran und fraß die Reste des Abendmahls auf. Gallus befahl dem Bären, Holz für das Feuer herbeizutragen und sich dann nie wieder sehen zu lassen. Der Bär gehorchte und trollte sich. Hiltibold, der große Angst vor dem Untier ausgestanden hatte, fiel dem heiligen Gallus zu Füßen und rief aus: „Jetzt weiß ich wahrhaftig, daß der Herr mit dir ist!“ Gallus befahl ihm, über das Gesehene zu schweigen.

Der Völlerei wurde der Bär bezichtigt, weil er – vor allem im Herbst zur Erlangung der Winterfeiste von Bärenhunger getrieben – maßlos schien in seiner Freßgier.
Der Faulheit zieh man ihn, weil er die kalten Wintertage einfach verschlief.
Und Wollust sagte man vor allem dem Bärenweibchen nach.
„Der Bär ist auch ein unrein geil Thier,“ berichtet Konrad Gesner in seinem 1563 erschienenen „Thierbuch“, *„vorab das Weyblin. Dasselb reitzt stätigs tags und nachts das Männlin an zu der Minne. Und derweil kein Wild sein Froulin mehr besteygt, wenn es tragend wird, so befleyßt sich die Bärin, wenn sie vermerckt, daß sie geladen, die Frucht umzubringen im Leyb und von ihr zu werffen, damit sie wieder mit ihrem Männlin ihres Mutwillens pflegen möge.“* Man unterstellte der Bärin also nicht nur übersteigerten sexuellen Appetit, sondern beschuldigte sie sogar, ihre Leibesfrucht vorsätzlich abzutöten, um weiter ihrer Zügellosigkeit frönen zu können.
Noch im 16. Jahrhundert präsentierte der Bildhauer Viril Solis in seinen Ornamenten Bär und Affe gleichermaßen als Symbol unreiner Liebe – und zeigt damit einmal mehr die Gleichwertigkeit der Rolle beider in unserer Vorstellungswelt.
Doch nicht nur als lüstern, gierig und faul galt der Bär, er galt vor allem als – dumm. Im populären „Reineke Fuchs“-Fabelzyklus des Mittelalters spielt der Bär eine höchst jämmerliche Rolle: als *"tumber, gefräßiger Tölpel“* ist er den Ränken Reinekes hilflos ausgeliefert.
Positive Assoziationen weckte bei den Scholastikern allerdings die Mutterliebe der Bärin. Vor allem von der – irrigen – Vorstellung, daß die Bärin nur ein ungeschlachtes Stück Fleisch gebären und dieses erst durch Lecken in

Bärenform bringen würde, ließen sich die gelehrten Exegeten des Glaubens inspirieren: wie das Bärenjunge von seiner Mutter, so würde die Seele des Menschen von der Kirche geformt. Im Sinnbild der liebevoll allumfassenden und allumsorgenden Mutter Kirche erlebt der uralte Mythos der Bärin als Muttergottheit eine – wenn auch nur symbolische – Renaissance.

Die Bären-Apotheke

„Wirt er verwundet, sucht er Kräuter, die trocknender Kraft sind und heilet sich damit!" berichtet Gesner vom Bären, und tatsächlich bestand seit Aristoteles der verbreitete Glaube, der Bär wäre der Heilkunst kundig. Gesner berichtet sogar von einem geheimnisvollen Zauberkraut, mit dessen Hilfe sich der Bär in den Winterschlaf versetzen würde: ein Senner auf einer Schweizer Alm hätte einen Bären beim Verzehr des Kräutleins beobachtet und es ihm gleichgetan. Er wäre gleich am Wegesrand eingeschlafen und erst im Frühling wieder erwacht – unversehrt trotz Eis und Schnee. *„Ob das ein Ammenmärchen ist, weiß ich nicht,"* bekennt er. *„Aber es ist die gemein Sag."*
Tatsächlich tragen zahlreiche Pflanzen des Bären Namen, und auch wenn keine Wunderdroge dabei ist, so haben doch viele von ihnen nachweislich heilende Kräfte.
Daß Tiere Pflanzen zu Heilzwecken nutzen, ist keine Seltenheit. „Zoopharmakognosie" nennt sich die Wissenschaft, die die Tricks der Kräuterkenner mit vier Beinen erforscht. Bei Bären wurde nicht nur beobachtet, daß sie bestimmte Pflanzenarten fressen, amerikanische Braun-, Schwarz- und Eisbären wurden sogar dabei beobachtet, wie sie Ligustricum-Wurzeln aus dem Boden gruben, diese

Mit der Heilkraft des Bären

Zahlreiche Pflanzen tragen den Namen des Bären.
Der Bärlauch heißt auch im botanischen Fachjargon Allium ursinum, also eigentlich „Bären-Zwiebel“, die Pflanze wird wegen ihres Geruchs auch „Wilder Knoblauch“ genannt. Der Bärlauch erscheint im März in schattigen und humusreichen Laubwäldern, er nützt das Sonnenlicht, das zu dieser Zeit noch ungehindert durch die kahlen Baumkronen dringt. Im Juni, wenn die Bäume wieder dichte Blätterkronen tragen, sterben die Bärlauchpflanzen ab. Der Bärlauch wird zu Salaten, Gemüse und Saucen verabreicht, er ist vitaminreich und wirkt blutreinigend und entgiftend.
Der Bärenklau wächst auf Wiesen, an Weg- und Waldrändern und ist eine prächtige Erscheinung. Weil er so große Blätter entwickelt, ist er auch als Zierpflanze beliebt. Er riecht streng und wehrt sich gegen Berührung mit leichten Hautreizungen. Die jungen Blätter werden in Salzwasser gekocht und schmecken als Salat oder Gemüse.
Die Bärentraube ist ein kleiner Strauch mit ledrigen Blättern und kleinen, roten Beeren, die Trauben bilden und säuerlich herb, ähnlich der Preiselbeeere, schmekken. Sie wächst bis in 2.500 Meter Höhe, ist aber heute selten geworden. Ihre Blätter werden, als Tee aufgekocht, bei Blasenkankheiten verwendet, weil sie desinfiziernd auf die Harnwege wirken.

zerkauten und sich den Brei dann ins Fell rieben. Manche Tiere trugen die Paste auch auf Felsen und Baumstämme auf und rieben sich anschließend an diesen. Die genaue Wirkung solcher Hauteinreibungen ist bis heute nicht be-

kannt. Tatsache ist aber, daß die Wurzel bei nordamerikanischen Indianerstämmen neben zahlreichen anderen Verwendungszwecken auch zur Behandlung von Hautkrankheiten gebraucht wird – möglicherweise hat sich auch in diesem Fall der Mensch von tierischem Verhalten inspirieren lassen.
Doch selbstverständlich beschränkte man sich seit jeher nicht darauf, sich des Bären Heilkräuterwissen bloß abzuschauen – das mächtige Tier selbst wurde in vielfältiger Weise zum Hilfsmittel pharmazeutischer Kunst.
Die Liste der vom Bären gewonnenen Medikamente ist schier unendlich:
Schon der griechische Arzt Galen empfahl Bärenfett als Haarwuchsmittel, mit der Asche eines Rabens vermischt soll Bärenschmalz alle Arten von Geschwülsten heilen, mit einer Feder aufgetragen, hilft dieselbige wiederum gegen den Krebs. Das rechte Augen des Bären, ausgestochen und getrocknet, beschützt Kinder vor Angstträumen, bei Erwachsenen hilft selbiges gegen Fieber.
Arznei vom Bären vertreibt kleine Wehwehchen wie etwa schweißige Hände – dagegen hilft, einen lebenden Bären zu streicheln – und schwerste Gebresten – der Genuß von Bärenhoden soll die Epilepsie heilen. Ein Töpfchen Bärenblut unter'm Bett verscheucht die Flöhe, und wenn einer vom tollwütigen Hund gebissen wurde, wickle man ihn am besten in eine Bärenhaut – er wird auf der Stelle gesund.

Die Bärentatze – eines Gottes Hand

Besondere Kräfte sagte man den Bärentatzen nach: da man sich nicht erklären konnte, wovon sich der Bär während seiner Winterruhe ernährt, entstand die Vorstel-

lung, er würde aus seinen Tatzen Fett oder Milch saugen und so gewissermaßen von der eigenen Substanz zehren. Der Glaube mag auf die Beobachtung zurückzuführen sein, daß Bären in ihrer Schlafhöhle und nach dem Erwachen aus dem Winterschlaf ihre Tatzen tatsächlich vermehrt belecken: sie nehmen dadurch aber keineswegs irgendeine Art von Nahrung auf, sondern pflegen nur ihre Fußsohlen, die sich während der Winterruhe häuten, und kürzen mit den Zähnen die während der Ruhezeit aus Mangel an Abnutzung überlang gewachsenen Krallen.
Der Glaube, der Bär könnte sich durch das Besaugen seiner Vorder- und Hinterfüße ernähren, wurde so sehr für bare Münze genommen, daß der Schweizer Gelehrte Gesner sogar meint, der Bär würde sich erst dadurch seinen Winterspeck anfressen. Er berichtet von der Winterruhe der Bären, daß sie während dieser an den Tatzen saugen würden und erzählt weiter: *„Anderer Speyß versuchen sie nimmer bis sie aufstehen. ... Sie werden zu dieser Zeit so feist, daß sie sich hart zu wenden und umzudrehen vermögen."*
Die Redewendung „sich etwas aus den Fingern saugen" erinnert noch heute an den Aberglauben des sich durch die eigenen Tatzen ernährenden Bären.
Der Glaube, daß den Bärentatzen geheimnisvolle Kräfte innewohnen, mag dazu beigetragen haben, daß ihr Genuß dem Adel vorbehalten blieb. *„Ihre Tatzen werden vor die große Herren zugerichtet, was vor Rarität drinnen, kann ich nicht wissen,"* berichtet Johann Täntzer 1682 in seinen „Jagdgeheimnissen".
Wahrscheinlich ist, daß im Kult um die Bärentatze die uralte Vorstellung weiterlebt, daß man sich durch das Zu-sich-Nehmen einer Speise die Macht einverleiben könnte, die demjenigen Geschöpf innewohnt, von welchem die Speise stammt. Wer die so menschenähnlichen Tatzen des Bären

Im Schamanismus spielt der Bär eine bedeutende Rolle: seine übersinnliche Kraft soll dem Zauberer Macht verleihen.

Der Bär als Hampelmann. Und vor der russischen Holzschnitzerei wächst „bäriges" Grün. Bärlauch ist nur eines der Gewächse, bekannt aus der Volksheilkunde, das „Meister Petz" im Namen führt.

Nur wenn Bärzeit ist, suchen die notorischen Einzelgänger ihresgleichen. In früheren Zeiten glaubte man, Bär und Bärin würden wie ein menschliches Liebespaar von Angesicht zu Angesicht verkehren, doch auch Bären paaren sich wie alle Tiere in der „Hundestellung". Zwischen die Beine des Weibchens kommt der männliche Bär höchstens beim spielerischen Balgen vor dem Akt zu liegen.

Bären reiben sich gerne an Bäumen, mit Zähnen und Klauen wird der Stamm bearbeitet. Aus solchen Markierungen können wir auch auf ihre Anwesenheit schließen.

Leichtgewichtigere Bärenarten wie der amerikanische Schwarzbär erklettern zur Nahrungssuche und auf der Flucht auch immer wieder Bäume. Erwachsene Braunbären gehen dagegen kaum je „in die Luft“. Jungtiere klettern gerne und mit großer Geschicklichkeit auf Bäume, manchmal auch um sich in Sicherheit zu bringen, ältere Bären-Semester sind dafür meist zu schwer.

Auf der sibirischen Halbinsel Kamtschatka und dem kanadischen Kodiak Island bilden Lachse eine der Hauptnahrungsquellen des Braunbären: auf Grund des überreichen Fischangebots werden die Tiere dort besonders groß und schwer. Wenn er Gelegenheit dazu hat, schätzt aber auch der ganz und gar nicht wasserscheue europäische Braunbär eine Fischmahlzeit.

Bär aufrecht sitzend im Schnee. Um einen besseren Überblick zu haben, stellt er sich auch ganz auf die Hinterbeine.

Bärenfleisch – übernatürlich und gefährlich

Auf seine Natur als Totemtier weisen auch Vorstellungen hin, die sich um das Fleisch des Bären ranken.
So soll es beim Braten und Kochen nicht etwa wie anderes Fleisch schrumpfen, sondern im Gegenteil wachsen: *„Und was noch wunderwürdiger,“* schreibt Konrad Gesner, *„daß alles Bärenfleisch, ob es gleych kochet ... stätigst mehr wird und wächst.“*
Doch nicht alles vom Bären ist zuträglich. *„Des Bären Hirn,“* berichtet derselbe Autor, *„sagen die Hispanier, sei giftig und man treibt Zauberey damit. Dasselb zu Aschen gebrannt und zu trinken gegeben, macht grimmig und wild.“* Als „ganz normale“ Speise stand Bärenfleisch noch vor wenigen Jahrzehnten auch bei uns auf dem Speisezettel. Mathilde Erhardt empfiehlt in ihrem berühmten Kochbuch von 1904 folgendes Rezept für Bärentatzen: „Man wäscht die Tatzen sauber und übergießt sie mit kochendem Essig, den man vorher mit Würzkräutern aufgekocht hat. In dieser Marinade müssen die Tatzen drei Tage liegen. Hierauf tut man sie mit Speckscheiben und zerschnittenen Suppenwurzeln in eine Kasserolle, gießt ein wenig von der Marinade dazu und läßt sie vier bis fünf Stunden ganz langsam weich dünsten. Dann nimmt man sie heraus, schneidet sie in mehrere Stücke, paniert sie mit Butter und geriebener Semmel, und bratet sie auf dem Rost. Man serviert sie mit Remouladensauce oder irgend einer anderen pikanten Sauce.“

ißt, eignet sich nicht nur die Kraft eines ehrfurchtgebietenden Tieres an, sondern hat auch an jenen übersinnlichen Mächten teil, die den Bären zum „Über-Menschen“ machen.

Möglicherweise steckt in dem alten Aberglauben, der Bär würde sich im Winterlager durch das Besaugen seiner Tatzen ernähren, aber doch ein Quentchen Wahrheit: bei amerikanischen Schwarzbären wurde beobachtet, daß sie ihre sich während der Winterruhe häutenden Sohlen nicht nur belecken, sondern die sich lösenden Hautstücke auch tatsächlich auffressen.

Der Bär bei den Kelten

Der sagenhafte keltische König Artus heißt eigentlich „Bär“ – denn „Art“ ist die altirische Bezeichnung für Meister Petz. Nicht nur in vorchristlicher Zeit standen die Kelten oder Gallier mit dem Bären auf gutem Fuß: für St. Gallus betätigt sich ein Bär sogar als Holzknecht und schleppt Baumstämme für den Bau einer Kirche herbei.
Doch die Beziehung der keltischen Völker zum Bären reicht noch viel weiter zurück: eine der wichtigsten keltischen Göttinnen heißt „Artio“, und eine Bronze aus dem zweiten vorchristlichen Jahrhundert zeigt ebendiese Artio, wie sie einen großen Bären – möglicherweise auch eine Bärin – mit Früchten und Getreideähren füttert.
Für die Kelten war die Bärin Symbol für Mutterliebe, die Muttergöttin Artio die Schutzherrin der unbestellten, bewaldeten Erde. Auch Frauen mit der Bitte um Fruchtbarkeit wandten sich an sie, und sie fungierte auch als Schutzgeist der werdenden und stillenden Mütter.
Bei archäologischen Ausgrabungen wurden im gesamten Siedlungsbereich der Kelten Bärenzähne und Schmuck in Bärenform gefunden, in Nordengland dienten kleine Bärenstatuen aus Jett als Grabbeigaben. Wahrscheinlich sollten sie das Weiterleben in der „Anderswelt“ symbolisieren.

Bittere Galle

In der fernöstlichen Medizin gilt Bärengalle als Wundermittel – für die Bären der Welt hat dieser Aberglaube katastrophale Auswirkungen.

Schon in der Antike galt Bärengalle als Heilmittel für mannigfaltige Gebresten, im Fernen Osten wird sie auch heute noch als Medikament geschätzt: rund drei Milliarden Menschen kurieren in und um China ihre Krankkraft mit Medikamenten der traditionellen Chinesischen Medizin – Bärengalle wird eine besonders effiziente Heilwirkung bei verschiedenartigsten Krankheitsbildern zugeschrieben: der Gallensaft und die pulverisierte Gallenblase werden zu einer Vielzahl von Heilmitteln verarbeitet, die bei schwersten Leiden wie Krebs, Herz-, Blut- und Lungenerkrankungen, aber auch bei Knochenbrüchen, Hautkrankheiten, Diabetes und Fieber helfen sollen. Aber auch gegen „kleinere Übel" wie Hämorrhoiden oder den Kater nach übermäßigem Alkoholgenuß wird Bärengalle eingesetzt.

In der Volksrepublik China produzieren sieben Fabriken 56 Medikamente aus Bärengalle, in Japan werden Gallenmittel in 42 pharmazeutischen Konzernen erzeugt, in Korea bieten Tausende Kliniken Behandlungen mit Bärengalle.

Die getrocknete Galle wird in Alkohol aufgelöst, mit Wein vermengt, in Kapseln gefüllt, in Tablettenform gepreßt oder pur eingenommen und auch äußerlich angewendet.

Die Nachfrage nach diesen angeblichen Wundermitteln ist so groß, daß für eine einzige Bären-Gallenblase mitunter astronomische Preise bezahlt werden. War in China 1972 eine Bären-Gallenblase, die ungefähr daumengroß ist und in getrocknetem Zustand zwischen 50 und 150 Gramm wiegt, noch um rund 200 Dollar erhältlich, kosten dort heute sogar

„billige“ Exemplare mindestens 3.500 Dollar. In Singapur, Thailand und Taiwan sind die Preise niedriger, allerdings vermuten Experten, daß „billige“ Gallenblasen nicht von Bären, sondern zum Beispiel von Schweinen stammen.
Der „Wert“ der Gallenblase hängt unter anderem von der Bärenart, von der sie stammt, und von der Farbe des Gallensafts ab: Kragenbären gelten als Lieferanten besonders wertvoller Galle. Darüberhinaus sind Blasen von „wilden“ Bären „besser“ als solche von Bären, die in Gefangenschaft lebten. Wie die amerikanischen Bärenexperten Christopher Servheen und Judy Mills für ihre Studie „Der Handel mit Bären und Bären-Teilen in Asien“ recherchierten, kam eine besonders „gute“ Blase bei einer Auktion sogar für 64.000 Dollar unter den Hammer.
Wie bei vielen Elementen des Volksglaubens liegt auch der Vorstellung von Bärengalle als einem universellen Heilmittel ein wahrer Kern zugrunde: chemische Analysen zeigten, daß Bärengalle eine organische Säure enthält, die imstande ist, beim Menschen Gallensteine aufzulösen. Heute kann dieser Wirkstoff synthetisch hergestellt werden, in den USA ist er unter dem Namen „Actigall“ auf dem Markt, in Japan unter „Urso“. In der Chinesischen Medizin gibt es Medikamente pflanzlichen Ursprungs, die die gleiche Wirkung wie Bärengalle haben. Dennoch steigt der Bedarf an Produkten aus Bärengalle ständig weiter an – was bereits weltweite Auswirkungen auf die Bärenbestände hat.
Allein zwischen 1978 und 1988 exportierte Indien 17.000 Gallenblasen von Lippenbären – heute wird die indische Gesamtpopulation auf nur noch zehntausend Tiere geschätzt. 1989 importierte Japan 703 Kilogramm Bärengallenblasen, Hauptlieferant war China – im Klartext bedeutet das den Tod von mindestens 7.000 Bären. Laut WSPA

Business mit Bären

Nicht nur Bärengalle verkauft sich im Fernen Osten gut, auch was nach der Entfernung der Gallenblase vom Bären noch übrig ist, läßt sich gewinnbringend vermarkten.
Bärentatzen gelten als „Jungbrunnen", der Genuß soll Krankheiten vorbeugen und generell kräftigen. Mills und Servheen berichten, daß bei den Olympischen Spielen von 1988 dreißig(!) Bären illegal aus Thailand nach Süd-Korea geliefert wurden, Fleisch und Galle der Tiere sollten den koreanischen Athleten besondere Fitness verleihen. In Japan wird Bärenfleisch in Dosen als Souvenir verkauft – aber auch als Hundefutter.
Besonders begehrt sind Bärentatzen – in Japan kostet eine Portion Tatze zwischen vier- und achthundert Dollar pro Person, Koreaner reisen für's Bärentatzen-Dinner eigens nach Thailand, wo Tatzensuppe um rund 400 Dollar serviert wird.
Doch nicht nur die Tatzen, auch der übrige Bär wird gern verspeist. Und damit sich die Gäste mit Bärenhunger auch sicher sein können, daß die offerierten Spezialitäten auch wirklich vom Bären stammen, wird ihnen – etwa in Bangkok – ihr Festessen gegebenenfalls sogar noch lebend präsentiert. Und – nachdem der Handel perfekt gemacht wurde – auch gleich vor ihren Augen erschlagen.

verkaufte ein einziger Händler 100 Kilogramm Gallenblasen von zirka 1.000 getöteten Bären.
„Der Handel mit asiatischen Bären und ihren Organen bedeutet eine zumindest ebenso große, wenn nicht sogar größere Bedrohung für sie wie die Zerstörung ihres Le-

bensraumes!“ warnt Christopher Servheen von der UICN-Bear Specialist Group. Und längst sind nicht mehr nur asiatische Bären gefährdet: gerade in letzter Zeit entdecken die Gallenblasenhändler die Bären Amerikas als Lieferanten für ihre Wunderdroge. Bei nordamerikanischen Schwarzbären hat die Wilderei massiv zugenommen: obwohl rund 40.000 Schwarzbären in den USA und Kanada pro Jahr legal geschossen werden dürfen, fallen jährlich geschätzte 20.000 weitere Gallenblasen-Jägern zum Opfer. Zahlreiche Bärenkadaver wurden aufgefunden, bei denen nur die Gallenblase entfernt worden war.

Koreanische und chinesische Händler versuchen mittlerweile, auch in Südamerika fündig zu werden: sie bieten 150 Dollar pro Brillenbär-Gallenblase, ein Vermögen für einen Landarbeiter in Ecuador, eine Bagatelle im Vergleich mit dem Wert auf dem Schwarzmarkt.

Wobei Bären-Gallenblasen, deren freier Handel durch internationale Gesetze eigentlich untersagt ist, häufig auch ganz legal im- und exportiert werden: für die Kontrollorgane der Behörden ist es meist nicht einfach festzustellen, ob sie Bärenorgane oder etwa Gallenblasen von Schweinen vor sich haben. Um wirksame Kontrollen zu ermöglichen, hat die WSPA ein Test-Set für Zollbeamte entwikkelt, das auch chemisch nicht Vorgebildeten die Identifizierung ermöglicht.

Doch nicht nur wildlebende Bären fallen dem Gallenblasenhandel zu Opfer – besonders tragisch ist das Schicksal der Insassen von sogenannten „Bärenfarmen“ in China, Korea und Japan.

Allein in China gibt es dreißig registrierte Farmen, die jede an die hundert Bären zur Gallensaftgewinnung halten, daneben gibt es unzählige kleinere Farmen, im ländlichen

Raum werden einzelne Bären auch in Hinterhöfen gehalten – insgesamt wird die Zahl von chinesischen Farm-Bären auf zehn- bis zwanzigtausend geschätzt. In Korea werden in hundert Farmen rund tausend Bären gehalten, und auch in Japan gibt es diesbezüglich Pilotprojekte.
Zum Teil stammen die Bären aus der freien Wildbahn, zum Teil sind sie Nachzuchten von Tieren in Gefangenschaft. Die Bären werden als Jungtiere in kleinen Käfigen untergebracht, wenn sie heranwachsen, können sie sich darin kaum mehr bewegen. Schmerzhafte Mißbildungen des Skeletts und Muskelschwund sind die Folge. Im Alter von drei Jahren – möglicherweise auch schon früher – werden die Gallenblasen der Bären angezapft: ihre Bauchdecke wird durchbohrt und ein Dauerkatheter gesetzt, durch den die Gallenflüssigkeit einmal täglich abgesaugt wird. Häufig entzündet sich das Gewebe um den künstlichen Ausgang, doch den Bären bereitet nicht nur das Schmerzen: schließlich brauchen sie ihren Gallensaft, um Nahrung zu verdauen, der Gallenmangel führt zu einer Reihe von organischen Störungen.
Jahrelang vegetieren die Tiere in diesen „Bären-Batterien“, ohne Bewegung, im eigenen Schmutz, in unvorstellbarer Qual, bis sie zugrunde gehen oder geschlachtet und Fleisch, Fell, Tatzen, Fett und natürlich auch die kostbare Gallenblase der endgültigen „Verwertung“ zugeführt werden.
Manche Bärenfarmen fungieren auch als Vergnügungparks: Chinas größte Bärenfarm wird jährlich von 30.000 Besuchern frequentiert, die nicht nur Bärengallenwein und Bärengallenessenzen kaufen, sondern sich auch damit amüsieren können, die Bären mit an Angelruten befestigten Ananasstückchen zu necken.
Von chinesischer Seite wird ins Treffen geführt, daß die Farmhaltung von Bären die Wildbestände schonen würde.

Die unvorstellbaren Qualen, die die Bären in den Farmen erdulden müssen, spielen bei solchen Überlegungen allerdings keinerlei Rolle. Außerdem wird der Umstand ignoriert, daß ja gerade für die Farmhaltung immer wieder Bären aus der Natur entnommen werden.

„Die einzige Möglichkeit, wildlebende Bären zu schützen und die qualvolle Farmhaltung zu stoppen, besteht darin, die Nachfrage nach Bärengalle zu unterbinden," erklärt Victor Watkins, Leiter der „Libearty"-Kampagne der WSPA, „Es ist ja gar nicht so, daß die traditionelle chinesische Medizin auf der Verwendung von Bärengalle besteht, die Ärzte verfügen über gute und viel billigere pflanzliche Alternativprodukte. Gallenprodukte sind vielmehr ein Bombengeschäft für die Apotheken. Man muß die Menschen aufklären und ihnen sagen, daß Bärengalle kein Wundermittel ist und daß sie ihr Geld für einen Aberglauben hinauswerfen."

Internationale Bestrebungen sind im Gange, der Farmhaltung von Bären ein Ende zu bereiten, doch die Widerstände in den Erzeuger- und Konsumentenländern sind groß. Ob es jemals gelingt, die Millionen Wundergläubigen im Fernen Osten zu überzeugen, daß ihre Gesundheitsprobleme auch ohne Bärengalle heilbar sind, ist fraglich. Bis dahin werden weiter Tausende Bären in Farmen unvorstellbarem Leid ausgesetzt sein und wildlebende Bären von Wilderern erbarmunglos gejagt werden. Bärenexperten meinen, es sei nur mehr eine Frage der Zeit, bis der Gallenblasenhandel auch die europäischen Bärenbestände gefährden wird: so könnte etwa die wirtschaftliche Notlage in den Ländern des ehemaligen Ostblocks durchaus dazu beitragen, daß auch dort bald Bären sterben werden, weil Apotheker in Fernost das große Geschäft machen wollen.

VERWUNSCHENE PRINZEN UND ANDERE BÄREN - DER MENSCH ALS BÄR

Ein „Berserker" – das ist für uns ein Tobender, der brutal um sich schlägt, sich seinen Weg bahnt ohne Rücksicht auf Verluste. Für die alten nordischen Völker war der „Berserker" dagegen eine mythische und mystische Gestalt. Sie glaubten, daß, wenn ein Held sich in Ekstase vesetzte, seine Seele den Körper verlassen und als Bär umhergehen könnte. Die bärgestaltige Transformation des Kämpfers war unbesiegbar – wenn dieser erwachte, verschwand der Bär.

Der sagenhafte altisländische König Hrolf wird von zwölf solchen Berserkern beschützt, sein Leibrecke Bödwar Bjarki heißt sogar explizit „Bärchen".

Später schlug die Bedeutung des Begriffs ins Negative um, wurde eins mit dem Begriff des „Werbären" – dieses heute vergessene Äquivalent zum „Werwolf" bezeichnete einen Mann, der zeitweilig Bärengestalt annimmt und dann, von übernatürlicher Wut gereizt, Mensch und Tier anfällt. Doch während der Werwolf bei Vollmond umherstreift, rast der Werbär nur bei hellem Sonnenlicht.

Der Begriff „Berserker" selbst bedeutet eigentlich „Bärenhäuter", „Ber" steht altnordisch für „Bär", „serk" bedeutet „Kleid". Wir verstehen unter einem „Bärenhäuter" heute das genaue Gegenteil eines Berserkers, keinen „wilden Mann", sondern einen, der „auf der faulen Haut liegt". Diese Bedeutung des Begriffs stammt aus der Soldatensprache des 16. Jahrhunderts, aber auch sie hat bereits eine

Von der Bärin gesäugt

Romulus und Remus, die sagenhaften Gründer Roms, wurden von einer Wölfin gesäugt. Auch Bärinnen haben sich als Nährmütter von Berühmtheiten nützlich gemacht: die beiden Ammen von Göttervater Zeus selbst sollen in Bärinnen verwandelt worden sein, und auch Paris, der die schöne Helena entführte und damit den Trojanischen Krieg heraufbeschwor, war von einer Bärin gesäugt worden. Ebenso wie die berühmte Jägerin Atalante, die von ihren Eltern ausgesetzt worden war.

lange Tradition. Schon Tacitus rügte jene Legionäre, die statt zu kämpfen, faul auf der Bärenhaut liegen würden.
Die Vorstellung, daß unter dem zottigen Pelz des Bären ein Mensch verborgen sein könnte, findet sich bei allen Völkern und Kulturen, die mit dem Bären konfrontiert waren. Der Grund dafür liegt in der Anatomie des Bären begründet: abgehäutet gleicht der Körper des Tiers in vielem dem des Menschen. Bei den Esten vergleicht man den Bären sogar mit einem jungen Mädchen: vor allem Brust, Hüften und Beinen bescheinigte man frappantes „Gleichmaß".
Besonders menschenähnlich macht den Bären natürlich sein aufrechter Gang – und vor allem die anatomische Besonderheit, daß er anders als die anderen Tiere nicht bloß mit Zehen oder Zehenspitzen, sondern – wie der Mensch – mit der ganzen Fußsohle auftritt. *„Ein Bähr und eine Bährin spüren sich wie ein großer Mensch, der mit bloßen Beinen gegangen hat,"* stellt Johann Täntzer 1682 in seinen „Jagdgeheimnissen" fest.
Angesichts der kulinarischen Spezialität „Bärentatzen" ließ zwei Jahrhunderte später der Gedanke an Kannibalis-

mus den aufgeklärten Bildungsbürger Brehm erschauern. Er schreibt in seinem „Tierleben" über gebratene Tatzen, man müsse *„sich erst an ihren Anblick gewöhnen, weil sie abgehärt einem großen Menschenfuße in widerlicher Weise ähneln."*

Welche Art von Mensch im Bären steckt, darüber scheiden sich die Geister: die slawischen und asiatischen Völker vermuten unter der zottigen Bärenhaut eher eine Frau, die europäischen eher einen Mann, der sich ins brummige Untier verwandelt hat. Die Verzauberten haben sich ihren Bären-Pelz meist verdient, indem sie einem höherem Wesen den nötigen Respekt verweigert hatten.

Manchmal kommt der Mensch aber auch ganz unschuldig in die Bärenhaut: im von den Brüdern Grimm aufgezeichneten Märchen „Schneeweißchen und Rosenrot" wird der Prinz von einem habgierigen Zwerg in einen Bären verwandelt.

Im Märchen vom Bärenhäuter nimmt ein Mann aus eigenem Willen den Bärenpelz auf sich: sieben Jahre soll er sich nicht waschen, sich weder Bart noch Haare kämmen, die Nägel nicht schneiden und niemals das Bärenfell ablegen. Gelingt ihm das, ist er reich und ein gemachter Mann – gelingt es nicht, ist seine Seele des Teufels.

Zur Strafe ein Bär

Zahlreich sind die Märchen und Sagen, in denen ein Mensch in einen Bären verwandelt wird, weil er sich gegen Gott oder die Seinen versündigt hat. So erzählt man in Rußand: In alten Zeiten wanderten der heilige Petrus und der heilige Paulus durchs Land. Es traf sich, daß sie in der Nähe einer Brücke ein Dorf durchqueren mußten. Eine

böse Frau und ihr Ehemann kamen überein, die heiligen Wanderer zu erschrecken. Sie zogen sich umgekehrte Pelze an, versteckten sich an einer einsamen Stelle, und als die Apostel eben die Brücke verlassen wollten, sprangen sie ihnen entgegen und stimmten ein lautes Gebrüll an. Da sprachen der heilige Petrus und der heilige Paulus: „Von nun an sollt ihr brüllen in alle Ewigkeit!“ In diesem Augenblick wurden beide zu Bären. Daß der Bär früher ein Mensch war, sagen die Bauern, erkennt man daran, daß er jetzt noch Wasser trinkt, Brot ißt, auf den Hinterpfoten geht, tanzt und keinen Schwanz besitzt.
Ein anderes russisches Märchen berichtet, daß sich eine Frau an Gott für die Vertreibung aus dem Paradies rächen wollte. Sie beschloß, den Herrn durch lautes Gebrüll zu erschrecken, damit er nicht mehr auf Erden herumwandle. Doch Gott erschrak nicht, sondern verfluchte das Weib: “Mögest du für alle Zeit eine Bärin bleiben!“ So geschah es. Und weil die Bärin von einer Frau abstammt, hat sie die Zitzen an der Brust und nicht am Bauch wie die anderen Tiere.
Die Bulgaren wiederum erzählen, daß einst ein Prophet einen Priester vor der kommenden Sintflut gewarnt und ihm geraten habe, die Stadt mit seiner Frau und seinen Töchtern zu verlassen. Doch sie dürften sich keinesfalls umsehen. Die Frauen konnten ihre Neugier aber nicht bezähmen – zur Strafe wurden sie in einen Bären, einen Affen und eine Nachtigall verwandelt. Und darum gleichen diese Tiere dem Menschen, weil sie menschlichen Ursprungs sind.

Ein Bär von einem Mann

Die Vorstellung, daß Menschen zur Strafe in Bären verwandelt werden, ist verbreitet. Doch das Bärendasein bietet nicht nur Nachteile – zumindest was das sexuelle Imgage von Meister Petz betrifft. Erzählungen von Bären, die Frauen nachstellen und von diesen auch immer wieder erhört werden, finden sich in allen Bärenländern.
Daß man den Bären nachsagt, mitunter die „besseren Männer" zu sein, hat tiefere Gründe: Schließlich glaubte man seit der Antike, daß Bär und Bärin wie die Menschen von Angesicht zu Angesicht miteinander verkehren. Die vermeintliche Beobachtung, daß die beiden einander in „Missionarsstellung" beiwohnen, hat natürlich die Phantasie beschäftigt – und beruht doch auf einem Irrglauben.

Der Bär als „halber Mensch" – der Mensch als „halber Bär"

Für die Ainu, die Ureinwohner Japans, ist der Bär ein Bastard zweier Welten: sie glauben, der große Braune wäre aus der Verbindung der Bärengöttin mit einem Menschenmann hervorgegangen.
Die kalifornischen Shasta-Indianer wiederum meinen, aus der Verbindung von Gott und Bär wäre der Mensch entstanden: zu der Zeit, als die Bären noch mit Keulen jagten, hätte die Tochter des großen Geistes einen Bären zum Mann genommen und daraufhin den Menschen geboren. Zur Strafe hätte der Große Geist die Bären verflucht: seither können sie keine Worte mehr sprechen, müssen auf den Händen gehen und immer auf die Erde blicken.

Natürlich kann es durchaus sein, daß bei den verliebten Balgereien vor der eigentlichen Paarung das Bärenmännchen zwischen die kurzen Beine seines Weibchens zu liegen kommt – doch wer daraus schließen wollte, daß in dieser Stellung die Vereinigung erfolgt, den trügt der Schein. Bären tun „es" – wie die anderen Tiere auch – „a tergo".
Die äußeren Geschlechtsorgane des männlichen Bären sind – verglichen mit denen anderer Säuger – eher klein und unscheinbar. Der Bär besitzt anders als der Bock oder der Hahn auch keinen Harem. Trotzdem galt er immer als Symbol auch für sexuelle Kraft – vielleicht weil er – als eines der wenigen Tiere – einen Knochen im Penis besitzt. Appetit auf Menschenfrauen sagt man dem Bären seit jeher nach. So erzählte man sich bei den Haida-Indianern in British Columbia Folgendes: „Vor gar nicht langer Zeit, wie uns die Alten berichten, waren die Bären wie wir, nur nicht ganz so tüchtig. Sie sprachen, gingen aufrecht und benützten ihre Tatzen wie Hände. Und wenn sie sich verheiraten wollten, war es gang und gäbe, daß sie die Töchter unseres Volkes stahlen."
Aber auch im guten, alten Europa traute man den Bären vor noch gar nicht allzulanger Zeit Ähnliches zu. *„In Savoyen ist eine gemeine Sag, wie auf ein Zeyt ein Bär eine junge, hüpsche Tochter in eine Höhle geführt, sie darinnen mit allen Wercke der Buberei erkannt,"* berichtet Konrad Gesner und erzählt weiter, der Bär hätte täglich Obst herbeigetragen und *„allweg wie ein Buhler"* dem Mädchen immer die besten Früchte überlassen. Die Höhle habe er während seiner Abwesenheit mit einem Stein verschlossen. Schließlich hätten die Eltern das Mädchen doch gefunden und es befreit.
Doch nicht immer steht der Bär für sexuelle Zügellosigkeit: In Pommern etwa galt er sogar als Tugendwächter.

Wenn der Bär beim Anblick eines Mädchens brummte, so sagte man, wäre es um dessen Moral schlecht bestellt. Gebratene Bärennieren unter'm Brautbett sollten früher in Preußen für eine fruchtbare Ehe sorgen. Und Bärengalle soll – neben so gut wie allen anderen Leiden – auch Impotenz heilen.

Eine arme Witwe, die lebte einsam in einem Hüttchen, und vor dem Hüttchen war ein Garten, darin standen zwei Rosenbäumchen, davon trug das eine weiße, das andere rote Rosen; und sie hatte zwei Kinder, die glichen den beiden Rosenbäumchen, und das eine hieß Schneeweißchen, das andere Rosenrot. ...Eines Abends, als sie so vertraulich beisammensaßen, klopfte jemand an die Türe, als wollte er eingelassen sein. Die Mutter sprach: „Geschwind, Rosenrot, mach auf, es wird ein Wanderer sein, der Obdach sucht." Rosenrot ging und schob den Riegel weg und dachte, es wäre ein armer Mann, aber der war es nicht, es war ein Bär, der seinen dicken, schwarzen Kopf zur Türe hereinstreckte. Rosenrot schrie laut auf und sprang zurück:

das Lämmchen blökte, das Täubchen flatterte auf, und Schneeweißchen versteckte sich hinter der Mutter Bett. Der Bär aber fing an zu sprechen und sagte: „Fürchtet euch nicht, ich tue euch nichts zuleid, ich bin halb erfroren und will mich nur ein wenig bei euch wärmen.“ „Du armer Bär,“ sprach die Mutter, „leg dich an's Feuer und gib nur acht, daß dir dein Pelz nicht verbrennt.“ ...Der Bär sprach: „Ihr Kinder klopft mir den Schnee ein wenig aus dem Pelzwerk,“ und sie holten den Besen und kehrten dem Bär das Fell rein; er aber streckte sich an's Feuer und brummte ganz vergnügt und behaglich. Nicht lange, so wurden sie ganz vertraut und trieben Mutwillen mit dem unbeholfenen Gast. ...Der Bär ließ sich's gerne gefallen, nur wenn sie's gar zu arg machten, rief er: „Laßt mich am Leben, ihr Kinder: Schneeweißchen, Rosenrot, schlägst dir den Freier tot.“ ... Als das Frühjahr gekommen und draußen alles grün war, sagte der Bär eines Morgens zu Schneeweißchen: „Nun muß ich fort und darf den ganzen Sommer nicht wiederkommen.“ ... Schneeweißchen war ganz traurig über den Abschied, und als es ihm die Türe aufriegelte und der Bär sich hinausdrängte, blieb er an dem Türhaken hängen, und ein Stück seiner Haut riß auf, und es war Schneeweißchen, als hätte es Gold durchschimmern sehen ...

aus: Gebrüder Grimm, Hausmärchen, Göttingen 1857

TÄNZER, CLOWN, SOLDAT - DER BÄR ALS MENSCH

Der Kampf um Monte Cassino gilt als einer der blutigsten des Zweiten Weltkriegs: von Jänner bis Mai 1944 verloren in vier furchtbaren Schlachten über 350.000 Soldaten Leben oder Gesundheit, allein auf Seiten der Alliierten betrug die Zahl der Toten über 120.000. Mannschaften aus zwanzig Nationen rangen um den strategisch wichtigen Berg nahe Rom – das seit dem 6. Jahrhundert bestehende Benediktinerkloster wurde dabei dem Erdboden gleichgemacht. Am 18. Mai 1944 gelang es schließlich dem polnischen Ulanen-Regiment „Podolsky“, Gipfel und Klosterruine einzunehmen.
Die Tapferkeit der Polen machte Geschichte – doch zur Legende wurde auch ein nicht-menschlicher polnischer „Soldat“: Voytek, ein syrischer Braunbär (Bild links), war mitten dabei in Sperrfeuer und Bombenhagel. Seinen Namen erhielt Voytek, zu deutsch „der Kleine“, vom polnischen Offizier Peter Prendys. Der hatte das damals nicht einmal zehn Kilogramm schwere halbverhungerte Bärenjunge, dessen Mutter erschossen worden war, einem Betteljungen im persischen Hamadan abgekauft. 1939, nach der russischen Annexion Polens, die dem deutschen Überfall auf den polnischen Staat folgte, wurden polnische Intellektuelle und Militärs in die Sowjetunion verschleppt. Tausende wurden ermordet, manche wurden wieder freigelassen, anderen gelang die Flucht. Peter Prendys und seine Kameraden schlugen sich erst nach Persien durch, dann

weiter nach Palästina, schließlich nach Ägypten, wo sie sich Alliierten-Einheiten anschlossen, um Hitlers Drittem Reich ein Ende zu bereiten.
Mit seinen Landsleuten landete auch Peter Prendys im ägyptischen Alexandria, um sich auf einem britischen Kriegsschiff Richtung Italien einzuschiffen – den mittlerweile durch liebevolle Pflege herangewachsenen Voytek im Gepäck. Selbstverständlich war Soldaten das Mitführen von Haustieren verboten – doch der Kommandant zeigte Herz. Der Bär Voytek, eine Taube, zwei Meerschweinchen, ein Papagei, das Affenweibchen Kaska und ein Hund gingen ebenfalls an Bord.

Ein Bärenkind wird „Soldier Bear“

Syrische Braunbären gelten als besonders gelehrig, und der verwaiste Voytek hatte Peter Prendys sofort als seinen „Ziehvater“ anerkannt. Bei seiner Einschiffung wog der liebevoll aufgepäppelte Jungbär bereits über hundert Kilogramm. Während der Überfahrt wurde er an den Mast gekettet – weniger zur Sicherheit der Mannschaft als zu seiner eigenen. Bei heftigem Seegang bestand schließlich Gefahr, daß er über Bord gespült würde.
Während der Überfahrt bezauberte Voytek seine Reisegefährten durch sein freundliches Wesen und seine Späße: er ließ sich gern füttern, balgte spielerisch mit menschlichen Spielgefährten und mit dem Hund des Kapitäns.
Auch bei der Landung im italienischen Seehafen Taranto erregte der zahme Bär beträchtliches Aufsehen – sein Herr und Meister wurde einer Versorgungseinheit zugeteilt, die die Truppen vor Monte Cassino mit Nachschub beliefern sollte. Um Voytek nicht zu gefährden, ließ Peter Prendys

den Bären selbstverständlich im Lager zurück, während er seinen LKW an die Front steuerte. Voytek gab seiner Verzweiflung bei jedem Abschied Ausdruck, schließlich erlaubte Prendys ihm mitzufahren. Der Bär bewies schier unglaubliche Nervenstärke, weder Granatenhagel noch Bombenexplosionen konnten ihn in Panik versetzen. Im Gegenteil: so sich Gelegenheit bot, erkletterte er einen kahlen Baum, der sich direkt an der vordersten Frontlinie befand, um sich einen Überblick über das Schlachtfeld zu verschaffen.
Voytek wurde zum Maskottchen – das zottige Tier, das im Wahnsinn einer der grauenvollsten Schlachten der Menschheitsgeschichte ganz selbstverständlich seinen Neigungen nachging, das inmitten all des unwirklichen Grauens sanftmütig blieb und durch seine drolligen Verhaltensweisen immer wieder für Gelächter sorgte, gab den Soldaten vor Monte Cassino das, was sie am notwendigsten brauchten: Die Gewißheit, daß es eine Welt außerhalb des Krieges gab, eine Welt ohne Zerstörung, Mord und Tod.

Voytek setzt ein Feldzeichen

In der Kultur Polens spielt der Bär – wie bei allen slawischen Völkern – eine hervorragende Rolle. Uralte Vorstellungen vom Bären als heiligem Geist des Waldes finden sich in zahlreichen Märchen und Sagen. Vielleicht erweckte Voytek, der Bär, in den polnischen Soldaten vor Monte Cassino deshalb auch das Gefühl, daß ihr Kampf gerecht war und von den höheren Mächten begünstigt.
Nach Kriegsende, im September 1945, reiste Voytek mit seinem Korps nach Glasgow. Diesmal gab es keine Probleme bei der Einschiffung, an Bord bekam er seine eige-

ne Lebensmittelkarte. Und als die Truppen an Land gingen, marschierte er aufrecht und unter dem Jubel der Menschenmenge, die sich am Hafen eingefunden hatte.
Seine Geschichte haben die beiden britischen Autoren Geoffrey Morgan und W.A. Lasocki im Buch „Soldier Bear“ aufgezeichnet. Und sein Abbild wurde das Feldzeichen des 12. Polnischen Artillerie-Regiments. Einer seiner menschlichen Kriegskameraden hatte ihn vor Monte Cassino mit dem Zeichenstift verewigt: mitten im Kampfgetümmel, als gerade eine Fuhre Munition entladen wurde, beschloß der Bär, selbst Hand anzulegen. Erst beobachtete er seine menschlichen Freunde, dann tat er es ihnen gleich. Er sprang in den Lastwagen, packte eine 25Pfund-Granate, preßte sie an sich und trug sie nach draußen. So, aufrecht stehend, den Sprengkörper in den Tatzen, hat ihn die Welt in Erinnerung behalten.

Tanzbären – Die geschundenen Braunen

Voytek, der Bär, hinterließ bei seinen menschlichen Kameraden bleibenden Eindruck, weil er, das Tier, sich menschlich betrug. Voytek kam durch widrige Umstände in die Lage, wie ein Mensch unter Menschen leben zu müssen. Hätte ihn Peter Prendys nicht freigekauft, wäre er wohl verhungert – oder als Jahrmarktsattraktion bei einem Bärenführer gelandet.
Die Sitte, geschmückte Bären zu Trommel- oder Pfeifenklängen tanzen zu lassen, geht bis in die Antike zurück. Im Orient sind Tanzbären heute noch weit verbreitet, bei uns waren sie noch bis ins 19. Jahrhundert ein gewohnter Anblick bei Volksfesten, Kirchtagen und anderen Festivitäten.

Der Bär macht es den Bärenführern leicht: Jungtiere sind anpassungsfähig und gelehrig und beweisen meist eine rührende Anhänglichkeit an den Menschen. Vielleicht erinnert sie der aufrechte Gang ihrer menschlichen Herren an die Mutter, die sich ja auch zumindest ab und zu auf die Hinterbeine erhob. Daß eben diese Menschen, die nun für Futter und Schutz sorgen, für den Tod ihrer leiblichen Mutter verantwortlich sind, wissen die jungen Bären nicht.

„Es können auch die Jungen wie bekand zahm gemacht und ihnen allerhand Künste gelernet werden,“ berichtet Johann Täntzer in seinen 1682 erschienenen „Jagdgeheimnissen“. Und er fügt auch gleich hinzu: *„Es muß aber alles mit Schlägen und Dräuen geschehen.“*

Nur Gewalt bewirkt, daß aus dem wilden Bären ein Tanzbär wird. Mit Schlägen bringt man den Bären auf die Hinterbeine; um das Jungtier das Tanzen zu lehren, wird es mit seinen empfindlichen Fußsohlen auf eine erhitze Metallplatte gezwungen: gleichzeitig wird die Trommel geschlagen, die Flöte geblasen. Um dem Verbrennungsschmerz auszuweichen, reißt das Tier die Füße hoch. Mit der Zeit lernt es, den Lärm der Musik mit den erlittenen Qualen in Verbindung zu bringen – es hebt die Tatzen vorsorglich nun immer bereits dann, wenn Trommel und Flöte erklingen.

Nicht nur Feuer und Schläge sollen den Bären gefügig machen – durch die empfindliche Nasenscheidewand wird ihm ein eiserner Ring gezogen. Um den Schmerzen, die die entzündete und eiternde Wunde verursacht, zu entgehen, wird er schon dem kleinsten Zug der Kette Folge leisten.

Als Jungtier läßt sich der Bär meist problemlos führen, schwierig wird der Umgang mit ihm, wenn er geschlechtsreif wird. Johann Täntzer wußte schon 1682: *„Wan aber das Alter kombt, werden sie gerne untreu.“*

Ist der Bär nicht mehr beherrschbar, wird er entweder getötet – oder er landet im Kotter: lebenslang angekettet, im vergitterten Verlies, Gespött und wohliger Schrecken derer, die sich am Anblick der Bestie ergötzen wollen.

Die Lust am Leid des Bären

Tanzbären waren zu allen Zeiten eine beliebte Attraktion – schon der altfränkische Bischof Hincmar berichtet im 9. Jahrhundert über von Spielleuten geführte Bären. Man amüsierte sich über die Drolligkeit der jungen Bären und genoß den Triumph über die Stärke der alten.
Raubtierdressuren sind heute umstritten: wir Zivilisationsmenschen, die unberührte Wildnis nur mehr aus zweiter Hand, aus Film und Fernsehen, kennen, bevorzugen Tiere so zu sehen, wie sie sich in ihrem natürlichen Umfeld verhalten.
Doch die Lust am Tier als Tier ist eine junge Leidenschaft – nach wie vor gibt es im Zirkus Tierdressuren, nach wie vor werden in Kinder- und Spielfilmen Tiere als „wilde, sprachlose Menschen" gezeigt.
Im 19. Jahrhundert wurden die wilden Tiere in unseren Wäldern endgültig ausgerottet, davor waren sie für viele Menschen eine reale Bedrohung. Die Lust, mörderische Bestien, die Gesundheit, Leben und Eigentum zerstören konnten, erniedrigt zu sehen, sollte uns verständlich sein – nicht von ungefähr war der Tanzbär bis ins 18. Jahrhundert eine gewohnte Erscheinung auf Europas Märkten und Plätzen.
Doch der Bär mußte aber auch für ganz andere Frustrationen als Sündenbock herhalten: die Leibeigenschaft wurde in vielen Ländern Europas erst im vorigen Jahrhundert abgeschafft, in Rußland überhaupt erst in diesem. Im Feu-

dalismus lebte der überwiegende Teil der Bevölkerung in Armut und Rechtlosigkeit – Tierhatzen und Tierdressuren waren ein von der herrschenden Klasse toleriertes Mittel, aufgestaute Aggressionen ohne Gefahr für die gesellschaftliche Hierarchie auszuleben und abzuführen.
Nicht zufällig wird Tierschutz dort zur gesellschaftlichen Forderung, wo Menschenrechte und Menschenwürde als erstrebenswerte gesellschaftliche Ziele Anerkennung finden. Mitleid mit dem Tier gibt es nur dort, wo Menschen mit Menschen mit-leiden. Die Brutalität im Umgang mit Tieren ist immer Spiegelbild jener Brutalität, mit der in undemokratischen sozialen Systemen Unterdrückung und Ausbeutung gegen Menschen ausgeübt wird.
Der dressierte Bär bietet sich als Objekt für Rachegelüste und Aggressionsabfuhr in mehrfacher Weise an: er ist mächtig und doch hilflos, angsteinflößend und doch dumm, Mensch und Tier gleichzeitig. Nicht von ungefähr wurden Tanzbären gerne mit Attributen von Autoritäten versehen. *„Und sind die Künste, die man ihnen lernen kann, tanzen, überwerfen, sitzen, stehen und liegen, ein Stock gleich etliche Exercitia mit der Muskete zu halten,“* berichtet Johann Täntzer. Der gefürchtete Bär als lächerlicher Soldat: da können auch die eine kurze Weile befreit auflachen, die ansonsten nichts zu lachen haben – und in Anwesenheit der gefürchteten Obrigkeit das auch gar nie wagen würden.

Der letzte Tanz

Auch heute gibt es noch Tanzbären: in der Türkei, in Rumänien, Albanien, in Griechenland, im Mittleren und Fernen Osten. In Ländern, wo Wohlstand und Bürgerrechte nach wie vor einer kleinen Oberschicht vorbehalten sind, muß der Bär nach wie vor als Zielscheibe für Heiterkeit und Aggression der armen, rechtlosen Masse herhalten. In Griechenland, der Türkei und Indien ist das Führen von Tanzbären bereits gesetzlich verboten. Daß diese Gesetze nicht exekutiert werden, hat vielfältige Gründe – nicht zuletzt sind Desinteresse und Korruptheit der Behördenvertreter dafür verantwortlich.

Doch es gibt auch äußere Ursachen für die Laxheit der Behörden. „Als wir begannen, in Sachen „Tanzbären" zu recherchieren, konnten wir feststellen, daß viele Behördenvertreter die Bären ohnehin lieber heute als morgen konfisziert hätten, aber sie wußten natürlich nicht, wohin mit den Tieren," erklärt Victor Watkins, Leiter der „Libearty"-Kampagne der Welttierschutzgesellschaft, „wenn wir erreichen wollten, daß die Gesetze exekutiert werden, müßten wir Möglichkeiten schaffen, beschlagnahmte Bären artgerecht unterzubringen."

Mittlerweile existieren zwei „Bären-Auffanglager": eines in Nordgriechenland bei Thessaloniki, ein zweites in der Türkei bei Bursa. Finanziert wurden beide Projekte zum größten Teil durch Spendensammlungen.

Tanzbären sind nicht nur ein Problem des Tier-, sondern auch des Artenschutzes: Anfang der Neunzigerjahre waren in Griechenland rund 20 Tanzbären im Einsatz – die gesamte griechische Bärenpopulation umfaßt wahrscheinlich nicht einmal hundert Tiere. In der Türkei waren zu diesem Zeitpunkt geschätzte hundert Tanzbären im Einsatz, in Indien wird ihre Zahl zwischen ein- und fünftausend geschätzt, wie groß die Wildbestände an Bären in beiden Staaten sind, weiß keiner, entsprechende Forschungsarbeiten existieren nicht. Sicher ist nur, daß jeder Bär, der als Jungtier aus der freien Wildbahn

gekidnappt wird, für die Wildtierpopulation verloren ist. Denn die „Renaturierung“ von gezähmten Bären ist nicht möglich: ein Bärenjunges bleibt bis zu drei Jahre bei der Mutter, die Fähigkeiten, die es während dieser Zeit erwirbt, kann ihm kein menschlicher Lehrer je vermitteln. Außerdem ist ein Bär, der in menschlicher Obhut aufgewachsen ist, in freier Wildbahn eine Gefahr für sich und andere: ihm fehlt die – für ihn selbst und die Menschen, die ihm begegnen, lebensrettende – Fluchtdistanz. Er wird Menschen, die ihm begegnen, um Futter anbetteln, sich möglicherweise mit Gewalt bedienen.
Tanzbären, die aus ihrem Joch befreit werden, müssen deshalb lebenslang betreut werden – nicht zuletzt auch deshalb, weil die meisten von ihnen irreparable organische Schäden erlitten haben.

Mary und Dmitri, die Ersten

Am 13. Jänner 1993 konnten schließlich die ersten Tanzbären beschlagnahmt werden. Mary, ein etwa fünf Jahre altes Bärenweibchen, hatten ihre „Herren“ in einem winzigen Käfig in einem verwahrlosten Garten im Athener Vorort Menedi angekettet. 36 Polizisten waren abkommandiert, um den Aktivisten von „Libearty“, der griechischen Tierschutzgruppe „Arcturos“ und den Beamten des griechischen Ministeriums für Forstwirtschaft Geleitschutz zu geben. Um 7.45 Uhr erreichte der Konvoi sein Ziel, trotz der erbosten Proteste der Bärenbesitzer wurde Mary mit einem Stück Kuchen in den Transportkäfig gelockt. 12 Stunden später wurde ihr in der Tierklinik des neu errichteten Bären-Asyls der Nasenring entfernt.

Dmitri, ein rund 25 jahre alter Braunbär, wurde einen Tag später befreit: Er war schon ein Jahr zuvor in der Nähe von Alexandria entdeckt worden. Zu alt und zu krank für den Frondienst auf der Straße, hatte man ihn einfach in einem Betonverließ zwischen Müll angekettet und seinem Schicksal überlassen. Halb verhungert, mit offensichtlich schwersten Infektionen der Nasenschleimhäute, wartete er auf den Tod. Die tierärztliche Untersuchung brachte schier unvorstellbare Verletzungen zutage: seine Nase war völlig vernarbt von den zehn Eisenringen, die man ihm im Laufe seines erbärmlichen Lebens durch die Scheidewand gestoßen hatte. Er war vollkommen erblindet, jahrelange Schläge auf den Kopf und Vitaminmangel hatten beide Augen zerstört. Am schlimmsten war es aber um sein Gebiß bestellt, er hatte nahezu alle Zähne verloren, der Kiefer war weitreichend und chronisch infiziert, auch das Kopf-Knochengewebe war bereits irreparabel angegriffen. Um ihm weitere Leiden zu ersparen, mußte Dmitri sofort nach seiner Befreiung eingeschläfert werden.

Ein Heim für – blinde – Bären

Sowohl das Bären-Asyl bei Thessaloniki als auch jenes bei Bursa sollen den Bären möglichst naturnahe Lebensbedingungen ermöglichen: Bären, die nach ihrer Konfiszierung ärztliche Betreuung brauchen, werden solange in mit Nestbaumaterial und Spielzeug ausgestatteten „Krankenzimmern“ gehalten. Wenn sie sich einigermaßen erholt haben, übersiedeln sie in Außengehege. In den Boden eingesenkte Betonröhren, in die Stroh eingestreut wurde, dienen ihnen dort als Schlafhöhlen, Wasserbecken ermöglichen ihnen das Planschen und Schwimmen. Haben sich die Bä-

ren auch dort gut adaptiert, können sie in das weitläufige, mit Elektrozäunen geschützte Gelände der Station entlassen werden. In Griechenland stehen über 10 Hektar naturgeschützter Waldlandschaft zur Verfügung, in der Türkei an die 20 Hektar.
Um zu verhindern, daß sich die Bären fortpflanzen, werden die weiblichen Tiere sterilisiert. Befürchtungen, daß sich die Bären untereinander bekämpfen, haben sich nicht bestätigt, im Gegenteil: zwischen manchen Tiere haben sich regelrechte Freundschaften entwickelt – möglicherweise, weil sie sich durch ihr Leben in Gefangenschaft an die Gesellschaft von Artgenossen gewöhnt haben.
Rund 40 Bären wurden bisher in Griechenland und der Türkei beschlagnahmt und in den Stationen untergebracht. Verhandlungen mit Bulgarien und Albanien, wo die Haltung von Tanzbären noch nicht verboten ist, wurden bereits aufgenommen.
Doch nicht alle beschlagnahmten Tiere sind in ihren Heimatländern geblieben – drei vollständig blinde Bären haben ein neues Zuhause in Holland, im „Bärenwald“ bei Rhenen, gefunden. Prinzipiell kann auch ein blinder Bär ein lebenswertes Dasein führen: als „Nasentier“, das sich hauptsächlich über den Geruch orientiert, findet sich der Bär in einer Umgebung, die er kennt, durchaus zurecht. Allerdings braucht so ein Tier natürlich intensivere Betreuung als eines ohne Handicap.

MacKenzie entrinnt dem Krieg

Doch nicht nur die drei blinden Bären reisten in den Norden: am 29. April 1993 erhielt das Büro der WSPA in London einen Anruf aus dem bosnischen Kriegsgebiet.

Der UNO-Offizier Colonel Bob Stewart bat um Hilfe: man hatte in der Stadt Vitez einen Bären gefunden. Die Bewohner waren vor dem Sperrfeuer der Kriegsparteien geflohen und hatten das etwa vierjährige Tier zurückgelassen. Der Bär war in einem vier mal fünf Meter „großen" Käfig untergebracht und hatte in einem Restaurant als Touristenattraktion gedient. Die Soldaten leisteten erste Hilfe, indem sie das halbverhungerte Tier fütterten – um dem permanenten Granatfeuer zu entgehen, mußten sie dabei Panzerfahrzeuge als Schutzschilder vor den Käfig fahren.
Schließlich konnte der Bär nach Split evakuiert werden. Doch die Haltungsbedingungen im dortigen Zoo waren so schlecht, daß sich WSPA-Mann Watkins um ein „Ausweichquartier" bemühte. Schließlich erhielt MacKenzie – so getauft von seinen Rettern von der UNO – Asyl in Holland. Und er reiste nicht alleine – der Zoo von Split nutzte die Gelegenheit, um eine ältere Bärin loszuwerden, mit deren Aggressivität man nicht mehr fertig wurde. Eine Untersuchung zeigte den Grund dafür – das Tier war vollständig blind.

Machen Bärenbefreiungen Sinn?

Kritiker solchen „individuellen" Tierschutzes merken immer wieder an, daß die enormen Kosten, die die „Rettung" eines Einzeltiers verursacht, eigentlich nicht zu rechtfertigen sind. Es wäre weit sinnvoller, sie in Artenschutz-Projekte zu investieren – das zumindest teildomestizierte und womöglich noch beschädigte Einzeltier wäre für den Genpool der Art ja ohnehin verloren.
Dem ist entgegenzusetzen, daß sich Artenschutzanliegen in den betroffenen Ländern nur durchsetzen lassen, wenn in der Bevölkerung ein Umdenken erreicht wird. Projekte

Soldat Bär im Einsatz: mitten im Schrecken des Krieges sorgte Voytek für Heiterkeit. Und ließ seine menschlichen Freunde wenigstens für kurze Zeit Maschinengewehrfeuer und Granatenhagel vergessen.

„Soldier Bear“: Voytek, der syrische Braunbär, war der Liebling der polnischen Einheit vor Monte Cassino.

wie die „Libearty“-Kampagne zeigen, daß das Schicksal der Bären vielen am Herzen liegt. Der Aufwand, mit denen den Tieren wenigstens ein Weniges ihrer Würde und ihrer Unversehrtheit zurückgegeben wird, macht sie auch in den Augen Nicht-Tierschutzbewegter zu etwas Wertvollem. Und nur wer Natur und Mitgeschöpfe schätzen gelernt hat, ist auch bereit, sie zu schützen.

Außerdem: nie zuvor haben wir dem Individuum solchen Stellenwert eingeräumt wie heute. Der Mensch billigt sich selbst und seinesgleichen Individualität in nahezu jeder

MacKenzie, der Bär, wurde von UNO-Truppen im bosnischen Vitez entdeckt. Die Evakuierung des fast verhungerten Tieres erfolgte unter permanentem Granatfeuer. Heute lebt der Bär im „Bärenwald“ bei Rhenen in Holland.

In Bärengebieten werden auch immer wieder verwaiste Jungtiere gefunden: hier Felix Knauer mit dem kleinen Mitko im slowenischen Vrhpolje.

Sein menschlicher „Ziehvater“ füttert den kleinen Mitko mit dem Flascherl. Der kleine Bär könnte noch nicht alleine überleben.

Funde von Bären-Losungen sind ein wichtiges Indiz für die Anwesenheit der Tiere in einem Gebiet. Die Forscher können aus der Losung wichtige Rückschlüsse auf die Ernährung des Bären ziehen.

Nach dem Fang wird der betäubte Bär mittels Netz und Federwaage gewogen. Der Halsbandsender (Bild rechts) soll ermöglichen, seine Wanderwege zumindest während der ersten Zeit zu überwachen.

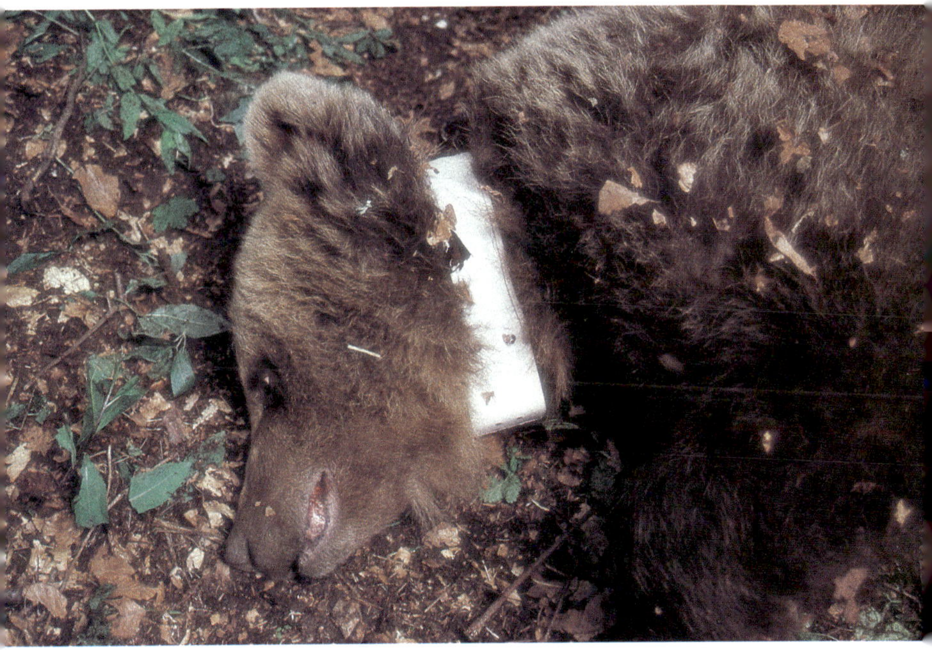

Der Bär Djuro auf dem Weg in die Freiheit.

Hinsicht zu – mit welchem Recht will er seinen Mitgeschöpfen deren Recht auf individuelle Entfaltung und auf individuelles Glück verwehren?

Es gibt zwei Möglichkeiten, den Bären zum Menschen zu machen. Die eine besteht darin, ihn zu zwingen, als unsere Parodie aufzutreten. Er muß versagen, und wir ziehen Selbstbewußtsein aus der Demütigung des Tiers.

Die zweite verlangt vom Bären nicht Menschlichkeit, sondern gesteht ihm statt dessen Menschenrecht zu: ihn als „unter uns stehend“, als dem Menschen nicht gleichwertig zu sehen, ist schließlich die Grundvoraussetzung für die Grausamkeit und Ignoranz, mit der immer wieder über ihn verfügt wird.

GELIEBTER BÄR

Am 5. Dezember 1994 wurde im Londoner Auktionshaus Christie's ein Steiff-Teddybären-Mädchen aus dem Jahr 1904 um sage und schreibe 1,9 Millionen Schilling versteigert. Die Rekordsumme kann als Symptom für die immer mehr um sich greifende „Arctophilie", die Liebe zum Bären, verstanden werden: die kleinen Braunen haben sich vom Kinderspielzeug zur ernstzunehmenden Wertanlage gemausert.

Seit den Sechzigerjahren sind Teddybären als Sammlerstücke im Aufwind, in den Achtzigerjahren schließlich entdeckte der Kunsthandel den Wert des Teddys. Heute sitzen abgeschnuddelte Teddybären in den feinsten Antiquitätenläden gleichberechtigt zwischen Gemälden und Bronzen. Die erste den Teddybären vorbehaltene Auktion veranstaltete Christie's am 13. Dezember 1985 in London, andere renommierte Versteigerer wie Sotheby's und Phillips folgten.

Roosevelt und sein Teddybär

Daß der Teddy gerade zu dem Zeitpunkt in Mode kam, als sein reales Vorbild nahezu ausgerottet war, sollte uns zu denken geben. Tatsächlich begann die Geschichte des Teddybären damit, daß ein Bär – nicht erlegt wurde. Am 14. November 1902 befand sich Theodor „Teddy" Roosevelt, der 26. Präsident der USA, im Süden des Landes, um

in einem Grenzkonflikt zwischen Mississippi und Louisiana zu vermitteln. Die Jagdbegeisterung des Präsidenten war bekannt, man arrangierte ihm zu Ehren eine Bärenjagd. Trotz heftigster Bemühungen gelang es den Treibern aber nur, ein Bärenjunges aufzustöbern. Sie fesselten das verängstigte Tier an einen Baum und luden Roosevelt ein, es zu erschießen. Der lehnte – ganz Sportsmann – dankend ab und erklärte, daß er seinen Kindern nicht mehr in die Augen sehen könnte, wenn er das Bärenjunge töten würde. Das Bärchen überlebte trotz Roosevelts Großmut nicht, ein Jäger brachte es nach der Abreise des Präsidenten mit dem Messer zur Strecke.
Dennoch machte der kleine Bär Geschichte. Unter Roosevelts Begleitern befand sich Clifford Berryman, Zeichner bei der „Washington Post". Der hielt die Szene, wie Roosevelt sich weigerte, auf den kleinen, angstvoll dreinblickenden Bären zu schießen, mit dem Bleistift fest. Mit der Bildunterzeile „Eine Grenze ziehen in Mississippi" spielte der Karikaturist sowohl auf die moralisch untadelige Haltung des Präsidenten als auch auf den Konflikt zwischen den beiden Bundesstaaten an.

Der „Teddybär" – ein Begriff

1903 nannte der Ladenbesitzer Morris Michtom seinen als Schaufensterdekoration dienenden Stoffbären „Teddy's Bear". 1906 erscheint der Begriff erstmals in einer Fachzeitschriftt der amerikanischen Spielwarenindustrie, ab 1907 ist in den USA in Kindergedichten bereits vom „teddybear" die Rede. Im deutschsprachigen Raum erscheint der Ausdruck „Teddybär" erstmals 1913 in einem Spielzeugkatalog der Firma Steiff.

Die Schöne und ihr Teddybär: Dorrit Weixler war in den Zwanzigerjahren ein Filmstar. Hier lächelt die Kindfrau für ihre Fans mit Teddy, Püppchen und Matrosenkleid in die Kamera.

„Let me be your teddybear …“ Elvis Presley – Der Teddy hat auch eine erotische Komponente – als Spiel- und Bettgefährte junger Mädchen ist er Gegenstand von sexuellen Phantasien. Die Postkarte aus der Zeit nach dem Ersten Weltkrieg zeigt Lolita, wie Männer sie sich erträumen: die aufreizenden Dessous und die Zigarette im Mundwinkel suggerieren Verruchtheit, der Teddy läßt nicht nur an Kinderspiele denken.

Die Karikatur trug nicht nur zu weiterer Beliebtheit des Präsidenten bei – sie inspirierte Rose Michtom, einen kleinen Bären aus Plüsch zu nähen. Rose und Morris Michtom betrieben einen kleinen Laden im New Yorker Stadtteil Brooklyn. Vielleicht spielte es eine Rolle, daß Morris Michtom aus dem bärenliebenden Rußland stammte, jedenfalls plazierte er das Plüschtier als Dekoration im Schaufenster, versehen mit dem Schild „Teddy's Bear“.
Die Kunden rissen sich um den Stoffbären, und die Michtoms gingen zur Serienproduktion über. Die Behauptung, daß Michtom hochoffiziell bei Roosevelt um die Genehmigung ansuchte, seine Bären „Teddy“ nennen zu dürfen, ist nicht bewiesen. Tatsache ist jedoch, daß die Michtoms, von finanzkräftigen Geschäftsleuten unterstützt, 1907 die bis in die Achtzigerjahre „bärig“ aktive „Ideal Novelty and Toy Company“ gründeten.

War am Anfang der russische Bär?

Der amerikanische „Erfinder“ der Teddybären, Morris Michtom, war russischer Abstammung, und in der Kultur Rußlands spielt „Mischka, der Bär“ eine bedeutende Rolle. Doch möglicherweise war auch Margarete Steiff vom russischen Bären beeinflußt. Schon seit jeher wurden im Zarenreich Bären und bewegliches Bärenspielzeug aus Holz hergestellt. Um die Jahrhundertwende, als Massenproduktion und weltweiter Handel immer weitere Bereiche des Wirtschaftslebens erfaßten, interessierten sich die Spielzeughersteller in Deutschland natürlich für die Produkte in anderen Ländern – und damit selbstverständlich auch für die Spielzeugbären aus Rußland.

„Teddymutter" Margarete Steiff

Doch der Teddy hat nicht nur einen Vater – er hat auch eine Mutter. Seit sie als junges Mädchen an Kinderlähmung erkrankt war, saß Margarete Steiff im Rollstuhl. Sie nützte aber ihre ausgeprägten handwerklichen Fähigkeiten, fertigte auf ihrer Nähmaschine Bekleidung aus Filz an und war damit so erfolgreich, daß sie ein Versandhaus gründen konnte. Ab 1880 nahm sie auch Puppen, etwas später Spieltiere aus Filz in ihr Sortiment auf.
Schon vor der Jahrhundertwende wurden neben anderen Stofftieren auch Bären hergestellt, aber die Idee, einen Puppen-Bären mit beweglichen Gliedern herzustellen, stammte von Margarethe Steiffs Neffen Richard. Der Absolvent einer Kunstgewerbeschule entwarf 1902 den ersten „Puppenbären", 1903 wurde dieser erste Steiff-Bär auf der Spielwarenmesse in Leipzig vorgestellt. Das Interesse an der Plüsch-Neuheit hielt sich in Grenzen, erst gegen Ende der Verkaufsschau wurde der Vertreter der New Yorker Großhandelsfirma George Borgfeldt & Co. auf die Steiff-Bären aufmerksam. Eingedenk der durch die Roosevelt-Anekdote in den USA hervorgerufenen Bärenbegeisterung bestelte er gleich 3.000 Teddys – und legte damit den Grundstein zum bis heute andauernden „bärigen" Erfolg des Hauses Steiff.

Die erste Bären-Million

Schon 1904, also ein Jahr nachdem der erste Steiff-Bär in die USA exportiert worden war, erzeugte die Firma 12.000 Teddys. Nun wurden die Bären auch mit dem bis heute für Steiff-Stofftiere charakteristischen Knopf im Ohr gekenn-

Wer bietet mehr ?

Der finanzielle Höhenflug des Teddybären

Zu Beginn der Teddymania in den Siebzigerjahren konnten auch schöne, alte Stücke meist schon um einige hundert Schilling erworben werden. Doch 1983 wurde bei Sotheby's ein antiker Spielzeugbär im Matrosenanzug bereits um 2.500 Schilling versteigert, 1984 wechselte ein als Polizist gewandeter Teddy schon um 18.000 Schilling den Besitzer. Doch das war erst der – zaghafte – Anfang des Bärenbooms.

Ab 1985 überboten sich die Teddysammler am laufenden Band: ein Bär bei Sotheby's erzielte über 22.000 Schilling, desgleichen ein Teddy bei Phillips. Und bei Christie's kam im selben Jahr ein Teddy mit eingebauter Wärmeflasche sogar um 35.000 Schilling unter den Hammer. Eine weitere Versteigerung bei Sotheby's in London ergab einen neuen „bärigen" Rekord von über 100.000 Schilling. In Hamburg erzielte ein Teddy – immer noch im Jahr 1985 – sogar an die 130.000 Schilling.

1987 erreichte ein weißer Bär mit Beißkorb bereits 160.000 Schilling.

1989 sprengte die Bärenbegeisterung erneut alle Grenzen: ein 33 Zentimeter großer Teddy aus rotem Plüsch mit brauner Kosakenbluse erzielte bei Christie's 270.000 Schilling. Der „Rote Alfonzo" war der Spielgefährte der russischen Großfürsten-Tochter Xenia Georgiewna gewesen. 1914 weilten Bär und Prinzessin gerade in London auf Besuch beim englischen König – der Ausbruch des Ersten Weltkriegs verhinderte ihre Rückkehr nach Rußland.

Am 19. September 1985 gab es bei Sotheby‘s einen neuen Rekord: „Happy“, ein weißer Steiff-Bär aus der zweiten Hälfte der Zwanzigerjahre, erreichte bei einem Ausrufungspreis von 21.000 Schilling die unglaubliche Summe von 1,2 Millionen Schilling. Daß die Arctophilie ihren finanziellen Plafond noch lange nicht erreicht hatte, zeigen die 1994 erzielten 1,9 Millionen Schilling für die eingangs erwähnte Bärendame von 1904. Die zimtbraune Mohair-Bärin wurde von einem japanischen Spielzeughersteller erworben und schmückt nun ein Museum in der Nähe von Tokio. Das kostbare Teddymädchen stammte übrigens aus dem Nachlaß von Oberst Bob Henderson, Berater des legendären britischen Generals Montgomery. Henderson war einer der ersten und renommiertesten Sammler von Teddybären.

zeichnet. Auch in den USA schossen die Spielzeugbärenhersteller aus dem Boden, trotzdem konnte Steiff seine Position behaupten: 1907 fertigte die Firma die bis heute unerreichte Anzahl von 974.000 Teddys.

Und der Teddy war nicht nur als Stofftier im Vormarsch: von 1907 bis 1911 wurden die Urheberrechte für 400 Lieder registriert, in denen Teddys eine Rolle spielen, Bilderbücher und Ausschneidebögen mit Teddymotiven kamen auf den Markt, der Teddybär wurde zum allgegenwärtigen Dekorationsmotiv für Kinderausstattungen.

Von der Kinderliebe zur Arctophilie

Heute ist die Teddybärenbegeisterung bereits zur Wissenschaft geworden: Sammler und Kenner wissen genau Bescheid über Hersteller, Erscheinungsjahr, Marktwert der kleinen Braunen. Fachliteratur, Auktionskataloge und Teddy-Clubs sorgen für Informations- und Bären-Fluß.
Und längst erfreuen sich nicht nur antike Bären immer größerer Beliebtheit, auch ihre möglichst getreuen Nachbildungen finden immer mehr Freunde: Seit 1980 etwa legt Steiff seine Teddy-Hits wieder auf, Kinderlieblinge von einst wie der Bär auf Rädern von 1905, der Teddy-Clown von 1926 oder der Bär auf dem Vierrad von 1913 erzielen auch als Repliken schon wieder Rekordpreise.
Doch auch „moderne" Teddys sind hochgeschätzt: Teddybären-Kunsthandwerker, die ihre Bärchen in liebevoller Handarbeit – mitunter sogar als Unikate – fertigen, haben eine getreue Fangemeinde. Immer mehr Teddybären-Läden, die sich der Verbreitung von alten und neuen Brummern verschrieben haben, werden eröffnet, und Magazine wie das in den USA erscheinende Periodikum „Teddybear & Friends" informieren und ermöglichen die Kommunikation zwischen den Bärenfans.
In den Spielzeugmuseen hat der Teddy längst einen Ehrenplatz, das erste Museum, das ausschließlich Spielzeugbären gewidmet ist, wurde 1986 in Berlin eröffnet. Weitere Museumsgründungen – etwa in Großbritannien oder in den USA – folgten.

Ohne Teddy keine Emanzipation?

„Jungen spielen nicht mit Puppen!" dieser eisernen Regel mußten sich Generationen von Söhnen beugen. Das Spielzeug für den „kleinen Mann" spiegelte seit jeher die Rollen wieder, die ihm zugedacht waren, wenn er erst einmal „groß und stark" sein würde.

Zinnsoldaten, Holzschwerter, militärisch gewandete Nußknacker, Fuhrwerke zum Nachziehen oder ein Steckenpferd – das waren die Spielsachen unserer Großväter. Das Weiche, Einfühlsame, Fürsorgliche war aus den Kinderzimmern der Söhne verbannt – früh übte sich, was ein rechter Patriarch werden sollte. Der Teddybär machte Schluß mit diesem einseitigen Rollenbild: er war – als erstes „Unisex-Spielzeug" – geschaffen für die Zuneigung von Mädchen und Knaben.

Der Teddy macht keinen „kleinen Unterschied", er trocknet die Tränen von Mädchen und Buben gleichermassen, er lauscht den Sorgen aller Kinder und tröstet ohne Ressentiments.

Mit ihrem Teddybären konnten auch Knaben ihre „weibliche" Seite ausleben, durften pflegen, fürsorglich sein, bemuttern.

Nicht von ungefähr trat der Teddy gerade dann auf den Plan, als die Sufragetten für die Gleichberechtigung von Frauen und Männern kämpften. Sie forderten, nicht länger ausgeschlossen zu sein von der „männlichen" Sphäre des Lebens – und sie haben sich diese Schritt für Schritt erobert.

Heute ist das Ideal der Emanzipation in vielen Bereichen verwirklicht – und auch die Männer haben davon profitiert. Daß es ihnen gelungen ist, den Frauen „Männliches“ zuzugestehen und sich selbst „weibliche“ Seiten, haben sie vielleicht auch dem Teddy zu verdanken: Er hat Generationen von kleinen Jungen gezeigt, daß es kein Zeichen von Schwäche ist, Gefühle zu zeigen, zu lieben und geliebt zu werden.

Was hat der Bär ...?

Doch der Teddy überdauerte die Zeiten nicht nur als Antiquität. Nach wie vor begleiten jeden Abend Millionen Plüschbären Kinder jeden Alters ins Land der Träume. Immer wieder bekam der Teddy Konkurrenz: In den Sechzigerjahren eroberten kleine Stoff-Koalas die Herzen der Kinder, es folgten Fernsehstars wie Kermit, der Frosch, oder die Biene Maja. Aber auf Dauer konnte kein Plüsch-Konkurrent die kleinen Braunen aus der Gunst der Kinder verdrängen. Andere Stoffreunde kommen und gehen – der Teddybär bleibt.

Was aber hat der Bär, was andere Spielgefährten nicht haben? Der Teddy ist ein Mittelding zwischen Mensch und Tier. Ihm kann man ins runde, plüschweiche Ohr flüstern, was man Eltern, Geschwistern, ja selbst den besten Freunden lieber nicht anvertrauen möchte.

Jede Beziehung von Mensch zu Mensch ist immer auch schon belastet, von Forderungen geprägt, von Rivalität und Konkurrenz. Beim Teddy fällt das „Allzumenschliche“ weg, weil er ein Tier ist: ernst und verständnisvoll blickt er uns an, er versteht uns, weil er selbst weiß, was Traurigkeit ist. Natürlich gibt es auch Teddybären, die lustig tun, breit

Der Teddy – Spielgefährte der „Großen Männer“

Auch Kaiserenkel lieben Teddybären: Erzherzog Robert d'Este posiert hier für einen guten Zweck. Postkarten dieser Art wurden im Ersten Weltkrieg vom Kriegsfürsorgeamt aufgelegt. Der Reinerlös kam dem Roten Kreuz zugute.

lachen über's runde Gesicht. Aber sie werden uns nie so nahe sein wie die Stillen mit dem ernsten Blick. Der Teddy will uns nicht aufheitern und nicht ablenken. Er führt uns nicht von uns fort, sondern zu uns hin.

Die Kinderpsychologie lehrt uns, daß Kinder eine „animistische Phase" durchleben, die Kulturstufen nicht-zivilisierter Völker gleicht. Im Teddybären mag – in verniedlichter Form – vieles fortleben, was unsere Ahnen in grauer Vorzeit im Bären sahen. Für sie war der Bär ein Quell der Kraft gegen die Unbillen des Lebens. Kein Wunder, daß die Liebe zum kleinen Bären so oft die Kindheit überlebt.

Von seiner Rolle als treuer Freund und Tröster wechselt der Bär nahtlos in die Funktion des Glücksbringers und Maskottchens – und vielleicht steckt sogar hinter der allgemeinen Begeisterung für Gummibärchen weniger die Lust am Süßen als vielmehr die klammheimliche Hoffnung, sich mit den bunten Bärenabbildern aus Gelatine die Kraft des großen, zottigen Halbgottes aus grauer Vorzeit einzuverleiben.

DIE RÜCKKEHR DER ALPENBÄREN

„Der Wald hat einen ganz anderen Geschmack, wenn man weiß: da lebt der Bär!“ Karl Splechtna weiß, wovon er spricht, denn in „seinem“ Wald ist er vor nahezu einem Vierteljahrhundert erstmals wieder aufgetaucht, der große Braune. Als Forstdirektor der Rothschild'schen Besitzungen bei Langau kamen ihm 1972 erste Berichte von der Anwesenheit eines Bären im niederösterreichisch-steirischen Grenzwald um den Ötscher zu Ohren: „Sein Weg ist ja gut dokumentiert gewesen. Am 8. Juni wurde er am Schöckl bei Graz gesichtet, am 23. Juni bei Kindberg, vier Tage später in Mixnitz, am 2. Juli an der Pfaffensattelstraße.“ Über das wildromantische Pielachtal und den Lahnsattel erreichte der pelzige Wanderer im Hochsommer schließlich die urwaldbewachsenen Täler zwischen Dürrenstein und Kräuterin – und dort ist er geblieben.

Seine Heimat war – mit an Sicherheit grenzender Wahrscheinlichkeit – die „Gottschee“, jene nach dem letzten Krieg entvölkerte deutschsprachige Enklave in Slowenien, die berühmt war für ihren Zwetschkenschnaps. Die Schnapsbrenner sind gegangen, geblieben sind die Zwetschkenbäume, und deren süße Früchte erfreuen – heute wie einst – noch immer im Herbst die Bären. Auch „unser“ Bär hatte sich dort als Jungtier für zwei, drei Winter den Wanst vollgeschlagen, bis die Mutter ihn von ihrer Seite vertrieb. Daß junge Bärenmännchen auf Wan-

Ein Orden für Bärenfreunde

1956 stiftete Graf Georg Thurn-Valsassina, damals Präsident des Österreischischen Naturschutzbundes und auf Schloß Hagenegg bei Eisenkappl ansässig, gemeinsam mit dem italienischen Grafen Gallarati den „Romedius-Orden“, der Personen verliehen werden sollte, die sich um den Braunbären verdient gemacht hatten.

Dem heiligen Romedius war von einem Bären sein Maultier zerrissen worden. Der Heilige sattelte daraufhin den Petz und dieser mußte ihm als Reittier dienen, bis er sein Ziel erreicht hatte.

1965 wurde der „Ordo Sancti Romedii“ an einen Kärntner Jäger verliehen, der sich vom „täppischen Gehaben“ eines jungen Bären rühren ließ und das Tier nicht totschoß.

derschaft gehen, ist nichts Besonderes, die angestammten Revierherren dulden keine Konkurrenz, und der unerfahrene Junge muß eben in der Fremde sein Glück suchen. Dieses Naturgesetz verhindert Inzucht – und ermöglicht gegebenenfalls die Besiedelung neuer Lebensräume. Oder auch uralter, wie im Fall des „Ötscherbären“.

Schließlich wurde dort, am Zwieselberg bei Neuhaus, am mondhellen 29. Juni 1842 der letzte Bär des österreichischen Kernlandes vom Holzknecht Maximilian Reiter erlegt. Der Bär hatte die die Kalbin des Kleinhäuslers gerissen und bezahlte diese Untat mit einer Kugel. Seit Reiters wohlgezieltem Schuß war das österreichische Kernland – bis auf einige wenige Zuwanderer, die bald wieder das Weite suchten oder abgeschossen wurden – „bärenfrei“. Vereinzelt wurden Bären nur noch im Grenzland der Kärn-

tner Karawanken beobachtet, ein besonders umsichtiger Petz gelangte 1919 sogar bis St. Aegyd. Doch es scheint ihm nicht gefallen zu haben an der Traisen: nach der Winterruhe verschwand er 1920 wieder.
Erst 130 Jahre nach dem Abschuß des letzten „Standbären" bezog ein Bär wieder Wohnung in unseren Wäldern. „Wahrscheinlich hat er daheim in der Gottschee unsere Himbeeren gerochen!" scherzt Karl Splechtna. „1966 hatten wir hier einen Jahrhundert-Föhnsturm, es gab einen Windwurf von 2.500 Hektar, als unser Bär sieben Jahre später hier auftauchte, waren über 700 Hektar Kahlfläche dicht mit Himbeerstauden überwuchert. Und die waren natürlich ein Paradies für den Bären."
Daß der Bär nicht nur kam, sondern auch bleiben durfte, ist den Jägern und Forstleuten im Ötscherland zu verdanken. „Zuerst haben wir es selbst nicht glauben können, daß der Bär wieder da ist. Und dann haben wir es für uns behalten!" berichtet Karl Splechtna. Als bei einem Kürschner in der Umgebung ein Bärenfell zum Gerben abgegeben wird, herrscht helle Aufregung. Hat sich jemand am Ötscher-Petz vergangen? Karl Splechtna verfaßt eine „Bärenbitte", spricht damit vielen aus der Seele und stößt auch bei den anderen nicht auf taube Ohren.
Noch 1972 wird der Bär zum „jagdbaren Wild" erklärt und ganzjährig unter Schutz gestellt: ohne diese gesetzliche Regelung wäre Meister Petz „vogelfrei" gewesen, jeder könnte ihn – wie etwa eine Bisamratte – töten, ohne irgendwelche Sanktionen befürchten zu müssen. Aber nicht die Angst vor Strafe hält die Jäger am Ötscher zurück, der Bär ist ihnen vielmehr zu etwas Besonderem geworden, fast zu einem Geist des Waldes – wer auf seine Spuren stößt oder ihm gar selbst begegnet, fühlt sich nicht bedroht, sondern geehrt.

Ein Bär in einer Landschaft

Grüne Gedanken um einen braunen niederösterreichischen Ehrenbürger

„Die wundersame Rückkehr des Braunbären in sein ehemaliges steirisch-niederösterreichisches Rückzugsgebiet 130 Jahre nach seiner Ausrottung im Jahre 1842 ist ein Naturphänomen, das so manchem der 17 Menschen, die in 14 Jahren die Gnade hatten, ihn zu sehen, die Tränen in die Augen trieb. Wir wollen alles, was um uns kreucht und fleucht, etikettieren und finden doch nur den allgemeinen Ausdruck N a t u r – als wäre alles außerhalb unseres Kadavers eine einzige Maschine, das magische Ding uns gegenüber. In Wahrheit hat vom Einzeller bis zum haarigen, braunen Bären jedes Wesen s e i n Haus. Nun, spät und langsam nimmt die hirnlastige Art Mensch das Studium des „Hauses der Umwelt" auf. Erst seit 100 Jahren – vorher waren durch Jahrhunderte die besten Köpfe mit Theologie beschäftigt…

Alle Pflanzen und Tiere leben aus einem sehr guten Grund an keinem anderem als dem von ihnen bewohnten Ort. Meistens gibt es sogar mehrere Gründe für die Adresse einer Art. Jeder beeinflußt jeden, und Leben ist Fressen und Fortpflanzen, aber sicher nicht nur! Aber die Textur des Netzes kennen wir nicht. Immer wenn wir eine Masche aufgenommen haben, fällt uns die andere wieder von der Seziernadel.

„Unmöglich scheint immer die Rose, unbegreiflich die Nachtigall", dieses Goethewort kann man beliebig abwandeln: „Unmöglich scheint immer der Wald, unbegreiflich der Bär".

Innerartliche Aggressivität, so sagen die Bärenexperten, veranlaßt einzelne Jugendliche, „Marco Polos“, aus der Heimat fortzugehen, obwohl der Bär keine Art mit ausgeprägtem Territorialverhalten ist. Aber sicher kommt es bei einer Bärenvermehrung zu Flaschenhälsen bei optimalen Überwinterungsplätzen und bei der Nahrung. Ich würde ganz schlicht, anthropomorph, nach eigener Erkenntnis und nach der zahlreichen Bärenliteratur dem einzelnen Individuum – kein Bär gleicht dem anderen – zum Beispiel Fernwehgefühle zutrauen. Ob die nun zu Evolution oder Involution seiner Art gereichen, gleichviel – der Pionier ist ein Pollenkorn im Sturm …“

Aus einem Referat von Dipl. Ing. Karl Splechtna anläßlich des Symposions „Wildtier und Umwelt“, veranstaltet vom Forschungsinstitut für Wildtierkunde der Veterinärmedizinischen Universität Wien, 1987.

„Ich selbst habe zehn Jahre auf eine Begegnung mit unserem Bären warten müssen!“ erzählt Karl Splechtna. Einen ersten Fußabdruck konnte er 1973 vom Waldboden abnehmen.1976 goß er dann wieder eine Bärentatze in Gips – die war schon um ein Gutteil größer: „Da sieht man genau, wie er gewachsen ist!“

Gewünscht hätte er sich einen Bären eigentlich ja viel früher: „Schon 1964 habe ich mit dem Herzog Albrecht von Bayern, der am Ötscher ja eine große Jagd besitzt, gescherzt. „Schade, daß da kein Bär bei uns ist,“ habe ich gesagt. Und er war gleich ganz Feuer und Flamme.: „Das machen wir schon!“ hat er gesagt. Er war ja selbst früher als Berufsjäger in den Karpaten und hat da einen ungarischen Oberförster gekannt, der mit Bären Erfahrung hatte. Er hat dann den Plan entwickelt, Bären im Gehege zu halten und den Nachwuchs bei uns auszusetzen. Später haben wir auch erwogen, Bären in Jugoslawien zu betäuben, im Hubschrauber herzufliegen und bei uns auszusetzen. Aber bei den damaligen politischen Verhältnissen hätten nicht einmal der Kreisky und der Tito persönlich einen Hubschrauberflug zwischen Österreich und Jugoslawien zustandegebracht."

Ein Bärenimport blieb dem Herzog aus Bayern also verwehrt, trotzdem hat er sich um den Bären verdient gemacht: als der Weitwanderer aus Slowenien am Ötscher eintraf, fand er dort nicht nur Himbeeren, sondern auch üppige Rehfütterungen vor. Die hatte der bayrische Revierinhaber eingerichtet, weil er testen wollte, ob die Geweihqualität bei Rehböcken durch spezielle Futtermischungen verbessert werden könnte. Die Pellets mundeten nicht nur dem Rehwild, auch der Bär fand Geschmack daran. Mehr als eine Futterstation hat er ruiniert, um ans Kraftfutter zu kommen.

Auch die Bienenzüchter bekamen seine Anwesenheit zu spüren – und er ließ sich nicht nur den Honig schmecken, sondern verleibte sich auch wertvolle Bienennachzucht ein: vor allem die Honig-Dynastie Singer in Purgstall, die ihre „Carnica" Bienenköniginnen in alle Welt exportiert, hatte unter dem Bärenhunger des Ötscher-Petzes zu leiden. Um den Bären von den Bienen am Südhang des Ötschers abzulenken, entwickelte Karl Splechtna potemkinsche Bienenstöcke: Kübel gefüllt mit Honig, Abdeckelwachs und zusätzlich mit Mais bestückt, sollten den Bären veranlassen, seine Tatzen von den Singer'schen Bienenhäusern zu lassen. Vergebens: der Bär fraß die Kübel ebenso leer wie die Bienenstöcke. Die im Wald verteilten Lockfütterungen hatten dennoch einen positiven Effekt: diese „Kukuruz-Telemetrie" ermöglichte es, den Standort des Tiers festzustellen – wo gefressen wurde, war der Bär.

Ein Bär macht noch keine Bären-Wiederkehr

Die ersten Jahre vergingen mit Unglauben und Staunen: manche hielten den Bären schlicht für Jägerlatein, einige wenige konnten sich von der Anwesenheit des großen Braunen mit eigenen Augen überzeugen. Denn der Bär hielt sich bedeckt – von 1972 bis 1986 schlug er acht Schafe und einige wenige Mufflons. Am 11. Juni 1977 trottete er auf der Bundesstraße durch die Gemeinde Maierhöfen-Langau: der Duft von in Müllsäcken zum Abtransport gelagerten Kuttelfleck hatte ihn angelockt. „Da habe ich schon befürchtet, daß er sich zu einem Müllbären entwickelt, wie es sie in den amerikanischen Nationalparks gibt," berichtet Karl Splechtna, „Aber er hat sich nie wieder an eine Abfalldeponie gewagt."
Wie scheu der Ötscher-Heimkehrer war, zeigt auch die folgende Episode: am 30. April 1978, es lag noch Schnee, passierte der Holzarbeiter Pinkel aus Neuhaus im ersten Morgenlicht eine Wildfütterung und bemerkte den „schlampig aufgebrochen" Kadaver einer Hirschkuh. Eine spätere Spurensuche ergab, daß der Bär das alte, lahme Tier unmittelbar vor dem Auftauchen des Mannes geschlagen haben mußte. Er war gerade dabei, sich über die Eingeweide herzumachen, als er den herannahenden Menschen wahrnahm. Solche Situationen sind bekannt gefährlich: der Bär hätte den näherkommenden Mann für einen Futterkonkurrenten halten und – in Verteidigung seiner Beute – angreifen können. Doch unser Ötscherbär suchte lieber das Weite. „Ich bin seiner Fährte mit Schiern gefolgt: sechs Kilometer bis an unsere Reviergrenze", berichtet Karl Splechtna, „Der Bär ist noch weiter gelaufen – vor Schreck und Menschenscheu!" Und obwohl er eigentlich leer ausging, ist dem Bären sein Beutezug dennoch in

Der Bär und St. Bürokratius

Kaum merkbar nahm unser Bär am Ötscher Quartier, trotzdem war er manchem ein Dorn im Auge. Am 29. Juni 1973 erließ die Bezirkshauptmannschaft Scheibbs folgenden Bescheid:

Bezirkshauptmannschaft Scheibbs - Zl. IX-B-35-1973 - Braunbär

An alle Jagdausübungsberechtigten!
Wie seitens der Bezirkshauptmannschaft St. Pölten anher mitgeteilt worden ist, wurde in Frankenfels das Auftreten eines Braunbären festgestellt. Es ist beabsichtigt, diesen Braunbären durch Spezialtrupps, die mit Narkosegewehren ausgerüstet sind und unter der Leitung von Prof. Dr. Schwaiger des Amtes der NÖ. Landesregierung Abt. III/2 stehen, fangen zu lassen.
Es ergeht die Aufforderung, diesen Spezialtrupps, falls sie in das dortige Jagdgebiet kommen sollten, nicht nur keine Hindernisse in den Weg zu legen, sondern in jeder Weise behilflich zu sein.

Für den Bezirkshauptmann: Dr. Rettl e.h.

Daß Branko, der Ötscher-Bär, von diesem „Haftbefehl“ gewußt hat, ist natürlich kaum anzunehmen – aber er kannte dennoch seine Papppenheimer und ging ihnen geflissentlich aus dem Weg. Er entging so nicht nur der Narkotisierung, sondern auch einem traurigen Dasein als Gehegebär. Und wurde – sehr spät zwar, aber doch – zum Stammvater einer neuen niederösterreichisch-steirischen Bärenpopulation.

positiver Erinnerung geblieben, wie Splechtna weiter erzählt: „Bis 1984 ist er präzise an jedem Jahrestag wieder an dieser Wildfütterung vorbeigekommen, 1985 war er schon am 30. März da. Erst ab 1986 ist er dann ausgeblieben.“
Seine Zurückhaltung gewann dem Ötscher-Petz immer

mehr Sympathisanten – und die Bärenfreunde dachten auch bald weiter: ein Bär macht noch keine Wiederbesiedlung, die Chancen, daß sich auch ein Bärenweibchen aus der slowenisch-kroatischen Bärenpopulation soweit nach Norden wagen würde, waren gleich Null.
Die Idee, dem Ötscherbären eine Partnerin frei Haus zu liefern, wurde ab 1982 immer konkreter diskutiert. Der WWF-Österreich, die Revierinhaber vor Ort, der Niederösterreichische Landesjagdverband und Wissenschafter der Universität für Bodenkultur in Wien riefen 1983 die „Aktion Bärwild" ins Leben: zumindest eine Bärin sollte aus slowakischen oder jugoslawischen Bärengebieten an den Ötscher übersiedeln.
1983 besuchte eine Delegation des WWF das Bärenvorkommen in der slowakischen Mala Fatra. 1985 organisierte der stellvertretende Landesjägermeister von Niederösterreich, Ing. Engelbert Hager, dem die Wiedereinbürgerung des Bären ein besonderes Anliegen war, eine Exkursion in die Slowakei. Vertreter der Viehwirtschaft, des Imkerverbandes und der Behörden, sowie betroffene Grundbesitzer sollten sich in einem besiedelten „Bärenland" ein Bild vom Zusammenleben mit einer vitalen Braunbärenpopulation machen. Doch die Ressentiments gegen den Bären konnten bei diesem Lokalaugenschein nicht überwunden werden: der Niederösterreichische Landesjagdverband zog sich vom „Projekt Bärwild" zurück.
Trotzdem hatte der Bär in Österreich eine Chance: entscheidend dafür war die rechtliche Situation. Am 7. Juli 1983 ergeht ein Bescheid der Niederösterreichischen Landesregierung, der besagt, daß der Bär in Österreich eine heimische Wildart ist und daß deshalb für die „Auffrischung" des Bärenbestandes am Ötscher keinerlei zusätzliche Genehmigung von amtlicher Seite erforderlich ist.

„Paradoxes „ja“ zum Bären

Am 7. Juli 1983 erging ein Bescheid der Niederösterreichischen Forstverwaltung, der die rechtlichen Hindernisse für die Wiederansiedlung von Bären im Ötscherland beseitigte. Paradoxerweise wurde darin das Ansuchen um Bewilligung einer Wiedereinbürgerung abgelehnt – weil so ein Ansuchen nach der geltenden Rechtslage gar nicht nötig wäre.

BESCHEID

Das Ansuchen der Rothschild'schen Forstverwaltung Langau bei Gaming vom 1. 7. 1983 um Bewilligung zum Aussetzen von einigen Jungbären im Bereich des Eigenjagdgebietes der genannten Forstverwaltung wird gemäß § 95 Abs. 1 Z.des NÖ Jagdgesetzes 1974 LGBL. 6500-4, zurückgewiesen.

BEGRÜNDUNG

Die im Spruch zitierte Forstverwaltung hat unter Hinweis auf das Einvernehmen mit dem NÖ Landesjagdverband, der Naturschutzbehörde, dem World Wildlife Fund und den benachbarten Jagdausübungsberechtigten beantragt, für das Aussetzen von Jungbären die Bewilligung zu erteilen. Diesem Antrag war auch ein Protokoll über eine ausführliche gemeinsame Besprechung verschiedener Institutionen angeschlossen. Sowohl aus diesem Protokoll als auch aus anderen Publikationen geht hervor und muß als amtsbekannt angenommen werden, daß im Bereich des Ötschers bereits seit 10 Jahren ein Braunbärenvorkommen bestätigt wird. Dieses Vorkommen wurde als kontinuierlich festgestellt, es handelt sich also nicht um ein einmaliges Durchwechseln eines Exemplares dieser Tierart.

Gemäß § 95 Abs. Z.8 NÖ JG 1974 ist es verboten, ohne besondere Bewilligung der Landesregierung landfremde oder solche Wildarten auszusetzen, die in dem Jagdgebiet nicht oder nicht mehr vorkommen. Es ist aber im vorliegenden Fall davon auszugehen, daß es sich beim Braunbären um eine im §3 leg. cit. angeführte Wildart handelt, die in dem betreffenden Jagdgebiet bereits vorkommt. Das Gesetz unterscheidet hiebei nicht, ob es sich um mehrere Exemplare oder nur um eines handelt. Das mehr als 10 Jahre bestätigte Vorkommen des Braunbären in dem betreffenden Jagdgebiet und in den angrenzenden Gebieten läßt die Erteilung einer Bewilligung für das Aussetzen weiterer Exemplare dieser Wildart entbehrlich erscheinen, zumal, wie bereits dargelegt, die gesetzlichen Voraussetzungen zur Erteilung der Bewilligung nicht gegeben sind. Der Antrag war daher als entbehrlich zurückzuweisen und festzustellen, daß die Verwirklichung der bekanntgegebenen Absicht nicht gesetzwidrig ist.

Rechtsmittelbelehrung
Gegen diesen Bescheid ist Berufung unzulässig.

NÖ Landesregierung
Im Auftrage Mag. iur. de Martin, Abteilungsleiter

Daß die Ötscherpopulation zu diesem Zeitpunkt aus nur einem einzigen Tier besteht, wird als nicht maßgeblich erachtet: der Bär ist wieder da, und es dürfen ihm mit amtlicher Billigung Artgenossen zur Seite gestellt werden.
Das Recht war also auf Seite der Bären – dennoch dauerte es weitere sechs Jahre, bis dem Ötscherbären zur Begründung einer neuen österreichischen „Bärendynastie" ein Weibchen zugesellt wurde.

Ist Österreich ein „Bärenland"?

Ausgiebig diskutiert wurde vor allem die Frage, ob in Österreich überhaupt genügend „bärenfähiger" Lebensraum vorhanden ist. Denn obwohl der Bär in Österreich ja nicht aufgrund der Zerstörung seines Lebensraumes – wie etwa die Großtrappe – verschwunden ist, sondern aktiv

ausgerottet wurde, haben die Modernisierung in der Land- und Forstwirtschaft, sowie die verkehrstechnische und touristische Erschließung des Landes während der letzten hundert Jahre selbstverständlich auch die ehemaligen Bärengebiete geprägt.
Daß ein einzelner Bär in den niederösterreichisch-steirischen Kalkalpen dauerhaft Quartier bezogen hatte und daß in Südkärnten immer wieder „Wanderbären" für kurze oder auch längere Aufenthalte von Slowenien her über die Grenze kamen, war keinesfalls ein Beweis dafür, daß im agrarisch und verkehrstechnisch erschlossenen Österreich eine autarke Bärenpopulation tatsächlich existieren könnte.
Grundsätzlich brauchen Bären weiträumige, zusammenhängende Waldgebiete, die einerseits genügend Futterpflanzen und geeignete Verstecke für Tages- und Winterruhe aufweisen, andererseits aber touristisch, land- und forstwirtschaftlich nicht zu intensiv genutzt werden, damit zu häufige Begegungen Mensch-Bär vermieden werden können.

Die Forstverwaltung Langau und der Bär

(Daten von Karl Splechtna)

Gesamtfläche 13.000 Hektar

Um 1800:	Heute:
Einwohner 1290	519 (am Gebietsrand)
Rindvich (Wald- und Almweide) 1700	480
Schafe, Ziegen 500	keine
Rotwild 3 Tiere auf 100 Hektar	4,6 Tiere auf 100 Hektar
Gamswild 3,5 Tiere auf 100 Hektar	5 Tiere auf 100 Hektar
Rehwild 3 Tiere auf 100 Hektar	4 Tiere auf 100 Hektar

Der slowakische Bärenexperte Milan Janik hat das Ötscherland im Juni 1984 besucht, auf seine „Bärentauglichkeit" hin beurteilt und es als Wohnort für 40 bis 50

Bären tauglich befunden. Die Zahl mag hoch erscheinen, doch Janik – Bärenforscher in der slowakischen Mala Fatra – sprach aus Erfahrung: „Das Gebiet „Ötscher-Dürrenstein-Rothwald“ umfaßt eine Fläche von rund 50.000 Hektar und weist eine ökologisch wie auch ökonomisch günstige Situation auf. Zum Vergleich sei angeführt, daß der Bären-Lebensraum Mala Fatra nur rund 20.000 Hektar Fläche hat, dort eine intensive forstliche Nutzung herrscht, die Almweiden den ganzen Sommer über mit etwa 450 Rindern und 3.000 Schafen betrieben werden und zudem dieses Gebiet pro Saison von rund 900.000 Touristen bewandert wird! Dabei leben dort dauernd 15 Luchse, 20 Bären, jagt der Wolf, existieren rund 300 Stück Rotwild, 150 Stück Schwarzwild und 350 Rehe. ...Menschen gegenüber zeigt der Bär ausgeprägte Scheu. Bei nicht vorhersehbaren Zusammentreffen mit ihm versucht er immer zu fliehen! Zur Kollision kann es nur in ganz außergewöhnlichen Fällen kommen, zum Beispiel wenn die Fluchtdistanz bei überraschender Begegnung und bei außergewöhnlichen Verhältnissen unterschritten wird, oder wenn die Jungen einer Bärin bedrängt werden. Trotz des intensiven Wandertourismus innerhalb besagten Gebietes der Fatra weist die Statistik keinen einzigen Fall eines Angriffs von Bären auf einen Touristen aus. Ein Vorsichtsgebot wäre jedenfalls, daß sich die Wanderer an die markierten, frequentierten Wege und Steige halten. Einer der Faktoren, der die Eignung eines Gebietes als Bärenlebensraum beeinflußt, ist dennoch ohne Zweifel die Dichte der frequentierten Wanderwege. Im slowakischen Bärenbiotop liegt diese etwa bei 0,5 Kilometer pro Quadratkilometer. Nach den Erhebungen im Untersuchungsgebiet Ötscher-Dürrenstein-Rothwald liegt die Dichte dort mit 0,1 bis 0,26 weit unter dem tragbaren Niveau. Sie ist als sehr positiv zu

werten. Dichter als im Gebiet der Fatra ist hier das Forstwegenetz. Soferne aber weiterhin, wie bisher obligat, das Befahren der Forstwege durch jedermann unterbunden bleibt, sind die Forstwege kein limitierender Faktor für die Tauglichkeit des Gebietes als Lebensraum für Bären."
Milan Janik fand am Ötscher alles, was Bären brauchen: unzugängliche Schluchten und Dickichte als Rückzugsgebiete, Höhlen für die Winterruhe. Und was ihnen mundet: Himbeeren, Brombeeren, Heidelbeeren, Preiselbeeren, Vogelbeeren, Hollunder, Hagebutten, Haselnüsse, Bucheckern. Darüberhinaus für's Befriedigen „fleischlicher Begierden" zahlreiche Ameisenbauten, üppig von Kerbtieren bewohntes Totholz, daneben reichlich Schnecken, Froschlurche und Schlangen. Und für die Fallwilddiät nach der Winterruhe würde der Bestand an Rotwild und Gemsen sorgen.
Negativ schlägt höchstens der im Vergleich zu „alten Bärenzeiten" heute höhere Anteil an Nadelwald zu Buche: unter Laubbäumen mit ihrem schmackhaften Blattwerk, mit Bucheckern und Eicheln tut sich der Bär bei der Nahrungssuche leichter als unter Fichten. In mancher Hinsicht erweist sich der Lebensraum des Ötscherpetzes aber sogar als „besseres Bärenland" als zu Beginn des vorigen Jahrhunderts: der Wildbestand ist heute höher, die Bevölkerungsdichte um mehr als die Hälfte gesunken. Zwar gab es um 1800 noch keinen Tourismus, der heute im Ötscherland einen wesentlichen wirtschaftlichen Faktor darstellt. Für den Wintersport würde die Anwesenheit von Bären aber nicht von Bedeutung sein: die Eiszeit verschläft Meister Petz ja bekanntlich. Die landschaftlichen Gegebenheiten sollten den Bären aber auch zur „Wanderzeit" den Rückzug in unzugängliche Gebiete ermöglichen. Der eingesessene Ötscherpetz hat sich in dieser Hinsicht ja immer vor-

bildlich verhalten, wie Karl Splechtna berichtet: „Wir konnten das erkennen, weil er zum Wochenende das für ihn kraft der Bienenzuchtstation „Carnica“ im Hinterötscher besonders attraktive Gebiet verläßt und im Sommer das Naturschutzgebiet Rothwald mit dem immer mehr steigenden Besucherdruck zunehmend mied.“

Nur wilde Bären für die Wildnis

Immer wieder gab es Versuche, in Gefangenschaft geborene Bären auszuwildern. 1959 holte der Wildtierexperte Peter Krott ein Pärchen Bärenjunge aus tschechischen Zoos, zog sie in seinem Haus im italienischen Carisolo groß und versuchte sie allmählich an ein Leben in Freiheit zu gewöhnen. „Bumsli“ und „Sepha“ – so wurden die beiden getauft – sollten der kleinen Bärenpopulation der Dolomiten, der letzten in den Alpen, „Blutauffrischung“ bescheren. Krott erlebte mit seinen Bärchen faszinierende Abenteuer, und das Buch, in dem er ihr Heranwachsen beschrieb (Titel: „Ich war eine Bärenmutter“), wurde ein Bestseller. Dennoch mußten Sepha und Bumsli nach einem kurzen „Gastspiel“ in Freiheit in den Zoo von Trient übersiedeln: ihre Anwesenheit hatte die Anwohner in Angst und Schrecken versetzt, und da die Bären durch den engen Umgang mit ihren Zieheltern mit Menschen völlig vertraut waren, fehlte ihnen selbstverständlich jenes Bedürfnis nach Distanz, das ein Zusammenleben zwischen Menschen und „freien“ Bären erst möglich macht.
Eine Auswilderung einer in Gefangenschaft geborenen Bärin soll 1967 in der Hohen Tatra bei der Ortschaft Harmanec gelungen sein: das Junge war verwaist im

Wald gefunden worden, mit seinen Pflegern wurde es bald sehr vertraut, aber Fremden gegenüber gebärdete es sich wild und pflegte sich gegen diese auch mit Bissen zur Wehr zu setzen. Schließlich wurde es einem Förster übergeben, der es in der Umgebung seines Hauses an die Freiheit gewöhnte. Nicht gerade feinfühlig war allerdings die Methode, mit der der Förster der jungen Bärin doch noch Scheu vor dem Menschen im wahrsten Sinn des Wortes „einbläute" – er verabreichte ihr bei der Freilassung eine gewaltige Tracht Prügel. Die Bärin soll Menschen fortan aus dem Weg gegangen, zu einem stattlichen Tier herangewachsen sein und auch bald Junge gehabt haben.

Fachleute warnen allerdings vor der Auswilderung von handaufgezogenen Bären: diese Tiere betrachten den Menschen als Nahrungsquelle, sie werden immer wieder seine Nähe suchen und Situationen, in denen der Bär zudringlich oder gar aggressiv wird, sind früher oder später unvermeidbar. Dennoch gibt es auch heute immer wieder Versuche, zahme Bären auszusetzen. Dem WWF werden immer wieder Zoo-Bären zur Auswilderung angeboten, nach Pressemeldungen im Jänner 1995 soll ein Schweizer Geschäftsmann vier Bären vom Zoo von Sarajewo angekauft haben, um sie in den Schweizer Alpen freizusetzen.

Bärensache-Ehrensache

Der WWF begann ab 1988, nun auch in der breiten Öffentlichkeit für die Wiedereinbürgerung des Bären zu werben, um die Mittel für das Projekt, seine wissenschaftliche Betreuung und eine „Bärenversicherung", die etwaige Schäden abdecken sollte, aufzubringen. Der Wildbiologe Erhard Kraus übernimmt die Leitung des Projekts, auch das Institut für Wildbiologie der Universität für Bodenkultur in Wien ist eingebunden.

Überwiegend wird die „Bärensache-Ehrensache" positiv aufgenommen, ein regelrechter „Bärenenthusiasmus" erfaßt weite Schichten. „Eine Frau für den Ötscherbären" titeln die Zeitungen, Österreich ist im Heiratsfieber – nur einzelne unverbesserliche Skeptiker geben zu bedenken, daß der Ötscherpetz womöglich in selbstgewählter Einsamkeit lebt und gar nicht scharf wäre auf eine Lebensgefährtin.

Andere Einwände kommen von wissenschaftlicher Seite: wenn Österreich als „Bärenland" geeignet wäre, würden sich diese schon von alleine einfinden. Man solle der Natur nicht ins Handwerk pfuschen und solche Prozesse durch menschliche Eingriffe zu fördern suchen.

Doch weitgehend wird der Eheschließung freudig entgegengesehen – Vorbehalte werden allerdings laut gegen die möglichen Folgen der glücklichen Verbindung: „Weibchen für Ötscherbär: Aber Angst vor Nachwuchs" titelt etwa die damals noch existente AZ grammatikalisch nicht ganz korrekt. Die Vorstellung, daß bald ganze Bärenhorden die niederösterreichisch-steirischen Wälder durchstreifen, macht nicht nur den unmittelbaren Anrainern zu schaffen.

Informationsveranstaltungen und Pressekonferenzen sollen Bedenken dieser Art zerstreuen, und schließlich ist es soweit: nach 17 Jahren Einsamkeit soll „Branko“ – so wurde der Ötscher-Bär schließlich getauft, nachdem er seine ersten Jahre im Land als „Petzi“ verbracht hatte – ein weibliches Wesen zugeführt werden.

Bärenfang kontra Tierschutz

Nach den Unfällen bei den Bärenfang-Versuchen für das Wiederansiedlungsprojekt in Österreich wurden auch Bedenken von seiten des Tierschutzes laut. Ist es ethisch vertretbar, Wildtiere einzufangen, sie dem Streß von Fang, Betäubung und Transport in eine ihnen gänzliche unbekannte Umgebung auszusetzen? Überlegungen dieser Art haben ihre Berechtigung, allerdings mußte im vorliegenden Fall bedacht werden, daß die Bärenbestände in Kroatien, Slowenien und der Slowakei üblicherweise durch jagdliche Abschüsse konstant gehalten werden: pro Jahr wird eine bestimmte Anzahl Bären erlegt, um ein übermäßiges Anwachsen der Populationen zu verhindern. Die für das österreichische Bärenprojekt eingefangenen Bären waren solche „Quotentiere“, allerdings blieb ihnen der Abschuß erspart, sie sollten eine zweite Chance in neuer Heimat bekommen.

Mira kommt

Der slowakische Bärenexperte Milan Janik empfahl in seinem Gutachten, über einen Zeitraum von sechs Jahren vier erwachsenen weibliche Bären, drei Männchen und vier Jungtiere in einem Gebiet von rund 50.000 Hektar auszusetzen: bei einer jährlichen Zuwachsrate von rund 10

Das Gebiet um den Ötscher ist ein nahezu ideales „Bärenland“ – nicht von ungefähr hat sich Österreichs erster Bär 1972 hier niedergelassen. Doch um einen Bärenbestand aufzubauen und zu erhalten, braucht es nicht nur gesunde männliche Tiere, sondern vor allem fortpflanzungsfähige Weibchen: in Maridl, die Tochter der verunglückten Mira, werden große Hoffnungen gesetzt.

Bären lieben Honig – Schäden an den Bienenstöcken müssen durch Versicherungen gedeckt werden.

Ein schwerer Schlag für das Bären-Wiederansiedlungsprojekt- im Herbst 1993 wird Mira tot aufgefunden, um ihre Jungen bangt ganz Österreich.

Der Laubwald ist der ideale Lebensraum für die Braunbären. Er gibt ihnen Deckung und Nahrung.

Nächste Seite: Das Ötschergebiet

Rechts der „Herr der Wälder" in Freiheit, links ein befreiter griechischer Tanzbär hinter dem Elektrozaun. Im von der WSPA eingerichteten Waldgehege kann er die Leiden der Gefangenschaft vergessen. Einmal gezähmte Bären können nicht wieder in die freie Wildbahn entlassen werden, da sie an den Menschen gewöhnt sind und immer wieder seine Nähe suchen würden – gefährliche Situationen wären damit vorprogrammiert.

Nach Kärnten kommt der Bär von alleine: „Bärenanwalt“
Bernhard Gutleb kam einem jungen Petz auf der Koralpe ganz nah.

Prozent sollte damit innnerhalb von 15 Jahren eine Population von 40 bis 50 Tieren aufgebaut werden können – ein Bestand dieser Größe wäre, wenn der Austausch mit den Beständen im ehemaligen Jugoslawien aufrecht bleibt, überlebensfähig. Im Spätfrühling 1989 war es schließlich soweit: ein junge kroatische Bärin sollte eingefangen, nach Österreich transportiert und im Gebiet des alteingesessenen Ötscherbären freigelassen werden. Der Fangort lag im Gorski-Kotar-Gebirge in der Nähe der Ortschaft Delnice, zwischen Zagreb und Rijeka. Geleitet und durchgeführt wurde die Fangaktion vom kroatischen Bären-Fachmann Djuro Huber – der erste männliche „Bärenimport" vier Jahre später sollte ihm „nachgetauft" werden. Am 6. Juni wurden an einem Luderplatz zehn Schlingen aus Drahtseil ausgelegt, am Morgen des 8. Juni kam die Meldung, daß sich ein Bär in einer der Schlingen gefangen hatte. Das Tier wurde per Narkosegewehr betäubt, und um 11.34 Uhr stand nach erfolgter Geschlechtsuntersuchung fest: der Ötscherbär würde sein Weibchen bekommen.

Nach der Betäubung wird die junge Bärin – die Zahnuntersuchung zeigt später, daß sie erst dreieinhalb Jahre als ist – genau vermessen, mit Ohrmarken und Sendehalsband versehen.

Zweimal muß das Tier nachsediert werden – einmal mit Handinjektion, das zweite Mal per Blasrohr – bis um cirka 21.00 Uhr die letzten Zollformalitäten erledigt sind: Mira – so wurde die Bärin am späten Nachmittag „getauft" – fährt in ihrer Transportbox ihrer neuen Heimat entgegen. Kurz vor 1.00 Uhr nachts erreichen Bär und Bärenexperten den Freilassungsort. Selbstverständlich sollen Miras erste Schritte im Ötscherland dokumentiert werden – doch die Blitzlichter der Fotoapparate jagen ihr Angst ein. Sie verkriecht sich ganz hinten in ihrer Holzkiste und wagt erst nach

Miras Steckbrief

Bär Nr. AU-1 („Mira“) Bearbeiter: D. Huber und Studenten

MARKIERUNG:
Tätowierung an der Innenseite der Unterlippe: „01“
rote Ohrmarken (ca. 1.5 cm x 5 cm) mit einer Nummer an beiden Ohren (links: 11345, rechts 11344)
Halsbandsender mit Aktivitätsschalter, feste Fixierung (rostfreie Schrauben)

MESSERGEBNISSE:
Gewicht: 76 bzw. 79 kg (zwei Waagen), sehr schlank, kein Fett
Fell: Zustand: in Ordnung (Winterhaar), Farbe: braun, weiße Spitzen am Rücken,
Länge der Haare: 10 cm, am Vorderrücken: 15 cm
Gesamtlänge: 153 cm, Schwanzlänge: 8 cm
Brustumfang: 86 cm, Halsumfang: 50 cm
Schulterhöhe: 75 cm
Kopf: Umfang: 54 cm, Breite: 17.02 cm, Länge: 31.59 cm,
Länge der Ohren: links 13.5 cm, rechts 13.2 cm, Abstand zwischen den Ohren: 13.2 cm
Gebiß: Abstand zwischen den Spitzen der Fangzähne: oben 5.77 cm, unten 5.72 cm, Länge der Fangzähne: oben/links 2.91 cm, oben/rechts 2.97 cm, unten/links 2.93 cm, unten/rechts 2.94 cm, 1. Molar unten/links: Breite 2.02 cm, Länge: 0.93 cm
Gebiß in ausgesprochen gutem Zustand

Branten (in cm):	vorne		hinten	
	links	rechts	links	rechts
Länge (ohne Krallen)	11.35	12.81	18.85	18.56
Breite	10.47	11.62	10.19	10.29
Länge der mittl. Kralle	4.92	5.20	2.76	2.78

Geschlecht: weiblich Vulva: juvenil Laktation: -
Temperatur: 37.4 Grad C Atmungsfrequenz: 11/Min.
Herzfrequenz: 44/Min.

einer halben Stunde den großen Sprung in ihr neues Leben. Mira nahm die ihr vom Menschen zugedachte neue Heimat an: die ersten beiden Wochen nach ihrer Freilassung blieb sie ganz in der Nähe des Freisetzungortes, dann erweiterte sie den Radius ihrer Streifzüge, verließ das Gebiet des Ötscher-Altbären aber nie. Viel wurde gerätselt, ob und wann Bär und Bärin einander begegnet sind – Vermutungen, daß der alte Ötscherpetz gar kein Interesse an ihr zeigen würde, daß ihm ein Weibchen in den 17 Jahren seines Junggesellendaseins gar nicht „abgegangen“ war und daß er vielmehr in die Einsamkeit gezogen wäre, weil er mit dem weiblichen Geschlecht ohnehin nicht viel anzufangen wüßte, haben sich jedenfalls nicht bewahrheitet.
Tatsächlich wurde Mira bereits im Winter 1990/91 das erste Mal Mutter: sie hatte drei Junge, von denen wahrscheinlich aber nur eines, ein Männchen, das „Arcas“ getauft wurde, überlebt haben dürfte.

Cilka und Djuro folgen

Mira wurde im Juni 1989 eingebürgert, für das Folgejahr war die Freisetzung von zwei weiteren Tieren geplant – diesmal nicht nur aus dem kroatischen, sondern auch aus dem slowakischen Bärenbestand. Dazu kam es allerdings nicht: bürokratische Hürden und die politischen Umwälzungen in der damaligen CSSR verhinderten Fang und Export. 1991 sollte wieder ein Bär aus der slowenisch-kroatischen Population eingefangen werden. Das Weibchen mit dem Taufnamen „Linda“, das sich in der Schlinge fing, erwies sich mit höchstens 2,5 Jahren und einem Gewicht von nur 43 Kilogramm aber als zu jung und wurde wieder freigelassen. Der Fang eines weiteren, zirka fünf-

Ab 1993:
Immer mehr Bären wandern immer weiter

Drei Bären hat der WWF im Zuge seines Wiederansiedlungsprogramms im Bereich der niederösterreichisch-steirischen Kalkalpen ausgesetzt. Ab 1993 kommt es aber in Niederösterreich, der Steiermark und Oberösterreich zu vermehrten Bärenbeobachtungen. Etliche Tiere dürften ab 1992 selbständig aus Slowenien in den Bereich eingewandert sein. Im Februar 1993 mußte einem solchen „Immigranten" im Ausseerland sogar „Erste Hilfe" geleistet werden: kläglich brüllend durchstreifte das Tier den Wald oberhalb des Toplitzsees, Augenzeugen berichten vom „erbärmlichen Zustand" des Bären. Der Petz war früh aus dem Winterschlaf erwacht, weil er sich im Herbst nicht genügend Speckvorräte angefressen hatte. Die Jäger spendierten dem hungrigen Petz Fleischabfälle aus dem Schlachthof Bad Aussee, die er dankend annahm. Aufgrund von Spuren konnten die Forstleute noch die Anwesenheit eines weiteren, etwas kleineren Bären verifizieren. Beide Bären dürften schon damals Kontakt zur freigesetzten Bärin Cilka aufgenommen haben. Und einer der Petze wanderte wahrscheinlich sogar noch weiter: im Mai wurde ein Bär im Lungau gesichtet und im Talschluß bei Göriach sogar fotografiert. Im August berichtete ein Berliner Urlauber von einer Bärenbegegnung in Oberbayern im Nationalpark Berchtesgadner Land. Bei letzterem Bären handelte es sich aber nachweislich um eine Fälschung: im Rahmen der Kunstaktion „Ursus in Orbit" hatten sich zwei deutsche Spaßvögel verkleidet und machten im Bärenpelz die Wälder unsicher.

jährigen Bären endete tragisch: das männliche Tier, „Tom“ genannt, verendete während des Transports. An der Veterinärmedizinischen Universität Wien wurde als Todesursache Herzversagen durch Streß konstatiert. International war bis zu diesem Unfall kein ähnliches Vorkommnis belegt, bei der Autopsie wurde eine chronische Erkrankung des Tieres festgestellt, Lunge und Herzmuskel erwiesen sich als schwer geschädigt.
1991 gab es einen weiteren Fangversuch in der Slowakei, die Kastenfalle wurde allerdings nur von einem als „Müllbär“ bekannten Tier angenommen. Dieser Bär wurde wieder freigesetzt, da nur scheue, den Menschen meidende Tiere für ein Auswilderungsprojekt geeignet sind.
Bei einem weiteren Fangversuch 1992 verletzte sich ein Bär in Slowenien in der Fangschlinge und wurde daraufhin freigelassen.
Trotz dieses Unfalls erhielt die Bärenkolonie am Ötscher in diesem Jahr aus slowenischen Beständen weitere Verstärkung: die Bärin Cilka wurde im Frühjahr 1992 freigesetzt, der vierjährige, 115 Kilogramm schwere Djuro folgte im Mai 1993.

Nicht nur nach Kärnten kommt der Bär von selbst

Alle drei Bäreneinbürgerungen erfolgten in der Ötscher-Region, im Süden Österreichs faßte Meister Petz selbständig wieder Fuß. In Kärnten lebten noch im 18. Jahrhundert zahlreiche Bären: in einem einzigen Revier in Oberkärnten wurden zwischen 1719 und 1724 siebenundzwanzig Petze getötet, beziehungsweise eingefangen. In den Karawanken war der Bär bis 1850 heimisch – viel länger als in den anderen Bärengebieten des österreichischen Kernlandes. Auch im „bärenfreien“ Jahrhundert seit 1850 waren in Kärnten immer wieder Bären gesichtet und auch geschossen worden. 1860 fiel südlich von Klagenfurt ein Petz, 1884 wurde ein Bär nach einer abenteuerlichen Verfolgungsjagd in den Gailtaler Alpen erlegt: er war erst nur angeschossen worden und hatte daraufhin einen Bauern angegriffen und verletzt. 1921 gab es einen Bärenabschuß

„Der Bär ist eine Art Gewissensprüfung ...“

„Als wir erwogen haben, dem Ötscherbären ein Weibchen beizustellen und so die Wiedereinbürgerung des Bären in Österreich zu unterstützen, war uns schon klar, daß das ein großer Schritt ist. Ich kann mir eigentlich nicht vorstellen, daß es im Naturschutz etwas Schwierigeres gibt als die Einbürgerung eines so wehrhaften Wildtieres. Bei den Menschen Verständnis dafür zu finden, daß diese oder jene Wiese geschützt werden sollte, weil dort eben ein besonderer Schmetterling lebt, das ist zu machen. Es gibt viele wichtige Bereiche im Naturschutz, aber das Thema „Bär“ ist mit nichts zu vergleichen. Ob wir dem Bären ein Lebensrecht bei uns zugestehen, ist eine Gewissensfrage: wir kritisieren die Menschen in der Dritten Welt, weil sie ihre Wildtiere ausrotten. Aber für die Afrikaner, die in bitterer Armut leben, ist der Elefant, der ihre Felder zerstört, eben eine wirklich große Bedrohung. Gleiches gilt für die Menschen in Indien, denen der Tiger die wenigen, kostbaren Haustiere reißt. Wie können wir dort den Schutz dieser Tiere fordern, wenn wir den Bären bei uns nicht dulden wollen?“

Erhard Kraus, Leiter des WWF Bärenprojekts von 1988 bis 1995

auf slowenischer Seite. Im Bärental wurde noch 1950 wieder ein Bär erlegt. 1965 kam es sogar zu zwei Abschüssen. Ein 120 Kilogramm schwerer Petz wurde damals bei Ferlach erlegt. 212 Schafe soll er gerissen haben, was aber von Fachleuten bezweifelt wurde, da dem selben Bären auch vorgeworfen wurde, in einen Greißlerladen eingebrochen zu sein und dort Brot, Wurst und Käse schnabuliert zu haben. Das zweite – ebenfalls männliche – Tier wurde bei Eisenkappl erlegt.

Obwohl immer wieder von den „Karawanken-Bären" die Rede ist, kommen Bären aus der slowenisch-kroatischen Population weitaus häufiger als nach Unterkärnten in die Gailtaler und Karnischen Alpen – und die Petze benehmen sich durchaus nicht immer „anständig": am 3. Mai 1983 etwa riß ein Bär vierzehn Schafe, am 28. Juni 1991 tötete ein Petz im Maltatal elf. Selbstverständlich sorgten solche „Ausrutscher" immer wieder für Diskussionen, aber die Grundstimmung in Kärnten war eigentlich immer „für" die Bären: so wurde etwa im November 1981 in den Kärntner Medien der Sorge Ausdruck verliehen, ein ins Gailtal eingewanderter Petz könnte sich zur Winterruhe doch noch zurück nach Jugoslawien begeben – obwohl sich der Bär kurz vorher an fünf Schafen vergriffen hatte.

Auch führende Muttertiere tauchten immer wieder auf. Im Herbst 1988 wurde eine Bärin mit einem Jungen gesichtet, das Jungtier verirrte sich in einen Autobahntunnel und entkam nur knapp dem Tod auf der Straße. Am 15. November des Jahres 1988 wurde ein Bär bei Tarvis überfahren – erst wurde befürchtet, es könnte sich um das Muttertier handeln, und ganz Kärnten bangte um das verwaiste Junge. Dann das große Aufatmen: das 300Kilo-Tier war männlich – es war „nur" der Vater!

Seit Beginn der 90er Jahre werden die Bären-"Besuche" in

Kärnten genauer dokumentiert, und mittlerweile hat sich auch ein Grüppchen von rund 12 Petzen auf Dauer im Land niedergelassen – obwohl Bären natürlich keine Staatsgrenzen kennen und nach Belieben zwischen Slowenien und Österreich hin- und herwechseln. Und gegebenenfalls auch in Österreich weiterwandern – bis nach Salzburg hat es einzelne „Einwanderer" schon verschlagen. Doch nicht nur die kroatisch-slowenischen Bären sind auf Wanderschaft – im Juli 1982 wird bei einem Weingarten bei Marchegg eine Bärin mit zwei Jungen, die offenbar aus der Slowakei gekommen waren, beobachtet. Am 13. Jänner1994 soll ebendort ein einzelner Bär gesichtet worden sein.

Versicherung gegen Bären

Wenn der Bär wieder kommt, wird es früher oder später auch Bärenschäden geben. Die Bereitschaft, ein großes und wehrhaftes Wildtier wie den Bären zu dulden, steigt bei der Bevölkerung der Bärengebiete, wenn solche Schäden – Zerstörungen an Bienenstöcken, Verluste an Weidevieh – finanziell abgegolten werden und nicht die Betroffenen selbst dadurch belastet werden. Der WWF und die „bärenfreundliche" Jägerschaft waren von Anfang an bemüht, durch eine „Bärenversicherung" diese Schäden abzugelten. Allerdings gelang diese Regelung nicht in allen „bärigen" Bundesländern – für Oberösterreich konnte bis Ende 1995 keine Versicherungslösung gefunden werden.

Starb Mira durch ihre Jungen?

Über den Korridor Slowenien-Kärnten waren wahrscheinlich auch jene Bären eingewandert, die 1994 in ganz Österreich für helle Aufregung sorgten. Dabei zitterte man zuerst gar nicht vor den Bären, sondern um sie. Das Jahr 1993 hatte gut begonnen: beide Bärenweibchen führten Junge – Cilka zwei, Mira gar drei. Am 19. September wird Mira im Lechnergraben bei Lunz am See tot aufgefunden. Über die Todesursache wird in den Medien wild spekuliert: daß die Bärin an einem Gehirntumor verendet ist, wird ebenso vermeldet, wie daß sie durch einen Autounfall verletzt worden, bei der Flucht abgestürzt und so ums Leben gekommen wäre. „Als Mira obduziert wurde, haben wir zur genauen Untersuchung auch den Schädel öffnen lassen." berichtet Norbert Gerstl, der seit dem Frühjahr 1995 das WWF-Projekt „Bär" leitet, „Ein Journalist hat das mißverstanden und berichtet, die Bärin wäre abgestürzt, weil sie an einem Tumor im Gehirn gelitten hätte." Auch zur Meldung über den Autounfall kam es, weil der Pathologe meinte, die Rippenbrüche würden jenen gleichen, die beim Anfahren durch ein Auto entstehen. Mit großer Wahrscheinlichkeit stürzte Mira über den Steilhang, die gebrochenen Rippen bohrten sich in die Lunge, die Bärin starb an inneren Blutungen. „Möglicherweise haben ihre drei Jungen einen Steinschlag ausgelöst, der die Mutter in die Tiefe riß." berichtet Gerstl weiter, „Die Tiere wurden schon früher beobachtet, wie sie am Steilhang Steine wendeten, um darunter nach Insekten und Kleintieren zu suchen. Wenn Mira tiefer am Hang aktiv war und die Jungen über ihr, kann es gut sein, daß sie von durch die Jungtiere gelockerten Steinen getroffen wurde und deshalb abgestürzt ist." Tatsache ist, daß die schwerverletzte Bärin

nach stundenlangem Todeskampf an ihren inneren Verletzungen verendete.
Miras Tod bewegte die Gemüter in ganz Österreich – und die Sorge um die drei verwaisten Jungtiere hielt die Öffentlichkeit wochenlang in Atem.

Drei kleine Bären und der Winter

Vor allem der Entschluß der Verantwortlichen des WWF, die Jungtiere nicht einzufangen, stieß bei vielen auf Unverständnis – es kam sogar zu spontanen Austritten aus der Naturschutzorganisation. Theoretisch wäre es natürlich möglich gewesen, die Jungen mit Futter zu ködern – der Besitzer des Bärengeheges auf der Gemeindealpe bei Mitterbach in Niederösterreich hatte bereits angeboten, zumindest eine der Bären-Waisen aufzunehmen. Für ein Leben in freier Wildbahn wären die drei Jungtiere aber dann verloren gewesen. Denn ein mit dem Menschen vertrauter Bär kann nicht mehr freigelassen werden, er hat seine natürliche Scheu verloren, sieht im Menschen eine „Futterquelle“ und würde immer wieder von sich aus Kontakt suchen – was früher oder später mit großer Wahrscheinlichkeit zu gefährlichen Zusammenstößen führen würde. Die drei Bären wären also zu einem lebenslangen Dasein in Gefangenschaft verurteilt gewesen.
Einerseits war die Situation paradox: auch beim ersten Wurf Miras hatten zwei ihrer drei Jungen nicht überlebt – aber vom Schicksal dieser beiden Jungtiere hatte eben keiner gewußt. Die Überlebenschancen der drei Waisenbären wurden von Experten mit etwa 50 Prozent eingeschätzt – aus Slowenien war ein Fall bekannt, bei dem ein Jungbär nach dem Verlust des Muttertieres den Winter selbststän-

dig überlebt hatte, in Spanien überstanden drei Jungtiere den Winter ohne mütterliche Unterstützung.
Zum Zeitpunkt von Miras Tod waren die Waisen noch nicht in akuter Gefahr – noch bot der Wald genügend Nahrung. Fraglich war aber, ob die Jungbären ohne Führung und Anleitung durch das Muttertier sich genügend Winterspeck würden anfressen können – und ob sie ohne Mutter imstande sein würden, sich ein wetterfestes Winterlager zu suchen. Über eines herrschte Einigkeit: am größten wären die Chancen der drei, wenn sie zusammenblieben und gemeinsam überwinterten. Doch schon wenige Tage nach Miras Unfall machte sich ein Bärchen von den beiden anderen Geschwistern selbständig.
Kurzfristig wurde auch diskutiert, die Jungtiere doch einzufangen, aber nur kurz zu betäuben und mit Halsbandsendern zu versehen, um sie unter Kontrolle zu haben. Dieser Plan wurde aber dann nicht in die Tat umgesetzt – man wollte das Risiko, die Bärchen dabei zu schwächen, nicht eingehen.
Besonders eindringlich appellierten die WWF-Verantwortlichen an die Bevölkerung, die Bären nicht zu füttern. „Wenn Bären lernen, daß sie beim Menschen Futter bekommen, werden sie korrumpiert.“ erklärt WWF-Projektleiter Norbert Gerstl, „Sie kommen dann selbständig in die Ortschaften, nehmen sich, was sie wollen, irgendwann einmal auch mit Gewalt. In Rumänien gibt es viele Bären, die ein solches Verhalten zeigen. Wir müssen den Fehler, die Bären an den Menschen als Futterquelle zu gewöhnen, unbedingt vermeiden.“
Trotz dieser Warnungen wurden die Bärenjungen vereinzelt doch gefüttert. Doch sie zeigten nicht nur deshalb schon bald viel weniger Scheu als von der Mutter geführte Jungtiere: immer wieder tauchten sie in der Nähe von

Dörfern und Gehöften auf, das einzelne Junge verirrte sich sogar einmal bis in einen Gemüsegarten bei Langau. Junge Bären erfahren durch das Muttertier eine intensive Schulung – sie lehrt ihren Nachwuchs auch, Respektabstand zum Menschen zu halten. Fehlen die mütterlichen Warnungen, wahren Jungtiere viel weniger Distanz. Werden sie auch noch in der Nähe menschlicher Siedlungen gefüttert, werden sie geradezu zu „Kulturfolgern" erzogen – mit möglicherweise katastrophalen Folgen, wenn sie erst herangewachsen sind.
Um den Bärenwaisen das Überleben zu erleichtern, wurden sie im Spätherbst bei von Siedlungen weit entfernten Fütterungen mit Obst versorgt. Im November verloren sich schließlich ihre Spuren, keine neuen Sichtungen wurden mehr gemeldet.
Das große Aufatmen kam Mitte April: schon zu Ostern waren die Tiere – das Bärenpärchen und der Einzelbär – von Jägern beobachtet worden. Das „Wunder" war geschehen: alle drei Bärenwaisen hatten selbständig überwintert und die kalte Jahreszeit ohne Fürsorge der Mutter überlebt.

Zittern um „Petzi" und vor „Nurmi"

Wenige Tage nach der erlösenden Meldung „Unsere Bärchen sind gesund aus dem Winterschlaf erwacht" geht erneut eine „bärige" Meldung durch die Presse – diesmal aber eine negative: am 30. April um zirka 21.00 Uhr kommt es an der Schnellstraße Bruck-Graz einige Kilometer südlich von Bruck an der Mur zu einer Kollision zwischen einem PKW und einem Bären. Die Fahrerin des Autos ist völlig geschockt, der Bär wird schließlich geborgen, betäubt und in den Wildpark Mauthern gebracht. „Petzi" hatte Glück im

Unglück, er erlitt keinerlei schwerere Verletzungen, sondern hatte sich nur sein Hinterteil schmerzhaft geprellt. Nach einigen Tagen Beobachtung wird er nahe beim steirischen Ort Mauthern wieder in die Freiheit entlassen – ein unter die Haut injizierter Computerchip, der auf die Entfernung von mehreren Metern abgelesen werden kann, soll in Zukunft die Identifizierung des Tieres ermöglichen.
Bald wird der Bär hier und dort gesehen – ob aber tatsächlich immer derselbe Petz gesichtet wird, und ob es sich bei den Beobachtungen um das „Unfallopfer" handelt, ist nicht festzustellen. Ohne Zweifel existiert aber ein sehr mobiles Tier – dieser „Wanderbär" wird mit dem Namen „Nurmi" bedacht.
Und Nurmi sollte schon wenig später traurige Berühmtheit erlangen: er wird Österreichs erster „Problembär".
1993 verursacht Nurmi auf steirischem Gebiet Schäden von rund 300.000 Schilling, im Frühsommer 1994 kommt es auch in Niederösterreich, Oberösterreich und der Steiermark vermehrt zu Bärenschäden: Bienenstöcke werden geplündert, Schafe und sogar ein Kalb gerissen. In den Medien, die durch die Turbulenzen um die drei verwaisten Jungbären und den Bären-Unfall bei Bruck den Bären als publikumswirksames Thema entdeckt haben, wird auch über kleinste Schadensfälle ausführlich berichtet.
Als in der Nacht vom 16. auf den 17. Juni in Furth an der Triesting, Bezirk Baden, von einem Raubtier zwei Schafe getötet, sieben verletzt und zwei weitere versprengt werden, ist in jeder Hinsicht „der Bär los". In zahlreichen Zeitungsartikeln wird das „Massaker" groß ausgeschlachtet – die Meldung, daß nicht ein Bär, sondern zwei wildernde Hunde sich an den Tieren vergriffen haben, ist drei Wochen später nur einige Zeilen wert. Rückwirkend wird konstatiert: schon im Vorjahr soll Nurmi allein 300.000 Schil-

ling Schaden angerichtet haben. Ihm und den anderen Petzen soll nun endgültig das Handwerk gelegt werden.
Am 1. Juli wird bei einem „Bärengipfel“ der Niederösterreichischen Landesregierung die Forderung gestellt, die „Problembären“ einzufangen und mit Peilsendern auszustatten. Es wird sogar erwogen, sämtliche in Österreich lebende Bären so unter Kontrolle zu bringen.
Denn die Angst geht um in Österreich. Obwohl es noch in keinem Fall zu einer direkten Konfrontation zwischen Bär und Mensch gekommen war, ist der Bär in der öffentlichen Meinung innerhalb weniger Wochen vom umhegten Sorgenkind zur blutrünstigen Bestie mutiert.
Mitte Juli fordert der Präsident der Forstarbeiter Begleitschutz für im Wald Tätige: die Waldarbeitertrupps sollen künftig von geschulten Jägern begleitet werden. Konkreter Anlaß: „Nurmi“ – oder einer seiner Artgenossen – wurde zum „Ölprinzen“, er hatte sich an im Wald gelagertem Bio-Kettenöl für Motorsägen vergriffen. Einige Kanister mit Rapsöl waren geleert aufgefunden wurden – und der Bär hatte die Behälter nicht etwa nur aufgebissen, manche waren angeblich fein säuberlich aufgeschraubt. Als Gegenstrategie empfiehlt der WWF eine in nordamerikanischen Wäldern übliche Methode: die Kanister werden an einem Seil zwischen zwei Bäumen so hoch aufgehängt, daß der Bär sie nicht erreichen kann.

War „Nurmi“ ein Tanzbär aus Bosnien?

Ob tatsächlich nur ein Tier für die Schafrisse und Bienenstockplünderungen verantwortlich ist, kann nicht mit Sicherheit festgestellt werden: immer wieder wurde neben einem braunen Bären – wahrscheinlich „Nurmi“ – auch ein

hellköpfiges Tier beobachtet. Spekuliert wird auch über die Herkunft der „Problembären“: sicher ist nur, daß es sich bei den Tieren weder um Cilka, noch um Djuro, die beiden noch lebenden, vom WWF freigesetzten Bären, handeln kann, weil beide Tiere besendert sind und sich nachweislich nicht an den „Tatorten“ aufgehalten haben.
Der Anruf einer älteren Dame beim WWF scheint vorerst mehr Klarheit über „Nurmis“ Herkunft zu bringen. „Die Dame, die in Wien im 13. Bezirk wohnt, hat mir erzählt, daß eine Frau und ein Mann jugoslawischer Herkunft sich ihr anvertraut hätten,“ berichtet Norbert Gerstl. „Die beiden hätten kurzfristig in einem an Ausländer vermieteten Nebenhaus Quartier bezogen, im Garten sei man ins Gespräch gekommen – die Dame hat den Leuten, die dort gewohnt haben, auch bei Behördensachen und so ein wenig geholfen. Die beiden kamen aus Bosnien und die Frau hat erzählt, daß sie in Sarajewo als Schausteller mit zwei jungen Bären ihren Unterhalt verdient hätten. Als die Situation in Jugoslawien durch den Krieg unerträglich geworden wäre, hätten sie im Herbst des Vorjahres – also 1993 – beschlossen zu flüchten. Ihre beiden Bären wollten sie in Österreich freilassen, weil sie gehört hatten, daß da schon Bären leben. Erst wollten sie sie im Mur-Mürztal freilassen, aber da hat ihnen eine Bekannte gesagt, daß es dort keine Bären gibt. Schließlich hätten sie sie zehn Autominuten von Mariazell entfernt freigelassen. Nun aber wären sie in großer Sorge, weil sie von den Problemen mit den Bären dort gehört hätten. Die Frau, die sehr an den beiden Tieren gehangen war, befürchtete, daß sie erschossen werden könnten. Der Bericht der älteren Dame hat sich durchaus glaubhaft angehört, konnte aber nicht verifiziert werden. Die beiden waren nach Deutschland weitergereist, und die Dame hatte sich leider ihre Autonummer nicht ge-

merkt. Und wir wollten die Leute natürlich nicht mit allen Mitteln verfolgen, das hätte ja nichts gebracht."
Der Bericht der alten Dame klang glaubhaft, dennoch gab es Ungereimtheiten: Wie waren die beiden Bären über die Grenze geschmuggelt worden? Hätten Bären, die so lange Zeit in Menschenobhut gelebt hatten, nicht sofort wieder den Kontakt zum Menschen gesucht? Woher Nurmi wirklich kam, ob er selbständig auf dem alten Bären-Korridor Kroatien-Slowenien-Kärnten einwanderte oder tatsächlich von Menschen freigesetzt wurde, bleibt ungeklärt.

Der Bär ist los!

Die Kärntner Bären verhielten sich 1994 unauffällig, in Niederösterreich, Oberösterreich und der Steiermark hatten die Schäden im Vergleich zu den Vorjahren allerdings zugenommen. Eklatant gestiegen war allerdings auch die Aufmerksamkeit, die man den Bären zuwandte: auch in Kärnten, wo sich mit kurzen Unterbrechungen eigentlich immer Bären aufgehalten hatten, gab es kontinuierlich Schäden an Weidevieh und Bienenhäusern – allerdings wurde über Vorfälle dieser Art in den Medien – wie auch über „menschliche" Vandalenakte – meist nur beiläufig oder gar nicht berichtet. Doch nach den aufregenden Vorfällen rund um das Schicksal der Bärin Mira und ihrer Jungen und dem ebenfalls aufsehenerregenden Bärenunfall bei Bruck waren die Bären in der österreichischen Presse endgültig zum Sensationsthema geworden: jeder versuchte Honigraub wurde kommentiert, jede Bärensichtung akribisch vermeldet.
Und je mehr von ihm die Rede war, umso mehr schien er umzugehen – der Bär. In der Nacht vom 14. auf den 15. Juli

spazierte er sogar seelenruhig über den Hauptplatz von Mariazell. Ein Bär auf Wallfahrt, Nurmi, der die Himmelsmutter um ihren Schutz bat? Einige Tage später das Dementi: Die aufgeregten Nachtschwärmer hatten nicht den Bären, sondern einen Hund gesehen: der Besitzer des der Basilika gegenüberliegenden Hotels „Schwarzer Adler" gab zu bedenken, daß sein Neufundländer-Chow-Chow-Mix durchaus mit einem Petz zu verwechseln wäre.

Die Angst vor den Bären ging um – allerdings nicht immer und überall. Als Meister Petz am 4. August in Langau bei Gaming einen Kaninchenstall plünderte, zeigte sich die Besitzerin, die die Gendarmerie verständigt hatte, erleichtert: „Bin ich froh, ich habe schon befürchtet, daß das mein geschiedener Mann ist. Einen Bären wollt' ich immer schon sehen!"

Lange Jahre war der Bär im Ötscherland eine Fremdenverkehrsattraktion gewesen – als pausbäckiges Werbesignet schmückte er Hotels und Gasthäuser und sollte er auf die Ursprünglichkeit und Naturbelassenheit der Landschaft verweisen. Im Sommer 1994 wurde er aber plötzlich zur Schreckensgestalt: Ende September beklagt der Tourismus-Direktor der Region um 10 Prozent weniger Nächtigungen als im Jahr zuvor. Angesichts der österreichweiten Rückgänge und der noch drastischeren Einbußen ein Jahr später dürfte hier allerdings eine generelle Strukturschwäche der Branche dem Bären angelastet worden sein.

Nicht nur in dieser Hinsicht wurde der Bär zum willkommenen Sündenbock – allerdings kam es immer wieder tatsächlich auch zu potentiell gefährlichen Situationen. In der Nacht vom 13. auf den 14. Juli raubt ein bäriger Kaninchenfreund in Halltal einen Hasenstall aus – nur wenige Meter entfernt zelten im Garten die Kinder der Familie. Am 7. Juli „besucht" ein Bär einen Kuhstall in Türnitz und

Der Bär und die öffentliche Meinung

Im Rahmen einer Studie des Instituts für Wildbiologie und Jagdwirtschaft wurde das Presseecho, das Österreichs Bären hervorriefen, wissenschaftlich untersucht. 415 Zeitungsartikel wurden anlaysiert. „Außerdem haben wir auch zahlreiche Interviews mit Betroffenen in den Bärengebieten Österreichs und Sloweniens gemacht," berichtet Institutsvorstand Prof. Gossow, „besonders interessant sind die Aussagen darüber, wer über das Schicksal der Bären bestimmen soll. Walderholungssuchende meinten überwiegend, daß Naturschutzorganisationen das Management der Bären übernehmen sollen, des weiteren hielten manche von ihnen auch noch Forstleute für kompetent. Die Landwirte meinten, die „Bärensache" sei am besten bei Jägern und der Öffentlichkeit aufgehoben. Die Förstern hielten den eigenen Berufsstand, im weiteren Jäger und Öffentlichkeit für kompetent. Die Jäger wiederum sprachen sich selbst die größte Kompetenz zu und hielten bestenfalls noch die Förster für entscheidungsfähig. Eine verblüffende Übereinstimmung ergab unsere Befragung allerdings: keine der befragten Gruppen traute den Vertretern der Politik Entscheidungskompetenz in Sachen „Bären" zu."

schockt den darin befindlichen Mann. Einen Monat später vertreibt ein Landwirt in Gußwerk einen Bären, der wiederholt bei seinem Haus aufgetaucht war, mit einem Böllerschuß.

Ob es sich bei dem zudringlichen und offensichtlich furchtlosen Bären immer um Nurmi oder um mehrere Bären handelt, kann nicht festgestellt werden. Der Verdacht

liegt allerdings nahe. Fieberhaft wird – nicht nur von Experten – überlegt, wie man der „Bärenplage“ Herr werden könnte.
Schon im Juni waren immer wieder Stimmen laut geworden, die oder den „Problembären“ einzufangen. Anfang Juli forderte der Landesjägermeister von Niederösterreich, nacheinander sämtliche Bären einzufangen und abzusiedeln – was aber vom WWF zurückgewiesen wird.
Andere Diskutanten wollten die Petze in Tierparks festsetzen oder zumindest mit Peilsendern ausstatten, sodaß jeder Bär jederzeit überwacht werden könnte.
Schließlich wird beschlossen, die „Problembären“ einzufangen und zu besendern: Am 10. August wird in Greith bei Mariazell auf dem Anwesen der Schafzüchterin Marianne Fink, an deren Herde sich Nurmi – oder auch ein anderer Bär – schon wiederholt vergrifffen hatte, von der Bezirkshauptmannschaft in Bruck eine Kastenfalle installiert. Ein Fang mittels Schlinge, wie bei den WWF-Bärenfangaktionen in Slowenien und Kroatien, ist nicht möglich, da die von Österreich unterzeichnete Berner Konvention zum Schutz der Braunbären die Verwendung von Schlingen verbietet.
Große Erfolgschancen werden der Bärenjagd aber vom WWF-Bärenexperten Erhard Kraus nicht eingeräumt: nur ein halbzahmer oder ein „dummer“ Bär würde in eine solch offensichtliche Falle tappen – und der oder die Schadbären hatten ja schon wiederholt ihre Intelligenz bewiesen.
Die zweite Möglichkeit, den gefräßigen Petz mittels Narkosegewehr zur Strecke zu bringen, beurteilte Kraus ebenfalls eher skeptisch: die Chance, daß die drei im Raum Mariazell zur Handhabung einer solchen Waffe befugten Tierärzte den jeweiligen „Tatort“ schnell genug erreichen könnten, sei eher gering.

Ein „Lebendfang“ des „Problembären“ schien also nicht sehr wahrscheinlich – und erstmals wurde auch von seiten des WWF der Abschuß des Tiers in Erwägung gezogen. Die Kriterien für die „Eliminierung“ eines Bären faßt Erhard Kraus so zusammen: Als „problematisch“ ist ein Bär einzustufen, wenn er sich dem Menschen weiter als auf 30 Meter nähert, in geschlossenes Siedlungsgebiet eindringt oder sich aktiv Zutritt zu Gebäuden – etwa einem Stall – verschafft.
Schließlich erläßt die Bezirkshauptmannschaft eine einstweilige Verfügung, die den Abschuß von „Problembären“ im Raum Mariazell vorsieht.

Bär aus!

Am Samstag, den 10. September, befindet sich der fünfzigjährige Tischlermeister und Freizeitjäger Hans Georg Bauer aus Pitten um zirka 7.30 Uhr früh auf der Rotwildpirsch. In der sogenannten Hochleiten bei Mariazell sieht er sich plötzlich einem Bären gegenüber. Bauer hatte schon vor diesem Zusammentreffen zweimal im Wald Begegnungen mit Bären. Doch diesmal macht das Tier keinerlei Anstalten zur Flucht, reagiert weder auf Zurufe, noch läßt es sich durch Gestikulieren verscheuchen, sondern kommt ohne innezuhalten näher. Schließlich ist der Bär nur noch 20 Meter entfernt, Bauer reißt das Gewehr vom Rücken, schießt und trifft den Bären genau zwischen die Augen. Etwa zehn Meter vor ihm bricht das Tier zusammen.
Der Schütze hatte sofort nach dem erfolgten Abschuß die revierinhabenden Bundesforste und den WWF informiert, der Kadaver des Bären war an die Tierärztliche Hochschule in Wien überstellt worden, landete aber schon am Montag in der Tierkörperverwertungsanstalt.

Montags wurde er auf Veranlassung des Berzirkshauptmanns von dort wieder rückgeholt – Analysen von Magen- und Darminhalt sollten Klarheit bringen, ob es sich bei dem getöteten Tier tatsächlich um den gesuchten „Problembären" handelte oder nicht.
Genaue Untersuchungen ergeben schließlich: der 181 Kilogramm schwere männliche Bär hatte tatsächlich Schaffleisch gefressen.
Erst drei Tage nach dem Abschuß kommt der Vorfall an die Öffentlichkeit – und wird sofort heftig diskutiert. Die Version des Schützen, der berichtet hatte, das Tier wäre aggresiv und mit beträchtlicher Geschwindigkeit auf ihn zugekommen, wird angezweifelt, obwohl ihm von seiten des WWF und anderer Experten das Bestehen einer Notwehrsituation und „persönliche Betroffenheit" zugestanden wird.
Trotzdem werden Zweifel an Bauers Bericht laut: Jägerkollegen gibt vor allem die Zielsicherheit des Schützen zu denken. Ein Treffer aus 10 bis 20 Metern Entfernung auf ein sich rasch auf-und-ab-bewegendes Ziel – das wäre ja wirklich ein „Goldener Schuß". Auf eine Überreaktion des Jägers läßt auch die Analyse der Vorkommnisse des Münchner Wildbiologen Wolfgang Schröder schließen: Fuß- und Krallenspuren ließen keineswegs auf eine schnelle Gangart des Tieres schließen, der Bär dürfte den Schützen also nicht angegriffen haben. Bei dem Bären scheint es sich um ein ungewöhnlich vertrautes Tier gehandelt zu haben, das die Nähe der Menschen nicht prinzipiell mied. Bauer hätte ihm keinen genügend großen „Fluchtanreiz" geboten, deshalb wäre es auf dem Forstweg nicht ausgewichen. „Schreien statt schießen" hätte genügt. Dennoch gesteht auch Schröder dem Schützen ein „subjektives Gefühl der Bedrohung" zu.

Maridl in die Pyrenäen?

Ein Problembär war also aus dem Verkehr gezogen – dennoch gab es weiterhin Aufregung um die Bären. Eine Bärenbegegnung der besonderen Art hatten Petra Kaczensky und Felix Knauer am 13. September 1994: im Auftrag des WWF und der Wildbiologischen Gesellschaft München im Mariazeller Land unterwegs, stießen die beiden in der Nähe von Gußwerk etwa hundert Meter vom Anwesen der Schafzüchterin Fink entfernt auf eine Kastenfalle. Das gute Stück war von der Bezirkshauptmannschaft Bruck aufgestellt worden, wurde offensichtlich nur alle heilige Zeiten kontrolliert und enthielt – eine junge Bärin.
Das nur rund 60 Kilogramm schwere und etwa zweijährige Jungtier wurde vom Tierarzt sediert, samt Fallenkiste auf einen Wagen verfrachtet und von der Gendarmerie in die Straßenmeisterei von Bruck an der Mur eskortiert – und war sofort heiß umkämpft. Bezirkshauptmann Jörg Hochreiter forderte, daß das Tier entweder ins Bärengehege von Berghausen zu bringen oder überhaupt ins Ausland zu exportieren sei – zum Beispiel in die Pyrenäen.
Der Vorschlag erschien umso grotesker, als es sich bei der kleinen Bärin mit an Sicherheit grenzender Wahrscheinlichkeit um eine Tochter der verunglückten Bärin Mira handelte – also um einen jener verwaisten Jungbären, um die wenige Monate zuvor ganz Österreich gezittert hatte.
WWF und Wolfgang Schröder, der Leiter der Wildbiologischen Gesellschaft München, versuchten zu intervenieren: sicher hätte sich die Bärin dem Anwesen genähert, aber schon auf Grund ihrer geringen Größe komme sie als „Schafmörder“ keineswegs in Frage, das kleine Bärenweibchen würde vielleicht „mitfressen“, wäre aber außerstande, selbst ein Schaf zu schlagen. Schröder plädierte

dafür, die Bärin mit einem Sender auszustatten und in ihrem Heimatrevier wieder freizulassen – sollte das nicht möglich sein, würde er sie nach Bayern mitnehmen. Für den Bezirkshauptmann war und bleibt das Jungtier aber ein „Problembär", der in Freiheit eine Gefahr darstellen würde und im Gehege von Berghausen am besten aufgehoben wäre.

Während des Tauziehens um ihr Schicksal logierte „Maridl" – so war die Bärin inzwischen getauft worden – in einem kleinen Verschlag in einem privaten Gehege in Ramsau am Dachstein, wo schon der zwanzigjährige kurdische Bär „Sari" eine nicht gerade artgerechte Bleibe gefunden hatte. Honigmilch und Weintrauben sollten ihr die Gefangenschaft versüßen, derweil ging das Tauziehen um ihr Schicksal weiter.

Schließlich siegte die Vernunft: in den Abendstunden des 14. Septembers wurde „Maridl" mit einem Halsbandsender in die Freiheit entlassen. Doch auch bei der endgültigen Befreiung des Bärenmädchens gab es noch Probleme: die Gehegebetreiberin Hilde Steiner wollte das Tier nur nach Rücksprache mit dem Bezirkshauptmann herausgeben, und der war zu dieser späten Stunde im Amt natürlich nicht erreichbar. Doch die Gendarmerie erwies sich als Freund und Helfer – die Beamten eruierten dessen Geheimnummer, und nach einem klärenden Telefongespräch ging „Maridl" endlich wieder frei.

Der Teddybär in Schubhaft

Nach der sadistischen Hinmordung eines Ötscher-Lamms durch einen wildgewordenen Bären hat der niederösterreichische Landesjägermeister Christian Konrad dieser Tage gefordert, sämtliche Bären außer Landes zu weisen, sprich abzuschieben. Der Herr Jägermeister hat völlig recht. Zwar hat er selbst wohl schon mehr Lamperln verspeist als alle Bären dieses Landes zusammen – aber diese bösen Bestien halten sich einfach nicht an die Spielregeln: Unsereiner besucht ja so ein Lämmchen 180 Tage lang mit der Futterschüssel in der Hand im Stall, und wird dort scheifwedelnd begrüßt, um dann halt am 181. Tag mit dem Schlachtschußapparat in der Hand für eine eher überraschende Wendung zu sorgen. Aber der Bär, der bricht durchs Unterholz und reißt ein Vieh, das er gar nicht kennt! Was, natürlich soll das sein? Lächerlich – unangenehm ist das. Es paßt einfach nicht in unsere moderne Zeit. Also weg mit den Bären. Und wenn da natürlich der Schießfinger juckt – wir bleiben human und schieben ab. Da haben wir ja Übung.

Aber ist die Sache damit erledigt? Da sind ja noch die widerlichen Tauben, die alles vollkacken, die Hunde, die in die Sandkiste wischerln, die kleinen Kinder, die ins Schwimmbecken pipi machen. Die Frauen, die immer nur schimpfen, die Männer, die mir den letzten Parkplatz wegschnappen – die gehören doch auch alle weg, die Ausländer sowieso.

Und wenn ich schon beim Abschieben bin: Die Berge, die mir die Sicht verstellen, die Seen und Flüsse, die dauernd übergehen, das grüne Gestrüpp, in dem nur die Bestien lauern (siehe oben), ich als moderner Mensch brauche das alles nicht. Weg damit! So, nun ist endlich mein Idealbild von Natur erreicht: Österreich – ein einziger betonierter Parkplatz mit angeschlossener Schubhaft-Zelle, und nur ich allein bin noch da. Mein Gott, wie ist das schön. Nein, halt: Den Gott, den schieb' ich auch noch ab!

Alexander Purger, Salzburger Nachrichten, 2. Juli 1994

Das Bundesheer auf Bärenjagd?

„Nurmi“ – oder einer seiner Doppelgänger – war also erlegt, „Maridl“ gerade noch dem Schicksal als Gehegebär entkommen. Dennoch war weiterhin „der Bär los“ im stürmischen Herbst 1994. Nachdem Mitte September ein Bär – in den Augen mancher der „echte“ Nurmi – in Steinbach am Ziehberg fünf Schafe gerissen hatte, wurde auch in Oberösterreich zum Halali auf Meister Petz geblasen. Nachdem die Ortsbewohner gedroht hatten, den Bären mit einem präparierten Schafskadaver zu vergiften, erteilte die Bezirkshauptmannschaft Kirchdorf den Abschußbefehl. Geschossen werden dürfe allerdings nur von der örtlichen Jägerschaft, ausschließlich im Gemeindegebiet und bis 31. Dezember 1994. Der WWF protestierte gegen den Abschußbescheid: man solle erst versuchen, das Tier zu fangen.

In der Nacht vom 15. auf den 16. September lauerten die Steinbacher dem Schafkiller auf. Der Bär wurde tatsächlich gesichtet, er gab Fersengeld und bekam nicht mehr ab als drei Schreckschüsse. Die aber offensichtlich ihre Wirkung verfehlten: in der folgenden Nacht schlug der Bär bei Scharnstein im Almtal zwei Schafe und biß ein weiteres in die Schulter. Daraufhin brachten die Bauern ihre Tiere in einem Stall in Sicherheit, der Bär stöberte sie aber in der Folgenacht auch dort auf. Ohne Erfolg kratzte er an den Balken des Schafstalls, demolierte anschließend einige Zäune und spazierte in Häusernähe über die Bundesstraße – die Gendarmerie fand ebenda eindeutige Spuren von Bärentatzen.

Einige Ortsbewohner erklärten daraufhin, daß sie ihre Kinder nicht in die Schule schicken würden, solange der Bär in der Gegend sein Unwesen treiben würde. Auch die Bezirkshauptmannschaft Gmunden reagierte darauf mit einem Abschußbescheid, unabhängig davon erließ auch die Hauptmannschaft Lilienfeld einen solchen Bescheid. Sogar Landeshauptmann Ratzenböck sprach sich für die Bärenjagd aus: „Mich bedrängen die Leute aus den Gemeinden, die Bürgermeister. Sie sagen, daß sich die Menschen aus Angst nicht mehr auf die Straße trauen." Doch der Bär fand auch Fürsprecher in der „Hohen Politik": ein SPÖ-Mandatar und die „Grünen" plädierten dafür, den Bären nur zu betäuben und einzufangen.

Doch der Bär wurde vorerst weder geschossen noch gefangen: Anfang Oktober rief die Bevölkerung von Steinbach das Bundesheer zu Hilfe. Da die rund 200 Jäger der Region den Bären bislang nicht hatten stellen können, sollten nun Militäreinheiten die Wälder der Umgebung durchkämmen und Meister Petz zur Strecke bringen. Ausschlaggebend für die Forderung nach einem Militäreinsatz war eine Attacke des Bären auf den Schafstall der Familie Rubasch.

Die Eheleute wurden durch das Bellen des Hofhundes geweckt und hörten, daß der Bär Holzbretter aus der Stallwand riß, sie wagten aber nicht, das Haus zu verlassen und den Bären zu vertreiben. Die Schafe versuchten zu flüchten, doch nur ein Tier entkam. Der Bär tötete den Widder und drei Mutterschafe, trollte sich aber ohne zu fressen.

Nach offizieller Stellungnahme erklärte die Heeresleitung, daß ein „Bärendienst" wie der geforderte prinzipiell möglich wäre, doch solange kein offizielles Ansuchen der Bezirkshauptmannschaft vorläge, würde das Militär nicht aktiv werden. Inzwischen versuchte die Jägerschaft ihr Glück: mit vier Schafkadavern köderten die Mannen um Bürgermeister Pranzl den Bären, und er ließ sich tatsächlich verführen. Um einen Fehlschuß zu vermeiden, hatten die Waidmänner Scheinwerfer installiert, kaum flammte die Festbeleuchtung auf, flüchtete der Petz allerdings zurück in den Wald. Immer wieder lockte ihn der Fleischgeruch aus den Büschen, doch sobald die Jäger das Licht anknipsten, zog er sich mit Windeseile zurück.

Erst Rüben, dann die Kugel

Am späten Nachmittag des 11. Oktober aber war es schließlich soweit: am Hamberg zwischen Scharnstein und Grünau im Almtal wird ein Bär erlegt, der Schütze will anonym bleiben, und vorerst wird auch der Abschuß geheim gehalten. Denn schon unmittelbar nach dem „goldenen Schuß" wird die Identität des Opfers auch schon in Zweifel gezogen: ist der rund hundert Kilogramm schwere Petz wirklich der Schafmörder? Augenzeugen haben schließlich berichtet, daß der Unhold an die 500 Kilgramm wiegen und aufgerichtet 2,5 Meter erreichen soll.
Sorge verdrängte plötzlich die Angst: war statt des mörderischen „Nurmis" etwa der zahme „Petzi" zur Strecke gebracht worden? Der kleine, freundliche Bär hatte sich in der Nähe des Naturparks Grünau niedergelassen, offensichtlich angezogen von den Bären im Parkgehege, und war auch schon wiederholt mit Küchenabfällen, Kartoffeln und Gemüse gefüttert worden.
Schon am Samstag, den 8. Oktober, hatte der Schütze den Bären beobachtet. Und auch sonntags verspeiste das Tier seelenruhig Rüben an einer Wildfütterung. Daß es sich auch durch Steinwürfe und Rufe nicht vertreiben ließ, besiegelte sein Schicksal – zwei Tage später erschoß der Jäger den Bären aus rund 20 Meter Entfernung.
Und löste damit bei der Bevölkerung von Grünau und Umgebung keineswegs Erleichterung aus – die Stimmung war

wieder zugunsten der Bären umgeschlagen. Daß der tapfere Waidmann das Tier tagelang an einer Wildfütterung beim harmlosen Rübenverzehr beobachtet, den Bären gezielt provoziert hatte und das Tier schließlich erschoß, obwohl es keinerlei aggressive Reaktionen gezeigt hatte, erboste nicht nur ausgemachte Bärenfreunde.

Außerdem stand schon nach den ersten Untersuchungen an der Veterinärmedizinischen Universität Wien fest: der Schütze hatte nicht „Nurmi" erlegt, sondern wirklich „Petzi". Das Tier wog mit Sicherheit nicht einmal 100 Kilogramm, während Nurmi doch größer und schwerer gewesen sein dürfte.

Analysen des Mageninhaltes ergaben, daß der erlegte Bär zuletzt nur pflanzliche Nahrung zu sich genommen hatte. Weitere Analysen des Darminhalts förderten aber dann doch Kaninchenhaare zu Tage – „Petzi" hatte sich also doch als „Fleischtiger" betätigt. Der gefürchtete Schafkiller war das eher kleine Tier aber wahrscheinlich nicht.

Öffentliche Empörung über den Schützen war die Folge – schließlich hatte er den Bären lange Zeit beobachtet und mußte zu dem Schluß gekommen sein, daß er keineswegs „Nurmi" im Visier hatte. Der oberösterreichische Landesjägermeister Hans Reisetbauer zeigte aber dennoch Verständnis für seinen Kollegen: „Für einen Jäger ist der Abschuß eines Bären eine einmalige Angelegenheit. Da ist es einfach zuviel verlangt, daß einer nicht abdrücken soll, wenn er so ein Tier vor der Flinte hat. Selbst wenn es möglicherweise der falsche Bär ist."

Politisches Kleingeld und der Bär

Obwohl sich auch zahlreiche Jäger vom Grünauer Bärenschützen distanzierten, stellte sich ihre offizielle Vertretung weiter hinter den Schützen. In einem offenen Brief erklärte die Zentralstelle der Landesjagdverbände: „Das künstliche Aussetzen von Bären ohne Rücksicht darauf, ob geeignete Lebensräume vorhanden sind, muß im Interesse des Schutzes der Bevölkerung sowie der Haus- und Nutztiere abgelehnt werden ... fest steht, daß die derzeit heiß diskutierte Problematik um den Bärenabschuß von denjenigen zu verantworten ist, die gemeint haben, die Natur für Experimente über die Köpfe der betroffenen Bevölkerung hinweg mißbrauchen zu dürfen." Der Bär war endgültig zum Politikum geworden – und mußte als Faustpfand im schwelenden Konflikt zwischen Naturschutzorganisationen und Jagdverbänden herhalten.

Im selben Schreiben wurde auch zum wiederholten Mal die „Zwangsabsiedlung" der Bären gefordert : „Die Jägerschaft schlägt vor, die ausgesetzten Bären lebend zu fangen und in geeignetere Lebensräume zu überstellen." Daß damit die Probleme mit den „Problembären" aber nicht im geringsten gelöst wären, wurde bei diesem „Vorschlag" allerdings nicht bedacht: denn bei den „ausgesetzten" Bären handelte es sich ja, nach dem Tode der Zeit ihres Lebens „braven" Mira, nur noch um die Bärin Cilka und das Bärenmännchen Djuro – letzterer hatte zwar früh im Jahr ein Kalb geschlagen, war aber dann unauffällig, erstere hatte sich überhaupt nichts zuschulden kommen lassen.

Die „Radaubären" waren allesamt von alleine nach Österreich gekommen. Und von denen hieß es in der offiziellen Stellungnahme: „Die österreichische Jägerschaft begrüßt grundsätzlich das Vorhandensein von Braunbären in freier

Wildbahn. Dies bezieht sich allerdings nur auf jene Bären, die zugewandert sind oder zuwandern".
Obwohl der selbständig zugewanderte und „problematische" Nurmi möglicherweise doch weiter frei herumlief, kam es zu keinen weiteren Abschüssen. Was nicht nur den einzelnen Bären, sondern möglicherweise der gesamten Population das Überleben sicherte. Denn weitere „Fehlschüsse" während der Bärenhatz hätten fatale Folgen haben können: schließlich sind die meisten Bären Österreichs männlichen Geschlechts, nach dem Tod der Bärin Mira gab es mit Cilka nur ein einziges geschlechtsreifes Weibchen und vielleicht zwei weitere Jungbärinnen. Würden diese erlegt, wäre keine Fortpflanzung mehr möglich, und es hieße es im neubesiedelten Bärenland wieder „Bär aus!"
Nach dem Abschuß „Petzis" wird der Abschußbescheid für den Bezirk Gmunden aufgehoben, doch nun erläßt die Bezirkshauptmannschaft Steyr-Land die Verfügung, auf „Nurmi" Jagd zu machen. Doch Anfang November hat das große Zittern ein Ende: Die Bären – die „guten" und die „bösen" – zogen sich in die Winterruhe zürück, die Diskussionen aber weiter in die Länge.

„Anwälte" für die Bären

Die sinkenden Temperaturen kühlen auch die Gemüter ab. Die Bären waren ins Winterlager verschwunden, die Atempause sollte genutzt werden, um ein „Bärenchaos" im nächsten Jahr zu verhindern. Der WWF bestellt zwei „Bärenanwälte". Bernhard Gutleb für den Bereich Kärnten und Oberösterreich, Jörg Rauer für Niederösterreich und Steiermark: die Biologen sollten nicht nur die Bären beob-

achten, sondern vor allem auch der ortsansässigen Bevölkerung mit Rat und Information zur Seite stehen. Eine weitere wichtige Aufgabe: die Schadensbegutachtung. Denn nicht jedes tote Schaf wurde tatsächlich von einem Bären gerissen. Wenn der Bär aber am Werk war, sollte die Schadensvergütung möglichst rasch und unbürokratisch an die Betroffenen überwiesen werden.
Außerdem wird eine „Schnelle Eingreiftruppe" organisiert, die in Zukunft gegen allzu dreiste Bären zum Einsatz kommen soll.
Ende Februar geben die Bären wieder erste Lebenszeichen von sich – der besenderte WWF-Bär Djuro verläßt sein Winterlager, die kleine „Maridl" wechselt den Schlafplatz. Bei Maridl wird im Frühjahr auch die „Schnelle Eingreiftruppe" aktiv: Bärenexperten des WWF und der Wildbiologischen Gesellschaft München brennen dem allzu fürwitzigen Bärenmädchen einige Gummikugeln auf den Pelz – die Geschosse verursachen keine Verletzungen, sind aber doch so unangenehm, daß die Bärin geschockt das Weite sucht. Noch zwei weitere „Vergrämungsaktionen" sollen im Frühjahr 1995 den österreichischen Bären mehr Scheu vor den Menschen einbläuen.
„Auch heuer wird mit einem Ansteigen der Schadenskurve gerechnet" vermelden die Tageszeitungen noch Anfang März – aber die Bären sind immer für Überraschungen gut. In Niederösterreich, Oberösterreich und der Steiermark herrscht 1995 „Bärenfrieden", ein Rind verletzte sich bei einer Panikreaktion – ob ein Bär an dem Unfall beteiligt war, ist ungeklärt. Einige Bienenstöcke wurden geplündert, aber bis Sommerende hatte sich kein einziger Bär an einem Schaf vergriffen. In Kärnten reißen die Bären schon im Frühjahr 14 Schafe – der späte Schneefall hatte ihren „Bärenhunger" geschürt, ab Sommerbeginn gibt es zwar

weitere Schäden, die in Kärnten aber wesentlich gefaßter aufgenommen werden als die vorjährigen „Bärenuntaten“ im niederösterreichisch-steirisch-oberösterreichischen Bergland. Nach dem Jahr der „Bärenhatz“ also ein ruhiges Bärenjahr, daß auch wieder turbulentere „Bärzeiten“ kommen könnten, ist allerdings wahrscheinlich. Zu wünschen bleibt, daß in diesem Fall die Vernunft siegt und nicht wieder gleich „der Bär los“ ist.

Die Zukunft, die Bären und wir

Branko, der „Ötscherbär“, mit dem alles begann, ist nicht mehr: seit 1993 haben sich seine Spuren verloren – ob er während der Winterruhe starb oder nach einer durchwanderten Nacht für immer einschlief, bleibt ungeklärt, sein Leichnam wurde nie gefunden. Seine Gene konnte er aber doch weitergeben, in etlichen „Ötscher-geborenen“ Bärchen lebt er fort. Und Nachfolger traten auch von Slowenien her in seine Fußstapfen. Mittlerweile durchstreifen 20 bis 30 Bären unsere Wälder. Nur drei wurden „künstlich“ angesiedelt, andere kamen von alleine, noch mehr könnten folgen. Das Volk der Bären ist dabei, sich einen uralten Lebensraum zurückzuerobern – ob ihm das auch wirklich gelingt, hängt davon ab, ob wir mit Meister Petz noch leben können.

Für die Naturschutzgremien der Europäischen Union hat der Schutz des Bären absolute Priorität – und Österreich als wieder besiedeltes Bärenhabitat einen wesentlichen Stellenwert. Mit 9 Millionen Schilling – zu 75 Prozent – wird der vom WWF, der Wildbiologischen Gesellschaft München und dem Institut für Wildbiologie der Hochschule für Bodenkultur in Wien erarbeitete Bären-Managementplan bis Ende 1997 im Rahmen vom EU-Naturschutzprogramm LIFE gefördert, der WWF selbst wird bis dahin rund 2,5 Millionen Schilling investieren. Rund 780.000 Schilling pro Jahr werden für Beobachtung und Überwachung der Bären aufgebracht, 150.000 für elektrische Zäune zum Schutz von Bienenstöcken, 200.000 Schilling für die Prämie der Bären-Schadensversicherung für Niederösterreich, 35.000 Schilling als Beteiligung am Schadensfonds für Oberösterreich. Außerdem fließen nicht unbeträchtliche Mittel in Aufklärungs- und Informationsarbeit. Denn noch ist der Bär kein „selbstverständlicher“ Waldbewohner, wir alle – auch die Bärenfreunde – müssen erst wieder lernen, mit ihm zu leben.

„Viele Leute sind für den Bären, aber die Motive, warum sie den Bären in Österreich haben wollen, sind vielfältig. Darüber sollten wir nachdenken und auch immer wieder reden,“ sagt der „Bärenanwalt“ Jörg Rauer, „Für einen Stadtmenschen ist es leicht, sich für den Bären zu begeistern. Aber die Leute, die mit dem Bären leben müssen, bei denen er nachts vielleicht plötzlich an der Haustür kratzt, sehen die Sache natürlich anders. Und wir sollten auch darüber nachdenken, ob uns diese Idee, daß da der Bär wieder in den Wäldern lebt, nicht nur deshalb gefällt, weil wir uns selbst damit damit eine heile Natur vorgaukeln können.“

Romantik ist das letzte, was er heute brauchen kann, der Bär. Denn er ist kein streichelweiches Kuscheltier – aber auch kein wilder Räuber. In früheren Zeiten war der Bär oft unbeliebt, weil er den Armen das Wenige raubte, das sie besaßen. Totzdem war der Bär kein Schreckgespenst – er wurde als starkes, auch gefährliches Tier respektiert, aber nicht wirklich gefürchtet.

Doch die Zeiten haben sich geändert – und mit ihnen ihre Schrecken. Für viele war im „heißen“ Bärenjahr 1994 die

Was tun, wenn ich einen Bären treffe?

Im Frühjahr 1995 gaben die Niederösterreichische Landesregierung und der Landesjagdverband die Broschüre *„Mensch & Bär"* heraus, die Verhaltensregeln für den Umgang mit Bären bietet. Verantwortlich für den – kostenlos versandten – „Bärenknigge" zeichnen Experten der Wildbiologischen Gesellschaft München, des Instituts für Wildbiologie der Universität für Bodenkultur in Wien und des WWF.

AUSZUG:
Sie sehen einen Bären auf größere Entfernung.
Freuen Sie sich über diese seltene Gelegenheit. Es besteht keine Gefahr. Nähern Sie sich aber unter keinen Umständen dem Bären. Halten Sie immer respektvollen Abstand.

Ein Bär kommt auf Sie zu, er hat Sie noch nicht bemerkt.
Sprechen Sie ihn an und machen Sie auf sich aufmerksam. Vermeiden Sie hektische Bewegungen und laufen Sie nicht weg. Der Bär wird vor Ihnen weglaufen.

Sie stehen plötzlich einem Bären auf wenige Meter gegenüber.
Bleiben Sie ruhig stehen und machen Sie auf sich aufmerksam, indem Sie reden. Der Bär wird in der Regel die Flucht ergreifen.

Sie treffen einen Bären, und dieser richtet sich auf.
Dies ist kein aggressives Verhalten, sondern Neugier.
Bleiben Sie stehen und machen Sie auf sich aufmerksam. Der Bär wird weglaufen.

Ein Bär greift Sie an.
Legen Sie sich mit dem Bauch auf den Boden, Hände in den Nacken. Stellt der Bär fest, daß Sie keine Gefahr darstellen, wird er sich trollen. Warten Sie ab, bis der Bär sich weit genug entfernt hat. Ein Bärenangriff gilt normalerweise immer der Verteidigung.

Sie sehen einen kleinen Bären.
Das kann gefährlich werden, denn meist ist die Bärenmutter nicht weit und diese ist bereit, ihr Junges zu verteidigen. Gehen Sie vorsichtig zurück.

Anwesenheit der Petze Grund für ernste Besorgnis, die Angst vor dem Bären ging um – selbst in Gegenden, die nachweislich „bärenfrei" waren, und obwohl es trotz häufiger Begegnungen zwischen Mensch und Bär nie auch nur ansatzweise zu einer gefährlichen Situation gekommen war.
Über tausend Österreicher kommen pro Jahr durch Autounfälle ums Leben – dennoch fühlt sich niemand auch nur verunsichert, wenn er eines Automobils ansichtig wird. Mit den Bedrohungen aus Menschenhand – und seien sie noch so schrecklich – haben wir, so scheint es, zu leben gelernt. Giftstoffe in Nahrung, Kleidung, Luft, Waffensysteme mit globaler Reichweite, all das läßt uns im Grunde kalt. Was uns wirklich ängstigt, ist der Anblick einer Spinne, einer Maus – oder eben eines Bären.
Daß wir den Bären zu sehr fürchten, kann ihm zum Verhängnis werden. Mindestens ebenso gefährlich wäre für ihn aber, wenn wir ihn zu sehr lieben. Der Bär ist – ganz wie der Mensch – ein ausgemachter Opportunist. Er frißt, wo er zu fressen findet. Und wie und wo wir ihm den Tisch

decken, wird entscheidend dafür sein, ob er in der modernen Welt Platz hat. Von seinem Lokalaugenschein in Jugoslawien anno 1986 berichtet Karl Splechtna, „wie problemlos Bären an Fütterungen zu gewöhnen sind, wie der Einzelgänger zum „Städter“ wird, wie zwanzig Bären gelangweilt auf dem Bauch liegen und gelangweilt Mais kauen, ihr innerartliches Verhalten vollständig ändern, aus Langeweile Bäume beschädigen.“ Und er warnte schon damals vor einem „Artenschutz mit Mastbären“. Doch nicht nur großangelegte Fütterung verdirbt den Charakter des Bären – auch die „kleinen Happen“ machen ihn gefährlich: achtlos weggeworfene Jausenreste beim Wandern, absichtlich hinterlegte Appetithappen, um ihn an einen Platz für's Fotografieren zu gewöhnen.
Am besten würde es dem Bären – und uns – bekommen, wenn wir ihn einfach in Frieden lassen könnten. Wenn es uns möglich wäre, neben ihm herzuleben – tolerant und interessiert, aber ohne ihn zu verfolgen oder zu verführen. Daß uns das am schwersten fällt, liegt aber wahrscheinlich in der menschlichen Natur.

„UND DANN HAT ER MIR DIREKT IN DIE AUGEN GESCHAUT ...“ BEGEGNUNGEN MIT BÄREN

„Wir hatten gehört, daß da ein junger Bär in Vrhpolje aufgetaucht ist. Wie das Junge seine Mutter verloren hatte, konnte nicht geklärt werden, vielleicht wurde sie von einem Wilderer erschossen. Jedenfalls ist das Junge ins Dorf gekommen, und die Leute haben es eingefangen. In Slowenien ist die private Haltung von Bären verboten, aber der Mann, der den Bären bei sich aufnehmen wollte, war Jäger und hat sich um eine Sondergenehmigung bemüht. Wie wir ins Dorf gekommen sind, hat dort schon ein richtiger Bären-Tourismus geherrscht, auch etliche Journalisten waren schon da. Auf der Hinfahrt haben Petra und ich darüber diskutiert, was für den Bären wohl das Beste wäre. Auch wenn's hart klingt, aber am vernünftigsten ist es eben, so ein Tier einzuschläfern. Der Bär ist ein Wildtier und richtig artgerecht ist der kaum zu halten. Ein Gehege, in dem er sich als erwachsenes Tier auch nur einigermaßen wohlfühlen würde, ist einfach nicht finanzierbar. Ich selbst war in Rumänien in den Karpaten unterwegs, da haben sie ja noch ein paar tausend Bären, und in fast jedem Dorf sitzt so ein Tier in einem Käfig. Bären leben ja oft lang, und da habe ich zahllose gesehen, die jahrzehntelange Gefangenschaft hinter sich haben. Wenn du siehst, wie die, als wären sie schon tot, in ihren Käfigen liegen, dann weißt du ganz einfach, daß die bestimmt kein glückliches Leben führen. Ein Tier, das für die Freiheit geboren ist, das in der Natur riesige Territorien durchstreift, so einzusperren, ist einfach eine Quälerei – so ein Dahinvegetieren sollte man dem Kleinen wirklich ersparen. Solche Dinge haben wir eben besprochen, als wir zu dem Bärenjungen gefahren sind. Und dann habe ich den kleinen Mitko gesehen, und alle Vernunft war vergessen. Ich könnt' es nicht tun, habe ich nur noch gedacht, ich könnt' es wirklich nicht tun "

Felix Knauer,
Bärenexperte bei der Wildbiologischen Gesellschaft München, 1995

„Es war in Alaska, Unit 19 – so heißen dort die Jagdreviere, ich wollte dort Wildtiere filmen. Der Grizzly hatte eine ganz eigenartige Farbe, er war richtig blond. Stundenlang hat er so vierzig, fünfzig Meter entfernt von mir Blaubeeren gefressen, es ist ja komisch, daß so ein riesiges Tier so vorsichtig so kleine Früchte frißt. Dann hat er die Murmeltiere bemerkt, aber die waren natürlich viel zu schnell für ihn und sind einfach in ihren Bau geflitzt. Und die Veränderung, die dann mit dem Tier vorgegangen ist, war wirklich unglaublich: erst hatte er noch dieses freundliche Bärengesicht – so ein Bär schaut ja immer gleich drein. Wie er bemerkt hat, daß er die Murmeltiere nicht erwischt, hat er so eigenartig zu meckern begonnen, das hat sich immer mehr gesteigert und innerhalb von wenigen Sekunden ist er zur wütenden Bestie geworden. Die Erde und die Steine sind nur so durch die Luft gespritzt, als er versucht hat, die Murmeltiere auszugraben. Schon nach ein paar Minuten hatte er einen riesigen Krater gegraben. Ich habe später nachgeschaut, einige der Felsbrocken, die er weggeschleudert hatte, waren so schwer, daß ich sie gar nicht heben konnte. Da habe ich das erste Mal gesehen, wieviel Wildheit wirklich in so einem Bären steckt. Aber ich habe in Alaska auch die andere Seite des Bären zu Gesicht bekommen. Wir haben ein Karibu geschossen, und waren eben dabei, das Fleisch in Tragkörbe zu packen – in den Jagdrevieren in Alaska muß alles Fleisch für menschlichen Genuß verwendet werden. Dort ist ja überhaupt alles ganz genau kontrolliert, und schon wenige Minuten nach dem Abschuß war der Game Warden mit dem Flugzeug da. Er hat uns erzählt, daß er etwa fünf bis sieben Kilometer entfernt von uns eine Bärin mit drei Jungen gesehen hat. Wie er wieder abgeflogen ist, hat er Kreise über uns gezogen und so komisch mit den Tragflächen gewakkelt. Wir haben geglaubt, er will uns nur grüßen. Und dann ist plötzlich die Bärin dagestanden. Sie hat sich aufgerichtet, wie Bären das so tun, wenn sie die Lage sondieren. Und ihre Jungen haben sich genau hinter ihr aufgestellt und haben dann immer so vorgeschaut – es war echt lieb. Sie muß das Fleisch gerochen haben. Wir haben uns natürlich vorsichtig zurückgezogen. Am nächsten Tag sind wir wiedergekommen, die Bärin hatte die Karibu-Reste schon zugedeckt mit Zweigen und Moos. Vorsichtig haben wir uns genähert, da muß man ja sehr aufpassen, wenn ein Bär glaubt, seine Beute verteidigen zu müssen, kann er extrem gefährlich werden. Aber von der Alten war gar nichts zu sehen, vielleicht hat sie zuviel gefressen und mußte sich erst ausschlafen. Aber die Jungen sind aufgetaucht und haben begonnen, mit dem Fleisch und der Dekke zu spielen, haben es herum gezerrt und so. Sie waren dabei unglaublich herzig anzuschauen."

Peter Heindl, Video-Filmer, 1995

„Der Bär, der in Oberösterreich geschossen wurde, steht nun ausgestopft im Jagdmuseum Schloß Hohenbrunn. Zwar hat man ihn auf allen Vieren und nicht aufrecht stehend ausgestopft – Bären werden ja immer aufgerichtet, mit erhobenen Tatzen, als Monster gezeigt – aber das Maul hat er trotzdem drohend aufgerissen. Es gäbe so viele Verhaltensweisen, die bei einer Tierpräparation dargestellt werden könnten, aber Beutegreifer werden immer als blutrünstige Bestien gezeigt, ganz gleich ob es sich um einen Steinadler handelt, um einen Fuchs oder aber um den Bären. Wie der Bär so dasteht, mit hochgezogenen Lefzen, das Gebiß entblößt – eigentlich ist diese Darstellung gar nicht physiologisch, aber so wollen die Leute den Bären eben sehen – als bösartiges, mörderisches Ungeheuer."

Norbert Gerstl, WWF-Bärenfachmann, 1995

„Leise maunzend lag er im Regen, das Fell am Leib angeklatscht und auf dem Rücken pomadig gescheitelt, um sich herum eine große schwarze, vom prasselnden Regen hörbar gemachte Pfütze. Er fror. Sein Herzschlag verlangsamte sich wieder; er hatte noch immer den Winter im Blut. Schlaf kam ihn an, aber er hielt sich, hier im Offenen, aus Vorsicht wach, indem er in der Längsrichtung seines Rumpfes hin und her schaukelte. Es waren diese von den Keulen unter dem Leib ausgehenden rhythmischen Körperstöße, die aus einem anhaltenden, nur vom Atemholen unterbrochenen Brummen dieses modulierte Maunzen machten. Es hörte sich an, als ob der Bär zur Orgel des zum Sturm gewordenen Windes die Oberstimme singen würde. Aber der Regen, der fast waagrecht daherkam, zischte den Gesang nieder, sodaß der Bär bald schwieg. Er legte sich auf die Seite, stieß noch ein paarmal leise, wie seufzend, mit der Stimme an und fiel dann in Schlaf. Nach einer Weile begannen seine vier Beine zu laufen, langsam erst, eher unkoordiniert zuckend, dann immer rascher und regelmäßiger, sodaß das Wasser der Pfütze, in welchem die Tatzen ins Leere liefen, hoch aufspritzte. Das Maunzen setzte wieder ein, hoch und spitz nun und von kurzen Pausen eines Hechelns unterbrochen, das keinen Zweifel zuließ: der Bär träumte.“

Horst Stern, „Jagdnovelle“, 1989

„Der Löwenmutter raubt' ihr Junges man –
ein Jäger tat's -, da hub die arme Gramverzehrte
so fürchterlich zu brüllen an,
daß sich der ganze Wald empört beschwerte.
Die stille Nacht, die Dunkelheit
und alle Wonnen, die ihr eigen –
des Waldes Königin bracht sie zum Schweigen;
es floh der süße Schlaf die Tiere weit und breit.
Die Bärin sprach: „Willst du gestatten ein Wort nur?
All die Jungen, die dein Zahn zerriß,
ob nicht auch sie noch Vater oder Mutter hatten?“
„Die hatten sie.“ – „Nun, wenn wir, als uns Kinder starben,
nicht gleich mußten unterliegen
und wenn so viele Mütter schwiegen,
warum schweigst du nicht ebenfalls?“

La Fontaine, Fabeln, 17. Jhdt.

„Wenn auch ein junger Bähr zahm ist, und man halt ihm eine Hand für, so nimmt er sie fort in Mund und sauget daran, welches einem nicht unsanffte thut.“

Johann Täntzer, „Jagdgeheimnisse“, 1682

„Die Bärchen lagen in einem Kistchen unter meinem Schreibtisch und schliefen, wenn sie nicht an ihren Fläschchen saugten. Der vier Wochen alte Bumsli konnte sich nicht einmal umdrehen, wenn er auf dem Rücken lag, während die sechs Wochen alte Sepha schon auf wackligen

Beinchen stand. Beide hielten den Kontakt mit der Umwelt nur durch ihre Näschen und ihr Fell aufrecht. Als meine Frau einmal an die Schlafkiste trat, nachdem sie sich die Hände mit Lavendelwasser eingerieben hatte, erschraken die Bärchen fürchterlich, schrien laut und zitterten fünf Minuten lang.“

Peter Krott, „Ich war eine Bärenmutter“, 1959

„Als die Fregatte „The Carcass“, welche im Jahre 1772 nach dem Nordpol segelte, um Entdeckungen zu machen, eingefroren war, meldete der Wächter auf dem Mast an einem Morgen, daß drei Bären heftig über den Ozean liefen und dem Schiff zueilten. Sie waren ohne Zweifel durch den Trangeruch von einem Seepferd eingeladen worden, welches das Schiffsvolk einige Tage vorher getötet hatte und eben auf dem Eis verbrannte. Es zeigte sich gleich, daß es eine Bärin mit zwei Jungen war, die fast so groß waren wie die Mutter. Sie rannten dem Feuer zu, rissen Stücke Fleisch heraus, welche unverbrannt geblieben waren und fraßen sie gierig auf. Das Schiffsvolk warf ihnen noch mehr Klumpen Seepferdfleisch hin, welche man auf dem Eise hatte liegen lassen. Die alte Bärin holte einen nach dem anderen, legte ihn so, wie sie ihn brachte, vor die Jungen hin, zerteilte ihn, gab jedem ein großes Stück und behielt für sich nur ein kleines. Wie sie den letzten holte, feuerte man auf die Jungen, schoß sie nieder und verwundete die Mutter auf ihrem Rückwege, obgleich nicht tödlich.
Hier würde es auch der rauhesten Seele Empfingungen des Mitleids ausgepreßt haben, wenn sie die liebevolle Kümmernis gesehen hätte, welche das arme Tier bei dem Sterben ihrer Jungen ausdrückte. Obgleich sie schwer verwundet war und kaum zu dem Platze, wo sie lagen, kriechen

konnte, so schleppte sie doch das Stück Fleisch mit, welches sie zuletzt gefaßt hatte, und legte es vor sie nieder. Und wie sie sah, daß sie nicht fressen wollten, legte sie ihre Tatzen zuerst auf das eine und dann auf das andere und wollte sie aufrichten. Erbärmlich war die ganze Zeit über ihr Ächzen anzuhören. Wie sie fand, daß sie ihre Jungen nicht aufrichten konnte, kroch sie eine kleine Strecke von ihnen weg, sah zurück und ächzte. Wie dieses Hinweglocken nicht helfen konnte, kehrte sie zurück, roch um sie herum und hub an, ihre Wunden zu lecken. Sie kroch darauf noch einige Schritte weg, sah wieder zurück und stand einige Augenblicke still und ächzend. Aber ihre Jungen konnten ihr nicht folgen. Sie kroch wieder zu ihnen, ging mit dem Zeichen der unausdrückbarsten Liebe um sie herum, sie betastend und ächzend. Endlich, wie sie fand, daß sie tot und ohne Leben waren, hob sie ihr Haupt in die Höhe, sah nach dem Schiffe und heulte den Mördern einen Fluch zu, den diese mit einer Musketensalve beantworteten. Sie fiel hierauf zwischen die Jungen nieder und starb, ihre Wunden leckend. „

Heinrich von Kleist, „Außerordentliches Beispiel
von Mutterliebe bei einem wilden Tiere“, 18. Jhdt.

„Frate Nicolae, der Große, der König der Wälder, geht seinen letzten Wechsel in die ewigen Bärengründe. Viel fremdes Blut klebt an seiner Schwarte, nun wäscht es der eigene Schweiß herunter. Zum Ende ist doch auch er dem Menschen, der großen Zerstörungswalze, erlegen. Er ist erlegen, aber nicht besiegt. Solange noch ein Funken Lebenslicht in ihm brennt, solange hat er sich allein, und jener wird ihn auch im Tode nicht besitzen. Groß ist Frate Nicolae und stark und immer noch tragen die Säulen das stolze, wenn auch vom Blitz getroffene Gebäude. Lange trottet er, und lange schleppt er sich; er schleppt sich todwund hin in die Felsen, wo seine letzte Winterhöhle, seine ureinsame Feste steht. Dort wühlt er sich das Sterbebett; und er kreuzt Brante über Brante und legt zu allerletzt den schweren Kopf auf."

Emil Witting, „Frate Nicolae, der siebenbürgische Karpatenbär", 1939

„Es war im Sommer 1993, ich hab' die Cilka gepeilt und schließlich kam das Signal so, daß ich wußte, sie ist genau unter uns auf einem steilen Hang. Wir haben sie nicht gesehen und ich konnte nicht genau sagen, in welcher Entfernung sie sich aufhielt, es hätten hundert Meter sein können oder hundertfünfzig oder auch weniger. Dann haben wir sie arbeiten gehört – das Rollen der Steine im diesigen Wald, das war schon spannend. Und auf einmal ist sie dagestanden, höchstens 15 oder 20 Meter entfernt. Ich habe mir erst nichts gedacht, ich war schon oft Bären begegnet, und die haben immer gleich das Weite gesucht – da wirst du eben überheblich. Wir haben sie durch den Feldstecher beobachtet, ganz groß war sie im Bild. Der Cilka hat das alles scheinbar nicht gepaßt, ein paarmal hat sie so kurze Blaser ausgestoßen, das tun sie, wenn sie drohen. Und dann ist sie blitzschnell auf uns zugekommen – damit hatte ich nicht gerechnet. Wir haben uns einfach umgedreht und sind zum Auto gerannt. Und schon während des Laufens habe ich innerlich über mich lachen müssen – es heißt doch immer, wenn der Bär angreift, soll man keinesfalls wegrennen, das stachelt nur seinen Jagdinstinkt an. In diesem Fall war's aber trotzdem richtig: wie die Cilka gesehen hat, daß sie uns vertrieben hat, hat sie sich umgedreht und ist davon."

Jörg Rauer, Bärenanwalt 1995

„Es war im Sommer 1994, da habe ich die Bärin Mira mit ihren drei Jungen beobachten können. Sie hat mich überhaupt nicht bemerkt und es hat mich sehr erstaunt, daß sie sich um die Jungen gar nicht gekümmert hat. Sie hat ganz konzentriert gefressen, und die Jungen sind herumgetobt und haben ganz unbekümmert miteinander gespielt. Ich habe dann später die Wiese genau untersucht, ich wollte feststellen, welche Pflanzen sie abgeweidet hat. Dann habe ich gehofft, daß sie wiederkommt, und sie ist tatsächlich mit ihren Jungen wieder aufgetaucht. Aber diesmal war alles anders: die Kleinen sind diszipliniert hinter ihr hergegangen, und sie ist aufmerksam die ganze Wiese abgegangen. Sie hat natürlich genau gerochen, daß da ein Mensch war, hat alles genau inspiziert und ihren Jungen gezeigt, daß man da sehr vorsichtig sein muß.“

Karl Splechtna, Forstingenieur, 1995

„Ich habe abends den Fernsehapparat aufgedreht, und da ist in den Nachrichten über die Auflösung des Kinderzoos in Götzis berichtet worden: weil man die größeren Tiere nirgends unterbringen konnte, hat man begonnen, sie zu erschießen. Als ich die toten Tiere im Fernsehen gesehen habe, habe ich sofort begonnen zu telefonieren. Namens des Wiener Tierschutzvereins habe ich mich bereit erklärt, die übrigen Tiere zu übernehmen, zwei Luchse gingen in den Tierpark Haag, auch den Löwen konnten wir dort unterbringen. Aber dann war immer noch der Bär übrig. Alle Leute haben gesagt, für die alte Bärin wäre es doch am besten, wenn man sie erlösen würde. Die ersten zehn Jahre ihres Lebens hatte sie als Zirkusbär verbracht, dann soll sie zirka zwanzig Jahre in Götzis in dem winzigen Gehege dahinvegetiert haben. Die Bärin war also an die dreißig Jahre und alle haben gemeint, daß es gar keinen Sinn hätte, den Bären umzusiedeln, er würde ohnehin nur in einer Ecke sitzen, weil er doch soviele Jahre in einem Käfig verbracht hatte, der nur an die vier Quadratmeter groß gewesen war. Aber ich habe mich doch bemüht, eine bessere Unterbringungsmöglichkeit zu finden, und schließlich konnten wir ihr im Tierpark Pamhagen ein Gehege errichten, 30 Meter lang, 17 Meter breit, mit Bäumen, zwei Höhlen und einem Wassergraben. Wie wir sie hintransportiert haben, war mir schon mulmig – wenn die Bärin sich nun wirklich nur in eine Ecke setzen würde und der ganze Aufwand sinnlos gewesen wäre? Aber es ist ganz anders gekommen: sobald sie aus dem Transportkäfig herausgekommen ist, hat sie ihre neue Heimat genau inspiziert. Der Wassergraben war noch nicht gefüllt, wir hatten ihr ein kleines Kuststoffbekken zum Trinken hingestellt. Sie hat sich sofort hineingesetzt und im Wasser gewälzt! Dann ist sie in die Mitte des Geheges gelaufen, hat sich auf ihr Hinterteil gesetzt und hat das getan, was man ihr als ganz junger Bär beigebracht hat: sie hat salutiert. Da ist der Bär in seinem neuen, schönen Gehege gesessen und hat immer wieder die Tatze an den Kopf gehoben. Und jetzt lebt er schon vier Jahre in Pamhagen und jeder Tag ist besser als sein früheres Leben."

Lucie Loubé, Präsidentin des Wiener Tierschutzvereins, 1995

„Wenn ich ohne einen Hinweis, zum Beispiel von einem Jäger, versuche, bei uns in Kärnten eine Bärenlosung zu finden, bin ich im Durchschnitt 200 Kilometer unterwegs. Am besten für die Bärensuche ist das Frühjahr, da hat man Spuren im Schnee und tut sich leichter. Es gibt da die Regel, daß man einer Spur eigentlich nicht folgen soll, der Bär kann ja ganz nah sein und sich hinter der nächsten Biegung aufhalten – und dann könnte es gefährlich werden. Aber im April 1993 sind wir einer Fährte doch gefolgt, nach zwei Kilometern haben wir auch wieder ein Losung gefunden und Bärenhaare. Der Schnee war noch sehr hoch und wir haben gerade ganz vorsichtig versucht, einen Lawinenhang zu überqueren. Da war auf einmal – wir haben nicht im geringsten damit gerechnet – der Bär vor uns: er war groß, rund 200 Kilo schwer. Wir haben nur mehr seinen Hintern gesehen, so schnell ist er weggerannt. Aber das Gelände war so, daß er nicht wirklich wegkonnte, er mußte umdrehen und wieder zirka fünf Meter auf uns zulaufen. Dann hat er wieder abgedreht in wilder Flucht und hat versucht, sich auf einer Lärche in Sicheheit zu bringen. Die ist unter seinem Gewicht zusammengebrochen, es war ein furchtbares Getöse, und er ist auf und davon.

Später haben wir gesehen, daß er, wie er auf den Baum klettern wollte, sogar gekotet hat vor Angst. Doch der Bär ist nicht nur scheu, sondern auch neugierig. Und ein und dasselbe Tier kann sich ganz unterschiedlich verhalten. Wir haben da einen Bären beobachtet, der war ganz besonders vorsichtig.

Bei einem Bären, den wir an einer Fütterung beobachtet haben, ist das besonders deutlich geworden. Er war furchtbar vorsichtig, hat sich beim geringsten Geräusch zurückgezogen. Doch nachdem er die Lichtung verlassen hatte, hat er einen Bogen durch den Wald gemacht und ist direkt zu uns unter den Hochsitz gekommen. Er hat sich genau angeschaut, wer da ist. Ich bin ganz vorsichtig ans Fenster, da hat er mir von unten direkt in die Augen geschaut.“

Bernhard Gutleb, Biologe und Bärenanwalt, 1995

WOZU BÄREN?

„Wozu ist der Bär eigentlich gut? Welche Aufgabe hat er im Naturhaushalt?“ – diese Frage ist oft zu hören, aber sie ist ganz und gar falsch gestellt. Die Vorstellung, daß in der Natur „jedes Lebewesen seinen Platz“ hat, auf welchem es zum eigenen und zum Nutzen anderer agiert, hat sich erst in den letzten 200 Jahren durchgesetzt.

Davor sah man die Natur als Gottes Werk, diesem zur Glorie dienend, dem Menschen, seinem Ebenbild, zur Ausbeutung überlassen. Die Idee, daß Natur in sich selbst Nutzen hat, daß alle Lebenwesen nützlich aufeinander bezogen sind, daß auch bislang als „schädlich“ oder „unnütz“ betrachtete Organismen wie Unkräuter oder Stechmücken eine sinnvolle Aufgabe im Naturganzen hätten und schlußendlich auch dem Menschen zugute kämen, stellte einen Fortschritt dar und machte den modernen Naturschutz erst möglich.

Doch auch naturwissenschaftliche Erkenntnis ist immer von den historischen Bedingungen, unter denen sie gewonnen wird, geprägt: abgesehen vom Anthropozentrismus, der Vorstellung eines letzendlich für den Menschen „nützlichen“ Systems des Lebendigen, bildet sich in der Idee einer von „Nützlichkeit“ geprägten Natur auch das bürgerliche Ethos einer Epoche ab, die vom Aufstieg der bürgerlichen Wertvorstellung „Nutzen“ geprägt war.

Doch die Natur ist weniger das Reich der Nützlichkeit als vielmehr das der Möglichkeit. Organismen reagieren auf Chancen, die ihnen ihre belebte und unbelebte Umwelt bie-

tet, und schaffen dadurch wieder neue Chancen für andere Organismen. Der Bär ist nicht „nützlich". Bestenfalls fungiert er hie und da als Gesundheitspolizist, wenn er Aas beseitigt, indem er es frißt. Möglicherweise betätigt er sich auch ab und zu als „Waldbauer", indem er die Samen von Beerensträuchern mit seinem Kot verbreitet. Doch Brombeeren wachsen auch ohne den Bären, Fallwild wird auch vom Fuchs „entsorgt". Die hundeartigen Vorfahren unserer Bären haben einfach ihre Chance ergriffen und die Möglichkeiten genützt, die sich Tieren bieten, die nicht nur Fleisch, sondern auch Pflanzen verzehren. Sie konnten sich vermehren, entwickeln – sie sind nicht nützlich, sie sind einfach.
Auch wenn es uns, die wir immer nach dem großen „Sinn" des Lebens und alles Lebendigen suchen müssen, schwer fällt zu begreifen: die Natur ist weniger ein Sinngebäude, als vielmehr ein großes Spiel, in dem die Teilnahme schon den Gewinn darstellt.
Und selbstverständlich ist auch dieses Spiel umso interessanter, aber auch risikoreicher, je mehr Spieler daran teilhaben. Wir könnten viel gewinnen, wenn wir ihn wieder teilnehmen ließen, unseren braunen Bruder, den Bären.
Nicht von ungefähr ist er uns auch heute noch nah, der Bär, auch wenn er uns im realen Leben seit langer Zeit kaum mehr begegnet. Trotz all unseres Fortschritts und einer alles überwuchernden Kultur können wir – so scheint es – ohne unsere Wurzeln im Nichtmenschlichen nicht sein. Und der Bär, als unser tierisches Alterego, war schon seit jeher eine Projektionsfläche unseres ambivalenten Selbstgefühls.
Mensch und Bär verbindet vieles – eine lange, gemeinsame Geschichte, morphologische Ähnlichkeiten, gleiche Bedürfnisse und Vorlieben. Wir können den Bären guten Gewissens unseren „Bruder" nennen – und müssen das auch mit schlechtem Gewissen tun.

Daß Brüder einander keineswegs immer in Liebe zugetan sind, wissen wir spätestens seit Kain und Abel. Und auch unsere Beziehung zum Bären ist – wie gezeigt wurde – höchst widersprüchlich. Der Bär ist uns ähnlich, diese Ähnlichkeit verbindet, aber sie hat uns auch zu Konkurrenten gemacht. Jahrhunderttausendelang lebten Bären und Menschen dennoch in – wenn auch nicht immer friedlicher – Koexistenz. Das hat sich geändert, seit aus menschlicher Kultur Zivilisation wurde.

Was könnten wir heute antworten auf die biblische Frage „Wo ist dein Bruder?" Im Zoo, im Zirkus, präpariert im Jagdmuseum? Wir haben den Bären vertrieben – daß wir ohne ihn dennoch nicht sein können, beweist nicht zuletzt die allgegenwärtige Vorliebe für Teddy-, Gummi- und andere artifizielle Bären.

Doch was wären alle unsere Bilder vom Bären ohne die Gewißheit, daß irgendwo draußen in den Wäldern, abseits unserer technisierten Welt, doch noch „er" lebt, der wirkliche, große Braune aus den Tiefen unserer Vergangenheit? Unsere Vorfahren, die noch nichts wußten von Naturwissenschaft und ökologischen Zusammenhängen, sahen im Bären den Mittler zwischen ihrer Welt und dem mystischen Ganzen einer göttlichen Natur. Heute wissen wir: wo der wilde Bär lebt, hat das Leben selbst Raum. Wenn wir dem Bären jene stillen Täler und Schluchten, die er für sich beansprucht, überlassen, können wir selbst sie gewinnen – als Refugien, als Orte der Kraft, als Überreste eines verlorenen Paradieses.

Wozu Bären?

Darum: Dem Bären wieder Raum zu geben hat seinen Preis, es bedeutet kollektive Anstrengungen und auch Verzicht. Und es ist gerade das, was er uns heute zu geben hat, unser wilder Bruder, der Bär.

QUELLENNACHWEIS:

Robert Elman: Bären – Herrscher der Wildnis, Parkland, Stuttgart 1993
Einwanderer – neue Tierarten erobern Österreich, Ausstellungskatalog Biologiezentrum Linz, 1995
Janusz Piekalkiewicz: Monte Cassino – Zwanzig Völker ringen um einen Berg, Lübbe, Bergisch Gladbach1980
Gernot Rabeder: Die Höhlenbären der Conturines, Athesia, Bozen 1991
Gary Brown: The Great Bear Almanach, Lyons & Burford, New York 1993
Richard Erdoes, Alfonso Ortiz: American Indian Myths and Legends. Pantheon, New York 1984
Karl May: Der Schut, Karl May Verlag, Bamberg, 1952
Mathilde Erhardt: Großes illustriertes Kochbuch, Merkur, Berlin 1904
Erika Casparek-Türkhan: Teddybären, Heyne, München 1992
Giorgio Coppin: Der Bär, GLB, Köln 1992
Horst Stern: Jagdnovelle, Knaur, München 1991
Farley Mowat: Der Untergang der Arche Noah, Rowohlt, Reinbek bei Hamburg, 1990
George B. Schaller: Der letzte Panda, Rowohlt, Reinbek bei Hamburg 1995
M.A. Vaisfeld, I.E. Chestin: Bears – Medvedi, Nauka, Moskau 1993
Pauline Cockrill: Die große Enzyklopädie der Teddybären, Mosaik, München 1994
Brüder Grimm: Kinder- und Hausmärchen, Dieterich'sche Buchhandlung, Göttingen 1857
Emil Witting: Frate Nicolae, Rütten & Loening, Potsdam 1939
Peter Krott: Ich war eine Bärenmutter, Hallwag, Bern-Stuttgart 1962
Hanus Bächtold-Stäubli: Handwörterbuch des deutschen Aberglaubens, Berlin 1987
Friedrich August Volunar: Das Bärenbuch, Bern 1940
Donald Dewey: Bears, Friedman, New York, 1991
Oskar Dähnhart: Natursagen I und II, Teubner, Leipzig, Berlin 1907,1909 und 1912
Jägerbrevier, Schönfeld, Dresden 1857
Ursula Giese: Wiener Menagerien, Bergland, Wien 1962
Otto Keller: Thiere des classischen Alterthums, Wagner'sche Universitätsbuchhandlung, Innsbruck 1887
Otto Keller: Die antike Tierwelt, Engelmann, Leipzig 1909
Caspar Wussin: Adeliche Weydwercke, Prag 1699
Brehm: Die Bären, Meyers Volksbücher, Leipzig und Wien,
Konrad Gesner: Thierbuch, Zürich 1563
Johann Täntzer: Der Dianen hohe und niedere Jagdgeheimnüß, Koppenhagen 1682
Inge Resch-Rauter: Unser keltisches Erbe, Eigenverlag, Wien 1992

BILDNACHWEIS:

Wir bedanken uns bei den folgenden Personen
und Organisationen für die kostenlose
zur-Verfügung-Stellung von Fotografien.

WWF-Österreich: Seiten: (S. Resino) 49 , 50 ,
(P. Huber) (G. Lopez) 51, 53, (S. Meyer) 54, (N. Lanini) 55,
(E. Coppola)105 + Titelbild, (P.Henry) 108, (M. Günther) 110,
111, 112, (F. Gilson) 145, (P. Huber) 146, (Klein-Hubert)147,
(H. Heimpel) 148, (H. Ausloos) 149, (R. Seitre)150, (F. Pierrel)
152, (A. Bardi) 189, (E. Kraus) 190, (F. Hafner)191,
(N. Gerstl)192, 225, (E. Kraus) 226, -227, 228, -230,
(F. Hafner)231,
WWF/Bernhard Gutleb: 232
Petra Kaczensky: Seiten: 187, 188, 189
WSPA-London: Seiten: 106, 107, 108, 109, 110, 185, 186, 230
Naturhistorisches Museum Wien: Seiten: Schumacher 91
W.A. Lasocki: Seiten: 183, 184, 170
Nadja Ziegler: Seite 106, 110
R. Bürglin: Seite 56
A. Stoffella: Seite 52
F. Knauer: Seite 53
Doolaard: Seite 151
Historische Darstellungen: Johann Täntzer: Seiten: 67, 167 ;
Caspar Wussin: Seiten: 129 ; Brehm: Seite 73
Konrad Gesner: Seiten: 65, 87

KONTAKTADRESSEN:

WWF Österreich
Ottakringerstraße 104-106
A-1160 Wien
Tel. +43-1 / 489 16 41-0

Wildbiologische Gesellschaft München
Lindenhof 1
D-8107 Ettal
Tel. 06-088 22 / 63 63 oder 62 09

World Society for the Protection of Animals (WSPA)
2, Langley Lane
London SW8 1 T
England
Tel. 044 - 171 / 793 05 40